# ERIK JAN HANUSSEN

**Meine Lebenslinie**

**Wunderkammer Verlag**

# ERIK JAN HANUSSEN

**Meine Lebenslinie**

**Wunderkammer Verlag**
**Edition Flaschenpost**

© Wunderkammer Verlag GmbH 2009, Neu-Isenburg
Edition Flaschenpost
Covergestaltung: lüchtenborg informationsgestaltung, Oldenburg
Unter Verwendung einer Abbildung von picture-alliance/dpa
Printed in EU

ISBN 978-3-941245-02-0

www.wunderkammer-verlag.de

# Inhalt

## So etwas wie ein Vorwort

Ich soll meine Lebensgeschichte schreiben. Die Erlebnisse eines Menschen, der immer hart an der Grenze des Wahrscheinlichen stand, dessen bizarres Leben – wie ein Wiener Schriftsteller sagte – sich immer zwischen Gaukelei und tieferer Bedeutung bewegt hat.

Bin ich deshalb ein Abenteurer?

Immer wieder wird mir dieses Abenteurertum zum Vorwurf gemacht. Es scheint sich schlecht zu vertragen mit meiner Weltanschauung. Es paßt gar nicht zu den Lehren, die ich verbreite.

Alle, die zu mir kommen, kommen mit falschen Vorstellungen zu mir. Sie erwarten einen würdigen Mann mit weißem, langem Bart und sind ganz erstaunt, einen jungen Menschen zu finden, sonnenverbrannt, muskulös und jederzeit bereit, die Dummheiten selbst zu begehen, deren Konsequenzen sie zu ihm führen. Auch diejenigen, die nun erwarten, ein Hellseherbuch im wahrsten Sinne des Wortes zu finden, werden bestimmt enttäuscht sein. Aber über das Leben eines Menschen, der sich als Hellseher und Hypnotiseur einen Namen gemacht hat, werden Sie wahrhaftig genug zu lesen haben. Komisches und Ernstes. Ich kann es mir selbst eigentlich kaum mehr glauben, daß ich das alles erlebt habe.

Ob es zum Schluß die Bekenntnisse eines Hellsehers sind oder die eines Abenteurers? – Viele Menschen haben sich in den letzten fünfzehn Jahren den Kopf zerbrochen, um diese Frage zu lösen. Ich gebe hiermit mein großes Ehrenwort, daß ich selbst nicht eine einzige Stunde darüber nachgedacht habe.

## Ich verheirate meine Eltern

Wenn mir ein Blatt was Böses auswischen will, dann kommt es mit meinem Vorleben heraus und mit meinen „verschiedenen Berufen". Zeitungsmeldungen nach müßte ich folgendes gewesen sein: Kaufmann, Musiker, Schuster, Rittmeister, Hundedresseur, Löwenbändiger, Zirkusclown, Revolverjournalist, Schauspieler, Hungerkünstler, Varietéartist, Schieber, Reitlehrer, Schiffskapitän, Kellner und Zuhälter. Verschiedenes stimmt, das meiste nicht.

Ich heiße auch weder Siegfried Krakauer noch Saul Absalom Herschwitzer oder Waclaw Hanuschka, und ich bin tatsächlich im Jahr 1889 in Wien geboren. Nicht in Dänemark oder in Sizilien, aber auch nicht in Tarnopol. Ich bin weder das Kind eines berühmten Briganten noch eines polnischen Hausierers.

Unter dem Namen Siegmund war mein Alter Schauspieler bei einer Schmierengesellschaft. Er entführte meine Mutter, die Tochter eines sehr wohlhabenden Pelzhändlers, bei Nacht und Nebel. Der erbitterte Schwiegervater ließ – was damals noch möglich war – beide kurzerhand durch die Polizei einsperren. Da aber meine Mutter bereits im neunten Monat schwanger war, mußte sie wenigstens wieder herausgelassen werden. Kaum war sie draußen, begrüßte ich das Licht der Welt. Eine Viertelstunde später, und ich wäre im Bezirksgericht zur Welt gekommen, was mir ganz bestimmt in der Meinung meiner journalistischen Nekrologen sehr geschadet hätte.

Mein erstes Abenteuer bestand darin, daß ich meine Eltern auf folgende Art wieder zusammenbrachte. Mein Vater war inzwischen aus dem Kotter ausgebrochen und fahndete nach meiner, von Verwandten scharf bewachten Mutter. Er wußte ungefähr das Haus, in dem man meine Mutter und mich vor der Außenwelt verborgen hielt. Eines Nachts kletterte er über die Mauer und machte sich auf die Suche nach seiner Gattin. In diesem Moment fing ich höllisch zu brüllen an. Höchstwahrscheinlich sagte ihm eine innere Stimme, das muß mein Sohn sein; er ging meinem Geschrei nach, ein Vater, der seinen Jaffet sucht, und fand uns auch glücklich. Bei dieser Gelegenheit alarmierte mein „Gedöhns" die ganze Überwachungsmannschaft. Gerade weil ich so brüllte und nicht aufhörte, hatten sie soviel mit mir zu tun, daß sie auf meinen armen Vater gar nicht achteten. Kurz entschlossen nahm dieser seine Frau und während sich die übrige Verwandtschaft um mich bemühte, verschwanden die beiden und ließen mich im Stich. Noch in derselben Nacht kletterte aber mein braver Erzeuger wieder in die Wohnung zurück, packte mich beim Wickel und entführte mich. Ich kluger Junge soll bei dieser Gelegenheit keinen Ton von mir gegeben haben. Mein Alter erzählte mir später noch oft, wie ich ihn freundlich lächelnd begrüßte und, ohne zu mucksen, mich aus dem Kreise meiner zärtlichen Verwandten entführen ließ. Seit dieser Zeit herrscht auch die starke Spannung zwischen meiner Verwandtschaft und mir, das heißt sie kümmerte sich in den weiteren vierzig Jahren meines Lebens nicht mehr um mich. – Gott sei Dank! –

Meine Mutter hatte eine sehr schöne Stimme, und um sich durchzuschlagen, nahm sie ebenfalls ein Engagement bei einem reisenden Theater an. Es ging durch Italien, Sizilien und die ganze Welt. Ich immer mit.

Mein Erinnerungsvermögen setzt mit meinem dritten Lebensjahre ein.


## Hellsehen in der Leichengasse

Wir waren in Hermannstadt, heute heißt es Nagyszeben oder ähnlich und gehört zu Rumänien. Meine Eltern waren im dortigen Theaterchen engagiert. Unsere Wohnung war das Hinterhaus eines großen Hauses in der Leichengasse, die zum Friedhof führte.

Die Gegend dort war billig, weil es nicht jedermanns Sache ist, sich von früh bis spät Leichenzüge anzusehen. Meine erste Erinnerung sind Leichenzüge und Begräbnismusik.

Die Tochter des Hausherrn, eines Apothekers, hieß Erna.

9

Eines Nachts erwachte ich. Wie von einer unsichtbaren Hand gelenkt, lief der Dreijährige ins Vorderhaus, nahm die verschlafene Erna bei der Hand und ging mit ihr wortlos, wie nachtwandelnd, zum nahegelegenen Friedhof. Dort hockten wir uns hinter einen großen Leichenstein. Im nächsten Augenblick erscholl eine furchtbare Explosion: Das Haus des Apothekers stand in Flammen.

Dies war, wenn man es so nennen will, mein erstes Hellsehererlebnis.

Mein besonderer Freund war der Kutscher Martin. Täglich fuhr er aufs Feld, um Mist abzuladen, und hoch oben auf dem Dünger saß ich, der Dreijährige. Eines Tages nahte ein Gewitter. Während Martin auf dem Feld arbeitete, ergriff der Knirps die Zügel, schrie „Hottehü", und zwei Sekunden später schlug der Blitz in den Baum, unter dem wir gestanden hatten, und fällte ihn.

Das alles klingt eigentlich so schauerlich und lächerlich unwahrscheinlich, daß ich es am liebsten gar nicht sagen möchte. Es erinnert so schrecklich an das „schon in jüngster Jugend verspürte Hellsehen". Aber es ist Tatsache. Zufall oder Instinkt?

Meine Erna hat mich betrogen. Ein Glasermeister zog mit seinen beiden Söhnchen ins Hinterhaus, und Erna würdigte mich keines Blickes mehr. Schlecht sind die Weiber!

Das Engagement meiner Eltern ging zu Ende, und wir zogen nach Wien. Mein Vater nahm eine Stellung als Vertreter an. Der arme Teufel hatte schwer zu kämpfen. Wir hatten nur ein kleines Kabinett zur Miete.

## Begegnung mit dem Bürgermeister von Wien und dem Grasel von Boskowitz

Ich wurde Schüler der 1. Volksschulklasse an der Unteren Augartenstraße in Wien. Mein Lehrer war ein junger Mann, schmächtig, blond, blaß, mit großen blauen Kinderaugen, der frisch vom Seminar seine erste Stellung antrat.

Dieser Mann war Anton Seitz, der heutige Bürgermeister von Wien. Er brachte mir die Anfangsgründe des Lesens bei und lehrte mich das A-B-C. Dreißig Jahre später hat er das Ausweisungsdekret unterschrieben, das mich auf zehn Jahre aus Wien verbannte. Er hat es sicher nicht gewußt, daß derselbe Hanussen, den er aus der Stadt, in der er geboren war, hinaustrieb, identisch ist mit jenem, den er als kleinen Jungen in die Welt hob; derselbe, der sein erklärter Liebling gewesen ist, und zu dessen Mutter er einmal sagte: „Um diesen Buben brauchen Sie sich nicht zu sorgen, der wird seinen Weg machen."

Ich drehe das Kaleidoskop meines Lebens.

Die bunten Gläser, Perlen, Platten schillern in allen Farben; sie fliegen scheinbar regellos auseinander, aber immer wieder formen sie sich zu einem Mosaik, zu einem bizarren Stern. Jede Minute dieses Lebens finde ich in einem Bild wieder, das ich nicht missen möchte, nicht vergessen will, denn es ist bestimmt schön gewesen. Wenn mich jemand fragt, ob ich mein Leben noch einmal leben wollte und wie ich es dann anfangen würde, nun, da ich ja weiß, wie es dann anfangen würde, nun, da ich ja weiß, wie es kam, – ich müßte antworten: Ich möchte es noch einmal durchleben, nicht anders, als es war, nicht ein Jota anders. Alle meine Torheiten, ich möchte sie noch einmal begehen, all das Leid, ich möchte es noch einmal auf mich nehmen. Weiß Gott, ich glaube, es ist richtig gewesen, wie es war, richtig und schön.

Meine Kindheit war nicht leicht. Meine Mutter war eine schwerkranke Frau, die jung, mit dreißig Jahren sterben mußte. Sie war eine Dichterin. Mein Vater ein armer Teufel, der sich sein Lebtag für nichts geplagt und geschunden hat. Seine kranke Frau umgab er mit zärtlicher Liebe bis zu ihrem Tode, er rackerte sich für sie ab und hat nicht ein bißchen Glück, nicht ein bißchen Sonnenschein erlebt. Auch er ist jung gestorben, kaum fünfzig Jahre alt. Beide im Armeleutspital.

Von Wien kamen wir in eine kleine mährische Stadt. Boskowitz heißt das Nest. Aus diesem Marktflecken sind berühmte Männer hervorgegangen. Die Genossen meiner Jugend, sie haben's alle zu was gebracht. Der Komponist Eisler, der Dichter Kahn, der Kleist-Preisträger Unger und noch eine Menge Namen, die heute Klang in der Welt haben. Das alles waren meine Schulgenossen. In Boskowitz, da bin ich in die zweite Klasse gegangen, und da war auch der Lehrer Hatschek, der Lehrer Meyer und der Oberlehrer Spielmann. Der Sohn dieses Oberlehrers ist heute Theaterdirektor in Braunschweig und ein sehr bekannter Tenor.

In den böhmischen Wäldern trieb sich damals ein berüchtigter Bandenführer herum, der Grasel. Von Wien aus war ein starkes Militäraufgebot ihm auf den Fersen, denn Grasel hatte ein schweres Sündenregister auf dem Kerbholz. Im übrigen soll er ein sehr romantisch veranlagter Herr gewesen sein. Er hielt es mit den Bauern und hatte in Mähren und Böhmen in jedem Dorf einen Harem. Auf seinen Kopf stand ein Preis von hundert Dukaten.

Das war zu der Zeit, als ich neun Jahre alt war und begeistert die Geschichten vom Kaiser Nero las. Solche Geschichten hätte man mir nie geben dürfen. Besonders schön fand ich's, daß Nero eines Nachts Rom anzünden ließ. Wie weit ist Rom schon von Boskowitz? Ich beschloß, Boskowitz anzuzünden. Mittel und Wege standen mir genügend zur Verfügung, da ich der Stärkste, Rauflustige und wahrscheinlich auch der Frechste unter der Jugend von Boskowitz war; der Führer und der anerkannte Gewalthaber der Straßenzüge vom Schloßberg bis zum Marktplatz. Eines Tages versammelte ich meine Getreuen um mich und bewies ihnen haarscharf, daß man Boskowitz endlich einmal anzünden müsse. Wir wollten Helden werden.

Ein Hindernis für mich bildete immerhin der Lehrer Meyer, der war noch stärker als Nero und noch gewaltiger, denn er hatte einen Stock und einen strengen Komment für die verschiedenen Sünden einer Bande. Zum Beispiel: Schmutzige Fingernägel ergaben „drei Patzeln" auf die linke Hand mit dem Rohrstock. Ein dreckiger Hals, das gab schon „zehn Patzeln" auf die Kehrseite der Medaille. Wie gesagt, der Lehrer Meyer war ein unangenehmer Mensch. Allerdings, wie das so im Leben zuzugehen pflegt, auch dem Lehrer Meyer war einer gewachsen: der Oberlehrer Spielmann, der war noch mächtiger als Meyer und Nero zusammen. Das waren die einzigen Hindernisse auf dem Weg nach Rom. Da war ja noch der Lehrer Hatschek, aber der war schon alt und wollte seine Ruhe haben.

Ich bildete den Hofstaat des „Kaisers Nero", mit dem ausgesprochenen Zweck, Rom in Brand zu setzen. Deshalb kauften wir beim Maler Deutsch, als niemand da war, eine Tube schwarze Farbe und einen großen Pinsel. Früh morgens strichen wir damit sämtliche Häuser von Boskowitz an und schrieben darauf: „Von jetzt ab Rom".

Auf diese Weise machten wir aus einer mährischen Kleinstadt das Zentrum der klassischen Antike. Nun galt es noch, Rom anzuzünden. Das war schon schwieriger. Es hatte vorher geregnet, und die Häuser wollten nicht brennen; schade, schade. Zum Schluß einigten wir uns auf einen halbverfallenen Müllerhof am Rand des städtischen Weichbildes und zogen dorthin. Stroh und Heu, ein paar mit Petroleum getränkte Lappen wurden rund um das alte Gemäuer kunstgerecht aufgeschichtet. Ich ergriff die Leier, denn ich hatte gelesen, daß Nero während des Brandes herrliche Lieder sang. Meine Leier war allerdings nur eine Müllschippe, die ich – ich muß heute mein Gewissen erleichtern – dem Lehrer Tobolas aus dem Garten gestohlen hatte.

Blieb noch die Frage, was ich singen sollte. Schon damals hatte ich keine sehr schöne Stimme, ich krähte wie ein heiserer Hahn. Aber schließlich war ja auch die Müllschippe keine Leier, und für eine Müllschippe als Leier sang ich schön genug. Wir einigten uns auf das in jenen Tagen sehr populäre Lied: „Mein Herz, das ist ein Bienenhaus, die Mädchen drin, das sind die Bienen." Ringsum standen die Freunde, die Brüder Ultmann – der eine ist im Kriege gefallen, der andere das Opfer eines wirklichen Brandes geworden –, der Sohn des Frisörs Deutsch, Kahn, der spätere Multimillionär, der kleine Spielmann und noch ein paar Römer aus Boskowitz. Ich begann zu singen. Plötzlich erhob sich der Wind und brauste über die Heide hinweg; wahrscheinlich lief er vor meinem Gesang davon. In zehn Minuten brannte es lichterloh.

Auf einmal erscholl aus dem Bauche Roms ein mörderisches Geschrei. Ehe wir's uns versahen, sprangen aus dem Keller des Hauses zwei Männer und eine Weibsperson heraus, halb angesengt und schrecklich fluchend, im Galopp auf uns zu. Wir Jungen nahmen Reißaus; im selben Moment – komisch, wie schnell es damals ging – stürzten aus den umliegenden Gehöften die Menschen und schrien: „Feuer, Feuer!" Im Nu war ganz Boskowitz auf den Beinen. Plötzlich schrie einer: „Dort läuft der Grasel!" Und er war es auch. Grasel hatte in dem verfallenen Mühlengehöft mit der Tochter eines Boskowitzer Schneidermeisters ein Schäferstündchen abgehalten, denn er war ein feuriger Bursche. So „feurig" hatte er es sich allerding doch nicht vorgestellt.

Die Geschichte endete mit der Ergreifung des langgesuchten Räuberhauptmanns, und die Ehre, ihn erwischt zu haben, fiel Boskowitz, ausgerechnet Boskowitz, zu. Ich war der Held des Tages und hatte nun einwandfrei Anspruch auf die Belohnung von hundert Dukaten. Doch das hatte seinen Haken. Ich bekam vom Herrn Bürgermeister bloß fünf Dukaten in die Sparkasse. Von Herrn Lehrer Meyer allerdings bekam ich fünfundzwanzig – auf den Hintern, denn, so sagte der ausgezeichnete Pädagoge ganz richtig: „Für die Ergreifung des Räuberhauptmanns Grasel gebührt dir unbedingt das Lob der Gemeinde von Boskowitz. Aber andrerseits für das mutwillige Anzünden fremder Häuser gebührt dir genausogut die Strafe der Schule. Du sollst beides haben."

Glücklicherweise hatte ich aber diesen Umstand vorher geahnt und mir den Robinson Crusoe unter die Hose gelegt, den der Sohn des Oberlehrers zu solchen Zwecken für geringes Entgelt zu verborgen pflegte. So begann meine Tätigkeit als Detektiv schon mit einem bösen Omen. In späteren Jahren ging es mir genauso. Als ich den Dieb in der österreichisch-ungarischen Staatsbanknotendruckerei erwischte, bekam ich vom Generalrat der Bank 4000 Goldkronen Prämie, denn ich hatte ja den Dieb gefunden. Das war also die Gemeinde. Von der Wiener Polizei-Direktion bekam ich andrerseits die Ausweisung aus Österreich, denn ich hatte ihr Ansehen geschädigt. Das war wieder der Lehrer Meyer.

Weiß Gott, daß es im Leben immer zwei Seiten gibt. Die freundliche Gemeinde mit den Dukaten und den strengen Lehrer Meyer mit dem Stecken.

Wie gesagt, mein Vater war ein armer Teufel, er mußte sich verdammt plagen. Die Mutter war gestorben. Meine gute Mutter war zu den Märchen gegangen, in jenes Land, aus dem sie mir so viel erzählt hatte. Mein Vater hatte ein zweites Mal geheiratet. Zwei Jungens kamen aus erster Ehe mit dazu, nette Burschen, aber hineingeschneit in mein Leben, ohne daß ich wußte warum und wozu. Ich vertrug mich nicht mit dieser zweiten Frau meines Vaters, trotzdem sie bestimmt kein schlechter Mensch war, bestimmt nicht schlecht, denn sie ist meinem Vater, als er mehrere Jahre später starb, freiwillig in den Tod gefolgt.

Wir wohnten damals in der Brunnengasse im 16. Bezirk von Wien. Ich war also heimgekehrt in die Gefilde von Ottakring, in denen ich zwölf Jahre früher geboren war, vielleicht waren es auch vierzehn Jahre. Dieses Ottakring ist der nördlichste Norden von Wien. Wenn jemand nachts dort zu tun hat, nimmt er sich ein Maschinengewehr mit. Eine feine Gegend! Dort ist auch die sogenannte „Schmelz"; ein riesiger Exerzierplatz, der damals noch unbebaut war und den Abschaum des Wiener Verbrechertums beherbergte. Da war ich zu Hause. Aus der Schule, in die ich ging, sind nachweisbar die größten Schwerverbrecher der Welt hervorgegangen; so zum Beispiel die Mitglieder der berühmten Beerplatte, jene Rowdies, die viele Jahre hindurch ganz Wien unsicher machten, und die so gefürchtet waren, daß jeder Gastwirt, in dessen Lokal sie kamen, eine Abstandssumme zahlte, um sie wieder loszuwerden; sie schlugen sonst alles kurz und klein. Das waren meine Schulkollegen und Freunde! Nun können Sie sich ja vorstellen, wie die Gegend aussah. Ein Gutes hatte die Sache für sich. Wenn ich Jahre später nach Ottakring kam, konnte ich vollkommen unbehelligt durch die düstersten Gründe spazieren; kein Mensch rührte mich an: „Dös is ja der Harry! Servas Harry, wie geht's dir denn, alter Freund, hast a Zigaretterl für mi?" Mir passierte nie etwas, im Gegenteil, ich konnte mich auf die Beerplatte verlassen. Viel mag dazu beigetragen haben, daß ich meinen Freund Franzel Beer, den Riesen, einmal anläßlich einer kleinen Meinungsverschiedenheit so vermöbelte, daß er vier Wochen nicht laufen konnte. Von meinen Raufereien und Schlägereien erzählen sich heute noch die alten Apachen der Wiener Peripherie mit Ehrfurcht und Staunen. „Aus dem hätt' was werden können", sagen sie, „wenn der dumme Hund net Geistersehr geworden wär'!"

Wir wohnten in einem Haus, in dem ein großes Käsegeschäft etabliert war. Drei Jahre hindurch bekam ich den Käsegestank nicht aus der Nase. Jedesmal, wenn ich heute Käse rieche, fällt mir mein Vaterhaus ein. Uns gegenüber war die sogenannte „Rote Bretzen", ein Wirtshaus mit einem großen Garten. Volkssänger gaben dort ihre Vorstellungen. Schon damals war ich ein Freund der Kunst. Aus unserem Fenster sah man direkt auf das Podium hinunter. Eines Tages verliebte ich mich in eine Soubrette, weil sie so schön das Lied von der „Bestimmung" sang. Was lag näher, als daß ich gern in die Bretzen gegangen wäre. Was lag aber sonst näher, als daß mein Vater mich nicht gehen ließ. Ich habe mich an meinem Vater gerächt, daß er so in meine Liebe hineinfuhr. Erst ließ ich an einer Schnur unsere halbe Wohnungseinrichtung in den Garten der „Roten Bretzen" hinunterwandern. Vasen, Bilder, Nippes, Bekleidungsstükke, alles in die Hände meiner Chansonette, sozusagen als Morgengabe. Ich war immer ein Kavalier. Zum Schluß ließ ich mich selbst hinunter, an derselben Schnur. Tückisches Schicksal! Gerade kam mein Vater nach Hause. Erstaunt sah dieser ehrenwerte Bürger seine mühsam erworbene Habe durch ein Fenster des zweiten Stockwerkes in die Bretzen baumeln, und zum Schluß seinen weniger mühsam erworbenen Nachkommen – nachkommen. Zwei Möbelpacker mußten am nächsten Tage im Schweiße ihres Angesichts alles das wieder mühselig heraufschaffen, was ich ziemlich leicht hinunterbefördert hatte. Jahre hindurch zerbrach sich mein Vater den Kopf, wie ich es fertiggebracht, den Schreibtisch durchs Fenster zu bekommen. Wir wollten auswandern, meine Soubrette und ich, trotz des immerhin bedenklichen Altersunterschiedes. Ich war 14 und sie gut und billig 45 Jahre. Dennoch liebte ich sie. Und so beschloß ich, ebenfalls Künstler zu werden. Zu jener Zeit gastierte in der Bretzen der Volkssänger Köck, ein musikalischer Clown, mit seiner Truppe. Dem bot ich mich als Künstler feierlich an. „Waren Sie schon wo engagiert, junger Mann?" frage er mich. „Natürlich", log ich. „I' bin ja schon fünf Jahre Volkssänger." „So", meinte der alte Herr, „dann müssen Sie aber zeitig angefangen haben."

Das meinte ich auch.

„Mir liegt es im Blut", sagte ich.

„Na, da putzen Sie sich wenigstens die Nägeln und waschens Ihna den Hals, wanns schon ein Künstler werden wollen", mischte sich da der ebenfalls dort anwesende berühmte Volksdichter Lorenz ins Gespräch, derselbe, von dem fast alle Wiener Lieder stammen, die man noch heute singt.

Das war natürlich ganz falsch. Ich kenne sehr gute Künstler, die sich die Nägel nie putzen und immer einen dreckigen Hals haben.

Bei einem Trödler in der Burggasse verpfändete ich daraufhin meine gesamte Garderobe und tauschte dafür einen kompletten Frackanzug ein. Dann ging ich zu einem Friseur und erwarb gegen Deponierung meiner Firmungsuhr eine Wollperücke mit ungeheuer viel Haaren und einen langen Vollbart. Denn das stand für mich schon damals fest: Ohne Vollbart gibt's keine Komik. Dann ging ich in ein Volks-Kaffeehaus: Tschecherl nannte man sowas in Wien, kaufte mir für vier Kreuzer einen Kaffee und um weitere vier Kreuzer einen Strudel. Dort begann ich zu dichten. Ich mußte doch einen komischen Vortrag für den Abend haben. Im Laufe des Dichtens aß ich noch zwei Strudeln, und damit war meine silberne Uhr restlos verfressen. Eigentlich interessant, daß damals das Dichten so meinen Appetit angeregt hat.

Der Abend kam. Ich erschien im Frack, und um die Wirkung zu erhöhen, hatte ich mir gleich den Vollbart umgehängt und die Perücke mit den vielen tausend Haaren auf den Kopf gesetzt. Die Vorstellung begann schon um fünf Uhr nachmittags und ging bis um zwölf Uhr nachts. Von fünf Uhr nachmittags bis zur Geisterstunde saß ich mit meinem Vollbart in einem Winkel des Lokals und wartete auf meinen Auftritt. Ich schwitzte schrecklich. Die Leute gingen alle scheu um mich herum. Sie müssen mich wohl für ein Gespenst gehalten haben. Endlich, das Programm war bereits vorbei, fragte ich schüchtern den Herrn Direktor, wann ich denn drankomme. „Ja so", meinte er, „Sie wollen auch was machen? Na schön, stellen's Ihna hinauf, und legen's los." Die Leute im Lokal blickten mich sehr erstaunt an. Stellen Sie sich vor, da läuft einer mit einer Riesenperükke und einem wallenden Bart sieben Stunden im Wirtshaus herum und macht rein gar nichts, und plötzlich tritt er doch auf.

Dieser Vortrag endete nicht sehr rühmlich. Ich schien den Volksgeschmack nicht getroffen zu haben mit meinem Vortrag, denn kaum hatte ich angefangen, schob der Herr Kapellmeister eine lange Stange auf die Bühne, mit einem Haken daran, und zog mich an dieser Stange in die Wirklichkeit zurück. So endete mein Debüt als Vortragskünstler, d. h. es endete damit noch nicht. Die eigentliche Pointe kam ja auch erst am nächsten Tag, als ich in die Schule gehen sollte und mein Vater entsetzt feststellte, daß sein Sohn im Frack in die Bürgerschule gehen will!

### Ich werde ein „Nachlaß"-Dichter um sieben Gulden

Eines Tages beschloß ich, zum Theater zu gehen. In Sternberg in Mähren gastierte damals die berühmte Theaterdirektion der Frau Fanny Fink. Diese ehrenwerte Kunstprinzipalin suchte im „Neuen Wiener Tagblatt" nach Schauspielern und Schauspielerinnen auf Teilung. Mein Vater hielt unglückseligerweise das „Wiener Tagblatt". Am Gymnasium, in das er mich gesteckt hatte, war es langweilig. So entschloß ich mich, meine wissenschaftliche Laufbahn zu beenden und nach Sternberg zu fahren.

Eine Reise nach Sternberg kostet Geld. Geld hatten aber weder mein Vater noch ich. Ich verkaufte meine Weste und bekam dafür dreißig Kreuzer. Die Fahrt nach Sternberg kostete aber zwei Gulden. Ich verkaufte den Silberstock meines Vaters und hatte schon einen Gulden. Fehlte noch ein Gulden zum Theater.

Da kam ich auf einen Gedanken. Ich ging zum Musik-verleger Blaha, der später viele Lieder von mir verlegt hat, und fragte ihn, ob er nicht alte, hinterlassene Liedertexte des damals verstorbenen Volksliederdichters Lorenz kau-fen wolle. Ich hätte durch einen Zufall ein altes Heft, schon ganz vergilbt, auf unserem Hausboden gefunden und wäre bereit, es für einen annehmbaren Preis zu verkaufen.

Herr Blaha bekam glänzende Augen. „Was steht denn alles drin in dem Heft und wieviel Seiten hat es?"

„Nun", meinte ich so von oben herab, „da drin sind fabelhafte Sachen; Volkslieder, Couplets und komische Vor-träge."

„So, so", meinte er Blaha, „alles Original und noch nicht gedruckt?"

„Alles Original und komisch zum schießen, ich hab' so gelacht beim Lesen, daß mir jetzt noch der Bauch weh tut."

„Ja, und was verlangen's denn für das Manuskript?"

Als ich Blahas Interesse sah, wurde ich frech: „Zehn Gulden."

„Jesus Maria und Joseph, zehn Gulden, das ist ja ein Vermögen."

„Ja", sagte ich lockend, „aber Sie können doch ein Ver-mögen herausschlagen, stellens Ihna vor, der literarische Nachlaß vom Lorenz, wo jedes Lied Gold wert ist."

„Ja, und wann kommen's denn das Buch bringen?"

„Na", meinte ich, „bis morgen vormittag um neun Uhr können's es haben."

Wir einigten uns auf sieben Gulden.

Ich hatte nun einen festen Auftrag auf den gesammelten Nachlaß des guten Lorenz. Nun mußte ich aber auch den Nachlaß bis morgen früh liefern. Ich ging in ein Papierge-schäft: „Haben Sie irgendein altes, recht dickes Heft? Die Seiten müssen aber schon ganz vergilbt sein!" Die Verkäufe-rin hielt mich bestimmt für einen Narren. Für zehn Kreuzer bekam ich ein Heft mit hundertfünfzig leeren Seiten. Da hinein sollte der Geist des Dichters Lorenz kommen. Dann schlich ich auf Umwegen wieder zurück zum Geschäft des Herrn Blaha und wartete, bis er ins Wirtshaus ging und sei-ne Frau allein war. Für weitere vierzig Kreuzer kaufte ich bei ihr sämtliche Makulatur in alten Vorträgen, Volksliedern und Solo-Szenen der Volkssänger von Wien. Dann ging ich in mein Stammcafé bestellte einen Kaffee und fünf große Buchteln.

Bis früh um acht Uhr mußte ich hundert Liedertexte, Solo-Szenen, Volkslieder und Dichtungen von Lorenz fertig haben. Dabei sollte das alles hübsch alt aussehen. Ich goß in die Tinte eine tüchtige Portion Wasser und begann fürs erste meine eingekauften Lieder zu sichten. Zu meiner Ehre sei es gesagt, und zur Schande der damaligen „Volksdichtung": in dem ganzen Stoß, den ich da eingekauft hatte, fand ich nicht einen einzigen neuen Witz, nicht eine brauchbare Pointe. Nach kurzer Zeit sah ich die Unmöglichkeit ein, da etwas abzuschreiben. Kurz entschlossen begann ich, den literarischen Nachlaß selber zu dichten. Ich machte mir keinerlei Konzept und keine Gedanken, sondern begann drauflos zu schreiben: Lieder, Texte, Duo-Szenen, Das komische Wirtshaus, Mein Herz ist wie ein Schwälbchen, Nur dich allein hab' ich gern, Der traurige Ehemann, Der lustige Feuerwerker, Das grüne Kleid, Das gelbe Gesicht. – Ich schrieb und schrieb; die Finger knackten mir, der Schädel rauchte, der Wirt staunte, denn ich aß zwanzig Mehlspeisen in jener denkwürdigen Nacht. Der Gulden aus Vaters Silberstock und aus meiner Weste waren das Anlagekapital, – ich steckte es restlos in meine literarische Falschmünzerwerkstatt hinein. Es mußte also gelingen, denn hätte mein Vater den Silberstock wieder zurückkaufen müssen, dann wär' er bestimmt auf meinem Buckel zerbrochen worden.

Als der Morgen graute durch die Scheiben des kleinen Volkscafés – damals gab es noch keine Polizeistunde – sah er einen schmächtigen Jüngling mit hochrotem Gesicht ein vergilbtes Heft Seite um Seite füllen. Mein Tisch war umgeben von einer erstaunten Menge von Verbrechern, Dirnen und Nachtgesindel, welche die auf 3000 Touren arbeitende Produktionsmaschine ihres Freundes und Genossen ehrfürchtig umstanden. Sie alle wußten, um was es ging, und erleichterten mir meine Arbeit auf ihre Art. Der eine brachte Sportzigaretten, der andere spendierte Kaffee zur Anfeuerung, die Mädchen spendeten zärtliche Blicke und freundliche Bemerkungen – und so entstand inmitten der Ausgestoßenen und Deklassierten mein erstes literarisches Werk, der gesammelte Nachlaß des Volksliederdichters Lorenz. Heute noch singen die Menschen viele Lieder von Lorenz, die im Café „Zur Grünen Angel" entstanden sind. Aber fertig bin ich geworden; und was das Merkwürdigste daran ist, es war nicht einmal schlecht, es war bestimmt die sieben Gulden wert, die mir der Blaha dafür bezahlt hat.

Nach vielen Jahren, als ich später bei Blaha mein sehr populäres Volkslied „Nach Zigeunerart" verlegt hatte, gestand ich ihm den Schwindel ein. Aber der alte Blaha lachte: „Sie glauben, daß Sie mich damals hineingelegt haben? Sie werden lachen. Die Sachen sind reißend weggegangen, und ich hab' mir aus Ihrem Bücherl über tausend Gulden rausgeholt."

Jetzt hatte ich Geld. Es galt, eine Garderobe zu beschaffen. Bei einem Trödler in der Leopoldstadt erstand ich für drei Gulden und fünfzig Kreuzer folgende Ausstattung: Eine großkarierte Pepita-Hose, einen hocheleganten, schwarzen Bratenrock und einen fast noch ganz neuen Zylinder. Der Zylinder war größer als ich. Aus einem wunderbar grünen Seidenband vom Hute einer Hofrätin machte ich mir eine Künstlerkrawatte zurecht. Dazu kaufte ich mir blütenweiße Handschuhe aus Zwirn und ein Paar gelbe Schuhe, die fast noch neu waren. Sie waren mir nur etwas zu klein. Aber schließlich, da ich jugendlicher Liebhaber und Tragöde werden wollte, machte sich der schmerzverzogene Ausdruck meines Gesichts ganz gut. Dann kaufte ich mir noch eine Zigarre und eine Spitze aus Meerschaum. Von der Zigarre wurde mir furchtbar schlecht, und so bekam ich die romantische Blässe zu den schmerzverzerrten Zügen auch noch dazu.

Als ich am Bahnsteig landete, wurde die Lokomotive scheu; so sah ich aus. Schließlich führte sie mich aber doch nach Sternberg.

Sternberg war damals ein Städtchen mit zehn- bis zwölftausend Einwohnern. Als ich ankam, war es zehn Uhr abends. Ich fragte den Nachtwächter: „Bitte, wo ist hier das Theater?"

Er starrte mich entgeistert an. „Was denn für ein Theater?"

„Nun", meinte ich würdig, „guter Mann, die Theater-Direktion von Sternberg!"

„Jo, menen Se felleicht de Komödianten, die sein in der Turnhalle. Ich glaube bloß, sie spelen nicht mehr, weil sie alle verhungert sind."

Schöne Aussichten. Ich ging also nach der Turnhalle und kam grade zur „Teilung". Das Theater war leer. Wenn ich Theater sage, so meine ich damit ein mittelgroßes Zimmer, an dessen Stirnseite auf einigen Fässern eine Art Podium aufgeschlagen war. Die Dekoration hing unordentlich herum, die Vorstellung war gerade aus und das Publikum nach Hause gegangen. Auf der Bühne lungerten phantastische Gestalten in Ritterkostümen um eine Zigarrenkiste herum, die auf einem Holztisch stand. Die Einnahme des heutigen Tages. Vor der Einnahme aber saß die Frau Direktor und hielt beide Hände darauf. Es gab eine erregte Debatte. Die Kasse war ein Gulden und zwölf Kreuzer. Die Mitgliedschaft bestand aus zehn Personen. Ein Gulden und zwölf Kreuzer ergaben auf zehn Personen pro Person elf Kreuzer, wobei noch ein Kreuzer als Notpfennig für spätere Zeit übrig blieb. Ja, aber so einfach ging das nicht ab. Die Gesellschaft spielte auf Teilung. Nun hatte aber die Frau Direktor für ihre Person drei Teile zu beanspruchen. Einen Teil als Spielhonorar, einen als ihren Sold für die Direktion und einen Teil für den Fundus Instructus. Das macht also, wie gesagt, drei Teile. Nun kam noch dazu ein Schauspieler-Teil für ihre Tochter, ein Teil fürs Soufflieren, macht schon fünf Teile, ein Teil für das Ausleihen von Requisiten macht sechs Teile.

Das ist noch nicht alles. Was ein anständiger Schmierendirektor ist, hat einen „Rest" zu fordern. Dieser Rest ist ein besonderes Kapital. Er besteht aus einer imaginären Summe von Rückständen: Forderungen der Direktion an die Gesellschaft, die seit undenklichen Zeiten ungetilgt der Abzahlung harren. Von jeder Einnahme geht nun einmal ein Teil für den „Rest" ab. Ich war späterhin lange Zeit bei Schmierentheatern und habe es wirklich gründlich versucht, diesem geheimnisvollen Rest auf die Spur zu kommen. Es ist mir nie gelungen. Der Streit um diesen Rest ist immer da, und die Revolution um ihn gibt es jeden Abend. Dabei wird der Rest immer größer. Er wächst aus sich selbst heraus, ein Polyp, der immer wieder frische Arme bekommt.

Um diesen Rest ging nun der Streit, zu dem ich gerade zurecht kam. Die Mitglieder machten Revolution und wollten sich heute den Rest nicht abziehen lassen. Irgendwie kam es doch zu Einigung.

Ich wurde im „Finkenschlag", so hieß das Ensemble nach der Direktorin, der Frau Fink, gnädig aufgenommen. Da ich der Jüngste war, mußte ich für alles herhalten, ich spielte Liebhaber, Heldenväter, Schwiegermütter, ich spielte die Wildsau im „Freischütz" und den Franz in „Die Räuber"!

Es war eine große Zeit.


## Der Marinelli der Schmiere

Das wahre Haupt der Theatergesellschaft war nicht die Direktion, sondern der Regisseur, ein Mann von hünenhafter Gestalt mit markanten Zügen und blitzenden blauen Augen: Adolf Arthur, mit seinem Bürgernamen Adolf Domberger aus Graz.

Dieser Mann war ein Rätsel. Die größten deutschen Bühnen boten ihm Engagements. Er hielt es nirgends aus. In wenigen Tagen war die vom Direktor auf Vorschuß gekaufte Garderobe versoffen, waren alle guten Vorsätze über den Haufen geworfen, und Adolf Arthur brannte bei Nacht und Nebel durch nach irgendeinem weltvergessenen Nest, wo er auf Teilung für wenige Pfennige die Perlen seiner dramatischen Krone vor einem Stall von Säuen verstreute.

Ich war über ein Jahr der Schlafgenosse Adolf Arthurs, sein Kuli, sein Lehrling. Er ist es, der mir den ersten Schauspielerunterricht gab, der mich die ersten Schritte lehrte auf den Brettern, die bestimmt nicht die Welt bedeutet haben. Ihm habe ich es zu verdanken, daß ich damals nicht unterging.

Er war immer besoffen und lernte keine Rolle auswendig; oft mußte ich ihn mit Gewalt aus dem Wirtshaus schleppen und zur Vorstellung bringen. Schwankend und grölend, seiner Sinne nicht mächtig, zottelte er durch die Straßen hinter mir her. In der Garderobe angekommen, schminkte er sich aus allen möglichen Schminkschatullen, nur nicht aus der eigenen, denn er hatte keine. Grölend und pfeifend stieg er die Treppe zu unserem primitiven Podium herauf, – aber kaum war sein Stichwort gekommen, kaum betrat der Mann die Bühne, vollzog sich das Wunder seiner künstlerischen Wiedergeburt: Wie weggeblasen war der besoffene und schmierige Vagabund, den ich aus dem Wirtshaus geholt hatte, auf der Bühne stand ein erstklassiger Bonvivant. Jede seiner Bewegungen war edel, jeder seiner Schritte war sicher, leicht und von der Eleganz eines Aristokraten von reinstem Wasser, die versoffene Stimme verschwunden, der geifernde Mund schön und edel geschwungen, die Geste prachtvoll vornehm und von vollkommener Ruhe. Er spielte hinreißend.

Er hatte niemals mehr als eine Hose und einen Rock, niemals mehr als einen einzigen Hemdkragen und eine Krawatte, die er, zur großen Schleife gebunden, über einer meistens aus Papier geschnittenen Vorderbrust trug. Einmal, knapp vor der Vorstellung, zog er wegen eines halben Liters Schnaps seine Hose aus und versetzte sie im Wirtshaus. Mit einem langen Havelock angetan kam er ins Theater. Man gab den „Hüttenbesitzer", das alte Stück von George Ohnet. Domberger spielte darin die Rolle des Liebhabers, des Helden, den Derblay. Besoffen wie er war, machte er sich zurecht, ergriff von einem Kleiderhaken irgendeine schwarze Hose, zog sich darüber den Salonrock an und ging auf die Bühne. Im zweiten Akt aber geschah es, daß der Liebhaber, dem diese Hose gehörte, sie selber brauchte. Das genierte den Adolf Arthur sehr wenig. Er baute sich von der

Kulisse bis zur Mitte der Bühne ein Praktikabel auf, stellte sich hinter dieses ohne Hose, und hielt, besoffen wie er war, die lange Rede des Derblay in derartig hinreißender Vollendung, daß das Publikum unter dem Bann dieses seltsamen Schauspielers in jubelnden Applaus ausbrach.

Ich hatte, wie gesagt, das Vergnügen, der Stubengenosse Adolf Arthurs zu sein. Damit waren natürlich verschiedene Unannehmlichkeiten verbunden. Erstens mußte ich die Miete für uns beide bezahlen; das fiel aber wenig ins Gewicht, weil ich sie auch schuldig blieb; zweitens mußte ich ihn jeden Tag ins Bett bringen. Dafür revanchierte er sich in lichten Momenten damit, daß er mir in meiner Abwesenheit unter das Bettuch eine Schüssel mit eiskaltem Wasser hinstellte, in die ich mich natürlich prompt hineinlegte, oder er malte mir mit schwarzer Schminke einen greulichen Totenkopf auf das Kopfkissen oder ein Skelett über das ganze Bettlaken. Hie und da verkaufte er auch meine Klamotten oder machte auf meine Rechnung Schulden. Wenn er gut gelaunt war, gab er mir dramatischen Unterricht; bei jeder falschen Betonung bekam ich zwei Maulschellen in aller Freundschaft. Eines Tages machte ich Revolution und gab ihm eins in den Magen. Dafür mußte ich ihn zwei Tage pflegen, und als er sah, wie leid es mir tat, verlängerte er die Wirkungen meines Fouls auf sechs Wochen. Wenn ich ihm nichts von meinen Groschen abgeben wollte oder sonstwie seinen Plackereien Widerstand entgegensetzte, bekam er Schmerzen genau an der Stelle, „wo ich ihm eines vor die Wand gelangt hatte". Natürlich war ich zu Tränen gerührt ob meines schrecklichen Unrechtes und meiner Roheit, zog dem Riesenkerl die Stiebel aus, legte ihn ins Bett und kochte ihm Kamillentee.

Einmal brauchte ich ein Paar Lackschuhe unbedingt dringend und sehr notwendig. Geld hatte ich keins, und Kredit gab's selbstverständlich nicht für die ehrenwerten Mitglieder des Finkenschlages. Ich wußte mir jedoch zu helfen. Ich ging zu zwei Schustern. Der eine hieß Dolleschal und wohnte am Marktplatz, der andere hatte den prachtvollen Namen Wenzel Zeus. Sowohl bei dem einen als auch bei dem andern ließ ich mir maßnehmen und bestellte ein Paar glatter, schöner Offiziersstiefelchen. Um vier Uhr kam Herr

Dolleschal und lieferte die Stiefel ab. Ich verzog schmerzlich das Gesicht; probierte einmal, probierte zweimal und dann sagte ich: „Lieber Herr Meister, der rechte Stiefel ist zu eng, den müssen Sie mir aufklopfen, nehmen Sie ihn also wieder mit und bringen Sie ihn morgen zurück, dann werde ich auch bezahlen." Um sechs Uhr kam der Zeus. Mit dem machte ich dieselbe Geschichte. Ich bekam also einen linken und einen rechten Stiefel von zwei Schuhmachern, und abends erregte meine Eleganz in ganz Sternberg enormes Aufsehen.

Schade, schade, daß mir der Herr Oberregisseur die schönen Stiefel am nächsten Tag verkaufte.

Das war mein Freund Adolf Arthur! Heute ist er lange tot.

Damals machte ich auch die Bekanntschaft eines komischen jungen Mannes, der durchaus bei der Direktion Fink gastieren wollte und der wegen Talentlosigkeit mit Spott und Hohn abgewiesen wurde. Dieser junge Mann hieß Max Pallenberg und hat mittlerweile wohl schon den Schmerz darüber verwunden, daß ihn die Direktion Fink nicht engagieren wollte. Ich weiß nicht, ob er sich daran erinnern wird, aber ich nehme an, daß es doch einem so großen Künstler wie ihm bestimmt Freude bereiten wird, wenn ich ihm ins Gedächtnis zurückrufe, daß sowohl seine als auch meine Rechnung im Wirtshaus in Jägerndorf bei Sternberg noch immer ihrem Saldo entgegenharrt und daß der Rechnungszettel über verschiedene Kaffee, Mehlspeisen, böhmische Dalken und was sonst noch junge Künstler zu ihrer Leibesnahrung brauchen, sich in meinem Besitz befindet. Übrigens möchte ich Max Pallenberg nicht nahetreten, vielleicht hat er sein Konto dort schon ausgeglichen. Ich selbst muß gestehen, daß ich es bis jetzt unterlassen habe.

## Vom Regen in die Traufe

Eines Tages, warum weiß ich heute nicht mehr, entließ mich die Frau Direktor Fink. Ich begab mich nach Mährisch-Neustadt. Dort hauste Theaterdirektor Bill mit seiner Künstlerschar. Ich muß sagen, mir ist es oft dreckig im Leben gegangen, aber dreckiger als bei Herrn Direktor Bill eigentlich nirgends. Verdient wurde überhaupt nichts; ich hatte keine Wohnung und schlief eine Zeitlang in der Theatergarderobe auf der Dekoration von Preciosa. Eines Tages, wir spielten grade ein schauerliches Drama unter dem Titel „Draga Maschin" oder „Der Königsmord in Belgrad", geriet ich mit Ferdinand, dem Sohn des Direktors, in eine Meinungsverschiedenheit. Da wir beide Offiziere spielten und jeder einen rostigen Säbel um den Bauch hatte, wurde die Sache sofort standesgemäß ausgetragen, mitten auf der Bühne. Diese realistische Szene endete mit gegenseitigen schweren Verwundungen und mit meinem sofortigen Herausschmiß aus dem Ensemble des Herrn Bill. Ich irrte tagelang in Mährisch-Neustadt herum, ohne einen Pfennig in der Tasche und halb wahnsinnig vor Hunger. Die Menschen können schrecklich grausam sein. Ich sehe mich noch immer durch die Straßen dieses verdammten Nestes streichen, immer im Kreise herum, um den Tisch einer Bäckersfrau, die auf dem Marktplatz Brötchen feilbot. Plötzlich geschah folgendes: Die Bäckersfrau hatte irgendeinen Gang zu erledigen und bat mich, doch einen Moment auf ihren offenen Laden aufzupassen. Da stand ich nun. Der Hunger wütete in meinen Eingeweiden, und vor meiner Nase lagen in Reih und Glied die herrlichsten frischen Brötchen und knusprigsten Hörnchen. In diesen paar Minuten kämpfte ich den schwersten Kampf meines Lebens. Nein, nein, allen Ernstes, den schwersten Kampf, den ich in meinem an Stürmen nicht armen Leben durchgefochten habe.

Sollte ich stehlen? Ein einziges dieser Brote hätte mir frische Kraft gegeben. Ein Brötchen im Werte von nur einem einzigen Kreuzer, einer Kupfermünze, die man wegwirft, die man achtlos liegen läßt, wenn man sie auf dem Boden sieht. Ich stahl nichts. Ich vergriff mich nicht an dem mir anvertrauten Gut. Aber die Pointe kommt jetzt. Als die Frau Bäckerin zurückkam, schlug ich ihr einen Handel vor. Ich sagte: „Liebe Frau, ich will nicht betteln, denn ich bin kein Bettler, aber kreditieren Sie mir eines Ihrer Brötchen, auf die ich eben aufgepaßt habe." Die Frau sah mich groß an, zählte ihre Brötchen und dann sprach sie die klassischen

Worte: „Mir können Sie nichts erzählen, Sie haben sich sowieso schon eins genommen." Ich kehrte ihr den Rücken und ging hungrig weg.

Aus dieser schrecklichen Not befreite mich eine Dirne, ein ganz gewöhnliches Straßenmädchen, wie ich ohne jede Beschönigung und ohne auch nur einen Moment zu zögern, freudig gestehe. Sie hatte die Szene mit angesehen und gab mir aus dem Erlös ihres kläglichen Geschäftes zehn Kreuzer. Mehr hatte sie nicht. So fand ich damals und immer wieder: Die anständigsten Menschen gibt es unter Gaunern und Huren.

Am Abend desselben Tages beschloß ich, in ein Wirtshaus zu gehen und dort durch komische Vorträge ein paar Groschen zu verdienen. Es war schrecklich. Es regnete in Strömen, und die herbstliche Kälte zerriß mir durch die dünnen Lumpen den ausgehungerten Leib. Unglaublich die Tatsache: Überall gab man mir zu saufen, man gab mir Schnaps, Bier, Wein, aber nirgends war ich imstande, ein Stück Brot zu bekommen. Ich sehe mich noch immer wie verrückt von einem Wirtshaus ins andere rennen, nur mit dem Gedanken, mich fünf Minuten in der warmen Stube aufzuhalten und durchzuwärmen. Man darf nicht vergessen, daß ich ja kein Vagabund war, sondern ein intelligenter Bursche aus gutem Hause, der mit den Schlichen und Praktiken der fahrenden Zunft damals noch nicht vertraut war. Wenn ich gebettelt hätte, wenn es mir möglich gewesen wäre, zu betteln, hätte man mir wahrscheinlich ein paar Groschen geschenkt. Aber das war es ja gerade, was ich nicht konnte. Ich kam nicht demütig in die Lokale herein, sondern erhobenen Hauptes, und immer bemüht, eine gewisse Gutsituiertheit vorzutäuschen.

Die Nacht, die folgte, werde ich niemals vergessen. Ich übernachtete in einer großen Hundehütte, ein bissiger, räudiger Kettenköter war mein Gastgeber. Ich habe mich immer mit Hunden sehr gut verstanden und muß sagen, daß es mir stets ein Leichtes war, selbst den unzugänglichsten Hund in Sekunden zu gewinnen. Niemals in meinem Leben aber werde ich einen Hund schöner finden als jene Kreuzung zwischen Schakal und Grizzlybär, die mir Unterkunft in seiner Hütte gab.

Um nicht zu verhungern, beschloß ich, Feldarbeiter zu werden, ging schnurstracks in eine Vermittlungsstelle und fragte nach Arbeit. Da wurden auch tatsächlich Schnitter gesucht auf irgendeinem Gehöft, ungefähr sechs Stunden weit von Neustadt. Mit leerem Magen machte ich mich auf. Nach endloser Wanderung kam ich endlich zum Bauern. Nun hatte ich aber den Fehler begangen, meinen Hemdkragen anzubehalten. Der Riese musterte mich von Kopf bis Fuß, dann schüttelte er den Kopf und sagte nichts weiter als „Raus"! So ging ich wieder die sechs Stunden zurück.

Am Wege kam ich in eine kleine Stadt. Ich war am Ende meiner Kräfte und wahnsinnig vor Hunger. Dabei fielen mir die Augen vor Müdigkeit zu, und es fror mich erbärmlich durch meinen dünnen Zwillichanzug. Es ist ganz eigenartig, was in einem verzweifelten Menschen alles vorgeht. Ich ging automatisch wohl an die fünfzig Male immer denselben Weg hin und zurück. Von der Stadt zum Bahnhof und vom Bahnhof zur Stadt. Dabei kam mir folgender Gedanke: Ich setze mich in das Wartezimmer eines Arztes, der viele Patienten hat, und warte, bis an mich die Reihe kommt; und da es dort wahrscheinlich warm sein wird und es doch immerhin so an zwei Stunden dauern kann, habe ich Gelegenheit, meine Kleider zu trocknen und vielleicht auch eine Stunde zu schlafen. Gesagt, getan. Aber auch in solchen Sachen muß man Glück haben.

In diesem kleinen Nest schienen alle Leute gesund zu sein. Es gab nicht einen einzigen Arzt, bei dem ich nicht nach fünf Minuten vorgelassen worden wäre. Mittlerweile war es Nacht geworden. Schlafen, schlafen war mein einziger Gedanke. Was tut der Mensch nicht alles aus Verzweiflung. Am Bahnhof, den ich ja nun gründlich kennengelernt hatte, gab es eine sehr große Unterkunftsbaracke für die Eisenbahner, die ein paar Stunden zwischen ihrem Dienst Zeit hatten. Ich guckte durch das Fenster und sah schöne Betten, mindestens zehn Strohsäcke in Reih und Glied aufgestellt; über jedem Strohsack eine dicke Militärdecke und ein wunderbares Keilkissen aus Stroh. Ich fackelte nicht lange, ging hinein, entledigte mich meiner nassen Kleider, legte sie unters Bett zum Trocknen und warf mich auf ein Lager.

Wohlig streckte ich meine durchfrorenen Glieder unter der groben Decke und war restlos glücklich.

Schlafen, schlafen. –

Nachts gegen ein Uhr rüttelte mich jemand an den Schultern, und eine rauhe Stimme fragte: „Bist du der Baumer?" Auf alle Fälle sagte ich „Ja". „Steh' auf, die Kessel von 914 heizen." Mir waren sämtliche neunhundertvierzehn Lokomotiven gleichgültig, und drum antwortete ich schlauerweise: „Bin ja außer Dienst, der Franz ist schon dort." „So", sagte der andere und ging weiter.

Ob wohl der Franz auch wirklich dort war? Jedenfalls, denn ich schlief herrlich bis früh; als die Sonne durch das Fenster schien, holte ich meine Kleider hervor und zog mich an. Und nun kommt etwas Komisches. Sämtliche Betten waren von Eisenbahnern belegt, überall lagen Wertgegenstände herum, sogar Geldbörsen. Nicht einen einzigen Moment dachte ich daran, irgend etwas davon zu beachten. Nur eines wollte ich stehlen: die warme Decke, unter der ich mich ausgeschlafen hatte. Mit der wollte ich mich in den nahen Wald legen und schlafen ... schlafen ...

Ich hab's natürlich nicht getan.

In wessen Bett mag ich wohl in jener Nacht gelegen haben?

Eine Bäuerin gab mir ein großes Stück Brot, und ein wandernder Handwerksbursche – Gott segne ihn – gab mir zwei Zigaretten. Damit kam ich glücklich in ein Dorf, in welchem ich einen Theaterzettel las: „Heute abend zum ersten Male ‚Der Pfarrer von Kirchfeld', Direktion Zeinecke." Ich war gerettet.

## Unter dem Zirkuszelt

Der Direktor brauchte dringend einen Charakterdarsteller. Bedingungen: Eineinhalb Teile, Requisiten besorgen und Zettel austragen. Für das Requisitenbesorgen gab es extra zwanzig Kreuzer per Abend, das war aber auch ein schweres Geschäft, denn man mußte von Haus zu Haus laufen, um die für die Vorstellung notwendigen Utensilien zusammenzutragen. Auch das Zetteltragen war nicht gerade angenehm, es war sehr beschwerlich, mit einem großen Pack Theaterzettel von Haus zu Haus zu laufen, überall das Programm des heutigen Abends mit einer höflichen Einladung auf den Tisch des Hauses zu legen oder der Frau Mama in die Hand zu drücken oder dem Töchterchen mit einer vollendeten Verbeugung zu präsentieren. Dafür hatte der Zettelträger am Schlusse des Gastspiels eine Sondereinnahme aus den Trinkgeldern seiner Abonnenten. Immer gab's ja keine Trinkgelder. Aber meist wußte man das den Leuten schon beizubringen, durch kleine bedruckte Hinweise auf die mühevolle Tätigkeit des Petenten. Auf so einem Zettel stand beispielsweise: „Wohl öfters ging ich ein und aus in diesem schönen Friedenshaus und brachte Dir der Muse Gaben, ein kleines Trinkgeld möcht' ich haben." Oder „Der Himmel schenke Dir sein Licht, vergiß den Zettelträger nicht". Oder „Der Himmel schenk' Dir Glück und Ehr', doch Du gewähr' mir ein' Douceur."

Einmal kam ich ja übel an bei einem alten Major; der blickte mir streng in die Augen und fragte mich kühl: „Junger Mann, warum gehen Sie nicht arbeiten?" Da bin ich aber getürmt.

Das Geschäft bei Direktor Zeinecke ging miserabel. Zu einer Wohnung reichte es auch nicht. Da es aber einen schönen Herbst gab, wußte ich mir zu helfen. Ich quartierte mich in einer riesigen Strohgarbe im Kornfeld ein. Dort machte ich's mir ganz gemütlich, hatte eine Decke, Seife und Handtuch, sogar einen Kerzenstummel zur Beleuchtung. Vierzehn Tage habe ich da gewohnt. Bis einmal mitten in meiner Wohnung die drohenden Zinken einer riesigen Heugabel erschienen und mich mitsamt meiner Villa aufspießten. Wieder war's Essig mit dem Komfort. So geht's im Leben. Kaum gewöhnt man sich halbwegs ein, kommt das Schicksal und streckt einem die Heugabel unter die Nase.

Alle miteinander hatten wir nichts zu fressen, der Herr Direktor, seine Frau, sein Sohn, seine Tochter, und am wenigsten das einzige seiner Familie nicht angehörende Mitglied, meine Wenigkeit. Was nützten da die schönsten Theaterstücke, die wir ankündigten, wie: „Preciosa" oder „Das Mädchen mit dem Flammenaugen", „Die Räuber" von Schiller oder „Bruderzwist und Bruderhaß im Grafenschloß", „Robert der Teufel" oder „Der Schatz in der Türkei".

Trotzdem der Herr Direktor der beste Gitarrenspieler weit und breit war und sogar in „Die Räuber" seine Couplets hineinsang. Beispielsweise: Der alte Moor kriecht aus dem Turm und sagt: „Verlassen bin ich von meinem Sohn, verlassen von der ganzen Welt, nur eine hat mich nicht verlassen, das bist du, meine getreue Gitarre. Schier dreißig Jahre bist du alt", und schon ging's los: „Schier dreißig Jahre bist du alt, hast manchen Sturm erlebt." Die Leute kamen nicht ins Theater.

Immer kleiner wurde unsere Gesellschaft, die zuerst aus acht Personen bestanden hatte; aber Direktor Zeinecke wußte sich zu helfen. Für jedes Theaterstück hatte er drei Regiebücher, die er selbst anfertigte. Eines war komplett, so wie es der Dichter vorschrieb, mit allen Personen und Szenen, das zweite war auf die Hälfte der Personen eingerichtet, so daß jeder Schauspieler zwei oder drei Rollen spielen konnte. Und das dritte war praktischerweise auf die eiserne Ration des Theaters zugeschnitten, spielbar von vier Personen: dem Herrn Direktor, seiner Frau, seinem Sohn und seiner Tochter. Alles andere kam in Briefen vor. Im „Nullerl", einer alten Komödie von Morré, kommt der Schnurrerbauer vor, der Intrigant des Stückes. Da wußte sich der Herr Direktor ohne Schnurrer sehr gut dadurch zu behelfen, daß er beispielsweise in einer Szene, in der der Schnurrer auftreten sollte, einfach sagte: „Da hat mir doch der verdammte Schnurrer wieder einen Brief aufs Fenster gelegt. Ich muß einmal nachsehen, was drinsteht." Und der gute Schnurrer spielte sozusagen poste restante seine Rolle.

Alles ganz schön, aber das Geschäft ging nicht, denn im Orte gab der berühmte „Zirkus Oriental" ein mehrtägiges Gastspiel. Was Wunder, daß die Leute lieber in den Zirkus gingen. Was Wunder, daß ich auch in den Zirkus ging.

Eines Nachmittags kam ich gerade zurecht, um die Zirkusleute beim Mittagstisch zu sehen. Da saßen sie alle mitten im Freien und aßen Knödel und grünen Salat. Schönes weißes Brot lag auf dem Tisch, und ein guter, kräftiger Kaffeegeruch stieg mir verhungertem Komödianten in die Nase. Ich war in meinem Leben nie besonders genant, und Hunger habe ich nie besonders gut vertragen. Ich muß wohl sehr gierig nach den Knödeln und dem schönen Kaffee geschielt haben, denn Heinrich, der Athlet, sah mir's an: „Du bist wohl beim Theater, du verhungerter Komödiant, da hast an Knödel!"

Wenn Heinrich dachte, mich damit zu beleidigen oder zu kränken, so war er im Irrtum. Ich schnappte den Kloß und eins, zwei, drei saß ich bei Tisch, mitten unter den Genossen der Zirkusfakultät, mitten unter den Gauklern, und begann zu essen. Dem Herrn Direktor blieben die Augen stecken, so aß ich, drei Knödel, vier, fünf Knödel. Ich aß und aß und trank eine Tasse Kaffee nach der andern und stopfte mir den verhungerten Komödiantenbauch voll und freute mich und setzte mich bequem hin und dachte mir: „Hier scheint's ganz gut zu sein!" Der Zirkus war gerade im Abbruch begriffen, und es galt, die Pfähle einzuschlagen für den zweiten Teil des Gastspiels: „Die Darstellung der heiligen Passion." Um keine Zeit zu verlieren, gab nämlich der Herr Direktor Pichler, während der Zirkus verpackt wurde, immer ein Passionsspiel als Schluß der Vorstellungen. Ich sah, wie die anderen an die Arbeit gingen, stellte mich dazu und griff nach einem Pfahl. Eins – zwei – drei – war er eingeschlagen, und eins – zwei – drei – der nächste. Ich wollte mir mein Essen verdienen; das gefiel den Leuten. Als alles so weit fertig war, nahm mich Pichler beiseite und sprach ein sehr kluges Wort: „Mein lieber Junge, du bist jung und mußt fressen, aus hungrigen Knochen wird im Leben ein Dreck. Wir sind Gaukler in den Augen der Schauspieler, aber wir arbeiten und verdienen uns das bißchen Brot mühsam und schwer. Und es ist schließlich immer da. Komm mit uns, ich will aus dir einen Kerl machen. Du wirst nicht ewig bei uns bleiben, denn du kannst lesen und schreiben. Aber stark und satt wirst du hier werden."

Der Handel war rasch abgeschlossen. Schon am Abend desselben Tages übersiedelte ich zum Zirkus. Viel war da nicht zu übersiedeln, mein ganzes Gepäck hatte ich buchstäblich in einer Zigarrenschachtel untergebracht.

Am Abend mußte ich mit zur „Parade". Das ging so zu: Mischko, der Clown, bekam die große Trommel auf den Buckel, Heinrich, der Riese, nahm die kleine Trommel. Ich selbst bekam die Tschinellen an die Hand. Mit der rechten schlug ich gegen die große Trommel, mit der linken auf die Tschinellen an der Trommel, und ins Dorf ging es. Immer im gleichen Takt.

Tschin, tschin, bum, bum, bum.

Dann wurde stehengeblieben. Mit tönender Stimme eröffnete der Herr Direktor (später ich) einen Speach an das versammelte Volk:

„Es gibt kund und zu wissen einem hohen Adel und der verehrten Bürgerlichkeit und den hochgeschätzten Herren Kindern von Reich-Ramming, der Grand Zirkus Oriental, daß heute sich abspielt eine große Gala-, Ehren- und Prunkvorstellung unter dem Titel: „Das Passionsspiel und Leiden Christi", große Passion in allen Passionswegen, mit Musik und Glockenklang. Die Hauptrolle wird vorgetragen von Herrn Direktor Josef Pichler in eigener Person. Die Rolle der heiligen Maria von der Frau Direktor Franziska Pichler in eigener Person; zwischen der achten und neunten Passion wird ein von der Frau Direktor selbst geflochtener, großartiger, praktischer und in 32 Farben zusammengestellter Einkaufskorb im Werte von über 50 Kreuzer versteigert werden. Der Eintrittspreis zu dieser seltsamen und ergreifenden Passion beträgt: auf dem 1. Platz 15 Kreuzer, auf dem 2. Platz 10 Kreuzer, auf dem dritten Platz 5 Kreuzer, auf dem Stehplatz 2 Kreuzer. Die Herren Kinder zahlen auf allen Plätzen die Hälfte. Es werden gern in Zahlung genommen von der verehrten Herren Bauern, Landwirten und Fuhrknechten Lebensmittel aller Art, wie Erdäpfel, Hafer, Mehl, Rüben und Brot, auch Fleisch wird gern angenommen. Zum Schluß findet ein großes Feuerwerk statt bei bengalischer Beleuchtung, mit einer Apotheose, von welcher jeder Mensch, ob Mann, ob Frau, ob Kind oder Militarist, zu Tränen gerührt sein wird. Kommen, sehen, staunen. Lachen über lachen."

Tschin, Tschin, bum, bum, bum!

Die Schauspieler des Herrn Direktor Zeinecke machten Augen wie die Wagenräder, als sie mich da vorbeziehen sahen und wendeten verächtlich die Köpfe weg. Im ersten Moment war mir das sehr peinlich. Als ich mich dann aber daran erinnerte, daß es heute abend mindestens fünf Knödel mit Salat und zwei Tassen Kaffee geben würde, gewann ich mein inneres Gleichgewicht mit überraschender Schnelligkeit wieder und schlug mit doppeltem Eifer auf den trommelbeladenen Buckel Mischkos.

Tags darauf wurde der Zirkus abgebrochen, und wir zogen nach einem kleinen Marktflecken in Oberösterreich, nach Lobenstein. Vor allem mußte das Chapiteau aufgestellt werden. Keine kleine Arbeit, wenn man bedenkt, daß fünfundvierzig einheinhalb Meter große Holzpflöcke rundherum in den trockenen und harten Boden zu schlagen sind.

Wieviel solcher Pflöcke habe ich einschlagen müssen! Es hat mir nichts geschadet. Von der Zeit her stammen meine starken Arme, in der Zeit wurde mein rechter Haken geboren, der mir aus so manch mißlicher Situation geholfen hat. Mark kam in die Knochen, und ich danke es heute noch dem Herrn Direktor und seiner lange schon in alle Winde zerstobenen Gesellschaft von ganzem Herzen, daß sie mich vor dem Hungertyphus bewahrt haben. Keine Minute schäme ich mich, daß es so war, keine Sekunde dieser Zeit gäbe ich her, um mir damit die Gunst einer Publizistik zu erkaufen, die es mir lächerlicherweise heute zum Vorwurf machen will, daß ich nicht mein Assessorexamen gemacht habe oder als der Sohn eines Ministers auf die Welt gekommen bin. Ich war beim Zirkus, und ich ginge heute gern wieder hin, wenn es noch so einen geben würde wie den Zirkus Oriental und wenn ich das Zeitrad um die Jahre zurückdrehen könnte, die seit damals ins Meer der Ewigkeit geflossen sind.

### „Jaenisch verplah'n!"

Übersetzen Sie bitte:

„Tasch, de Loberei! Tschie Lobi, Tschie Pass, Tschie Gatschie zum jaenisch verplah'n, a Klunten zur Klunten. Gatschi, Gatschi dö Loberei ...“

Bitte übersetzen Sie. – Bemühen Sie sich nicht weiter. Es wird Ihnen nicht gelingen. Das ist Jaenisch – Zigeuner-Rotwelsch, die heute schon im Aussterben begriffene Geheimsprache des fahrenden Volkes, der Zirkusmenschen, Gaukler und wandernden Akrobaten. Auf hochdeutsch heißt es wörtlich übersetzt:

„Ach, nichts als Unannehmlichkeiten, kein Geld, keinen Platz, um seine Künste zu zeigen, keine Bekannten, um mit ihnen sich auszusprechen, ein Luder zur Frau. Freunde, Freunde, nichts als Unannehmlichkeiten."

Mit diesem frommen Morgenspruch auf den Lippen erwachte täglich um fünf Uhr unser Direktor, Herr Franz Josef Pichler, Inhaber des „Grand Zirkus Oriental" und der daran angegliederten Passionsspiele, Besitzer eines Wohnwagens, eines Orgelkarrens, zweier Gäule, eines Pudels, eines Affen, einer Frau, einer Großmutter und eines Ensembles von noch drei Herren. Er erhob sich von seinem Lager im hinteren Teil des Wohnwagens, schneuzte sich durch die Finger. Daraufhin ergriff er einen Stalleimer, füllte ihn mit eiskaltem Wasser und begab sich unter das Stallzelt. Dort lagen vier Freunde im Stroh: Heinrich, der Athlet, und Harry, sein Freund. Sie lagen zwischen den Bäuchen von „Regent", dem Schimmel, und „Sandor", dem Rechen-Pony, und schnarchten mit offenen Mäulern. Darauf erhob Herr Josef Pichler den Stalleimer und goß ihn mit kühnem Schwung über Harry, Heinrich, Regent und Sandor aus. Dann ging er zufrieden in den Wohnwagen zurück. Das Tagewerk hatte begonnen.

Jeder wird es mir glauben, wenn ich die Behauptung aufstelle, daß die vier Freunde ziemlich rasch aus Morpheus' Armen gerissen wurden und schnell Toilette machten. Es waren zwei stämmige Kerle: Heinrich, riesengroß, kräftig, mit ungeheuren Muskelpacken, das breite, gutmütige Kindergesicht von einer Narbe durchzogen; Harry, kleiner, untersetzter, aber breitschultrig, die langen Arme tiefbraun gebrannt, das Gesicht schwarz von der Sonne; er reichte seinem Freunde kaum bis an die Schulter. Man machte Toilette. Harry hatte einen Galaanzug, das war ein aus Bettleinen, sogenanntem Gradel, hergestellter hochfeiner Tennisanzug, weiß, mit langen blauen Streifen und riesengroßen Perlmutterknöpfen. Harry war ein Dandy und hatte einen Kragen aus Gummi und eine wundervolle Krawatte, rot mit weißen Punkten. Schuhe waren wohl da, aber sie wurden geschont für die Vorstellung und für besondere Ereignisse. Dies um so mehr, als beide Freunde nur ein Paar besaßen. Da aber Heinrich, der Athlet, Schuhnummer 56 hatte und Harry höchsten 40, so glich sich das auf die Weise wieder aus. Heinrichs Anzug bestand so gut wie aus nichts. Er hatte ein Ruderleibchen und eine Hose, dafür aber einen wunderschönen Strohhut, einen Florentiner, der irgendwann einmal das Haupt einer schönen, jungen Dame geziert haben mußte. Harrys Hut war sein dichtes, braunes Haar.

Dann gab es ein Frühstück. Am Sparherd des kleinen Wohnwagens stand schon die fleißige Großmama und kochte Kaffee; sie war sehr dick, und es tropfte ihr die Nase, denn sie hatte seit vielen Jahren den Schnupfen. Die Frau Direktor war längst auf und ins Dorf gegangen, wo sie kleine, mit der Hand geflochtene Körbchen zum Tausch gegen Lebensmittel anbot.

Der Herr Direktor war ein großer Herr, aber er arbeitete doch. Seit einigen Monaten probte er an einer neuen Programmsensation, die später unter dem Titel: „Blondins Marsch durch die Luft" das Programm bereichern sollte. „Blondins Marsch durch die Luft" bedeutete den Übergang des Herrn Direktors von einer Seite des hohen Seils zur andern quer über den Marktplatz, wobei er sich erbot, in einem Schubkarren jeden Bürger der Stadt vollkommen gratis über das Turmseil zu befördern. Da sich natürlich kein Mensch dazu meldete, in der vielleicht richtigen Annahme, unter Umständen ans Ende des Lebens befördert zu werden, bekam ich zu meinen vielen Geschäften auch noch das Amt dazu, den freiwilligen Bürger der Stadt zu spielen, d. h. ich hing mir einen Vollbart um, zog mir den Rock verkehrt an und wurde vom Herrn Direktor per Schubkarren vom Rathaus zum Kirchturm gerollt.

Soweit war es aber noch nicht an diesem schönen Tag, den ich hier schildere; der Herr Direktor übte Probe. Er hatte ein Drahtseil an zwei Blöcken einen viertel Meter über den Boden gespannt und versuchte es, eine unendlich lange Stange zwischen den Händen balancierend, über das Seil zu kommen. Jedesmal, wenn er herunterfiel, machte er einen anderen von uns dafür verantwortlich. Einmal machte ihn die „verfluchte Pfeiferei" Heinrichs nervös, das andermal war ich schuld daran, zum drittenmal kränkte ihn der Anblick der „teufelsverdammten alten Hexe von Großmutter", da er schielen müsse, wenn er sie ansehe, und zum andernmal war es Mischko, der Clown, der „so besoffen" sei, daß der Direktor bei seinem Anblick nicht geradestehen könne. Da jede dieser Rügen des Herrn Direktors mit einem kräftigen Nachdruck seiner überall hinreichenden, endlos langen Stange erteilt wurde, gingen wir ihm alle möglichst aus dem Wege.

Zwei Geschäfte hatte ich zu besorgen. Da ich der einzige Schreibkundige der Gesellschaft war, mußte ich die Plakate verfertigen. Das machte man so: Vorhanden waren handgeschnittene Papiermatrizen, auf denen das ganze Programm stand. Diese Matrizen wurden fein säuberlich auf ein Stück Packpapier gelegt, eine hinter der anderen, dann wurde Ofenruß mit einem Bierrestchen zur Druckerschwärze angemacht und mit einem Wichsbürstchen über die Matrize verrieben. Das Plakat war fertig. Mischkos, des Clowns, Amt war es, das Plakat auf den Buckel zu nehmen und als lebende Litfaßsäule in der Stadt oder im Dorf so lange spazierenzugehen, bis jeder die „Galavorstellung des berühmten Zirkus Oriental" richtig abgelesen hatte. Da aber Mischko auf diesen seinen Spaziergängen überall dort, wo man für einen beliebten Clown etwas übrig hat, ein Gläschen Wacholder oder sonst was zu sich nahm und er nach dem vierten oder fünften Gläschen den festen Halt unter den Füßen verlor, war es nicht mehr ganz einfach, das Programm von seinem Buckel herunterzulesen, denn das Programm und Mischkos Buckel schwankten nach kurzer Zeit wie ein Paddelboot bei Windstärke 13. Wenn es so weit war, wußte Mischko einen Ausweg. Er legte sich irgendwo auf den Bauch und schlief seinen Rausch aus. Die Interessenten für das Programm, die sich über die heutige Vorstellung zu orientieren wünschten, wußten immer ungefähr, wo Mischko lag und lasen das Programm von seinem Buckel herunter, sozusagen aus der Vogelperspektive. Hier und da drehte sich Mischko aber um, und dann lag er auf dem Plakat drauf. Zu solchen Zeiten war es dann sehr schwer für das Publikum, ganz genau zu wissen, was heute abend im Zirkus Oriental Neues geboten wurde. Umdrehen konnte man ihn nicht, denn dann schnappte er wie ein bissiger Köter.

Mischko hatte nur ein Auge, das zweite hatte ihm der Herr Direktor anläßlich einer Meinungsverschiedenheit einmal ausgeschlagen. Darum war auch Mischko immer der erste auf im Zirkus. Kunststück, er schlief ja nur mit einem Auge und brauchte auch nur eins aufzumachen.

Mein nächstes Geschäft begann: Der „Dienst am Kunden" – ich mußte Futter für die Pferde einkaufen. Das war sehr schwierig. Aus dieser Zeit stammen wohl meine kommerziellen Talente, mein Geschäftsgeist, den mir heute eine oft recht bösgesinnte Presse zum Vorwurf macht. Ich nahm also ein Bündel Heiligenbilder unter den Arm, Mehrfarbendrucke, die irgendwie irgend etwas aus der Heiligen Geschichte darstellten. Was, weiß ich nicht mehr, jedenfalls sah man einen Herrn darauf, der an einen Pfahl gebunden war und ein sehr trauriges Gesicht machte. Wahrscheinlich deshalb, weil einige Hundert Pfeile in ihm drin steckten. Neben diesem Herrn lag eine Hirschkuh, die freundlich lächelte, und neben der Hirschkuh gab's noch ein paar riesige Ketten, die jemand dort vergessen hatte. Nie ist es mir klar geworden, wer der unglückselige Märtyrer wirklich war. Aber was habe ich alles aus ihm gemacht. Je nach der Gegend, durch die wir gerade reisten, wechselte er seine Gesinnung. Es gab ja so viele Schutzheilige. Für alle mußte der arme Märtyrer herhalten, als Tauschmittel, um Hafer und Heu für die Pferde zu beschaffen. In katholischen Gegenden war er der heilige Florian, Sebastian, der heilige Georg. Die arme Hirschkuh war je nach Bedarf bald ein Drachen, bald gehörte sie zur heiligen Genoveva. In dem Fall war mein Schutzpatron die heilige Genoveva selber. Sogar Romulus und Remus kamen bei einem Lehrer an die Reihe. Als er mich fragte, wo denn der Romulus wäre, wenn er schon den Märtyrer für den Remus gelten ließe, fiel mir nichts darauf ein. Deshalb sagte ich nur: „Der ist wahrscheinlich grad so wie ich mit Bildern hausieren gegangen, um Pferdefutter zu kriegen."

Einmal kam ich zu einer alten Bäuerin, die mit der Nachbarschaft im Streit lag. Für einen Sack Hafer sprach ich eine Zauberformel über das Bild aus, mit der sicheren Wirkung, daß die böse Nachbarschaft im Laufe des nächsten Jahres spätestens mit Stumpf und Stiel einem Feuer zum Opfer fallen werde. Bei ihrer Nachbarschaft, als sie dasselbe von mir wollte, sprach ich gerechterweise einen Contra-Spruch gegen meine erste Abnehmerin aus. Spruch und Gegenspruch hoben sich also in der Wirkung auf, und damit war alles wieder in Ordnung. Keines der feindlichen Lager ist abgebrannt. Es war bestimmt ein schweres Geschäft. Aber schließlich: Futter mußten die Tiere haben – und ich liebte Regent, den Schimmel, wie mein Leben.

Regent, du weißes gutes Tier, wie habe ich dich gestriegelt und gepflegt, wie habe ich dir die Streu gebettet, und wie freudig war das Wiedersehen zwischen uns beiden, wenn ich dann mit reicher Beute von meinen Vagabundenstreifen zurückkam und dir dein Futter brachte. Wie weich hast du mich dafür auf deinem warmen Pferdebauch gebettet, wenn es in den Ställen zu kalt war, wie zart und sorgfältig bewegtest du deine schlanken Beinchen, um mich nicht zu treten und mich nicht zu stören im festen Schlaf meiner Jugend an deinem treuen Leib. Regent, mein Regent! Wie behutsam trugst du mich auf deinem schlanken Rücken, wenn ich durch die Manege ritt als Schulreiter, wie sicher fingst du meinen Sprung auf und wie balanciertest du ihm mit jeder Muskel deiner Kruppe entgegen, wenn ich zehn Minuten später als der berühmte Parforcereiter Hannibal auf dich sprang. Wie faßtest du mich vorsichtig am Hosenboden, wenn ich als Clown vor dir davonlaufen mußte und du mir nachsetztest, um mich zu holen und zu fangen. Nie hat es wieder Freunde gegeben, wie wir es waren, nie wieder hat es Kameraden gegeben, die einander so verstanden, wie wir einander verstanden haben, du und ich, und als Dritter im Bunde Heinrich, der Riese. Da war ja auch noch Sappho, der Pudel, der unser Freund war, da war ja auch noch Josko, der Affe, aber das waren halbe Freundschaften; Sappho verkaufte seine Meinung um einen Wurstzipfel und der Affe für noch viel weniger. Du aber warst treu, unzugänglich jeder Lockung von anderen. Dein tiefbraunes Auge drang feucht schimmernd in mich hinein bis tief, tief in die Seele, und wenn mir etwas weh tat, dann spürtest du es auch, und wenn ich mich freute, dann war es auch deine Freude, und wenn wir abends an freien Tagen zur Tränke gingen und zum Bad und ich mich mit meinem jungen, starken Körper ohne Zeug und ohne Sattel auf deinen treuen Rücken schwang, dann ging's im Sturm und Galopp über das Feld. Wer hätte uns da nachkommen können, Regent, mir und dir, wer konnte es mit uns aufnehmen, wer uns fangen?

Kam ich vom Dienst am Kunden, war bereits der Tisch gedeckt, es gab Knödel und Salat. Fleisch war eine seltene Speise, aber das hat niemandem geschadet. Sieben oder acht Klöße, schwer wie die Kanonenkugeln, aus schwärzestem Mehl, drückte ich herunter, im Nu waren sie weg, und Heinrich, der brachte es manchmal auf zehn oder zwölf. Zu essen gab es genug. Dann ging's zur Probe. Ich selbst hatte mancherlei künstlerische Funktionen. Fürs erste war ich natürlich Paßbaldower, zu deutsch der Mann, der den Gemeinden die Plätze abmietete für den Zirkus; in zweiter Linie war ich der berühmte Kunstreiter Harry, der berühmte Parterre-Akrobat Marini, Führer der berühmten Springertruppe Saltoralis, der berühmteste Reck-Akrobat der Welt Mr. Gari, der urkomische Clown Mr. Clapp-Clapp und der berühmte Schauspieler Hermann von Brandenburg, Darsteller des Judas Ischariot in den Passionsspielen der Direktion Pichler. Kein Wunder, daß ich bei solch mannigfachen Funktionen auch sehr viel proben mußte.

## Beim Karussell – um die verdammte Liebe

Gleich am Tage meines Eintritts machte mir der Herr Direktor Pichler zwischen den Pfosten einer Scheune ein Trapez zurecht und brachte mir die Anfangsgründe der akrobatischen Kunst bei. Als er sah, daß es ging, meinte er: „Sie können heute abend den Untermann machen am Trapez." Immerhin war der Zirkus ganz hübsche paar Meter hoch, und als ich am Abend den Strick zur Kuppel hinaufkletterte, um aufs Trapez zu gelangen, da war's mir schäbig um den Magen.

Meine Tätigkeit war vorläufig nur, Kopf abwärts am Trapez zu hängen und in meinen Fäusten ein zweites Trapez zu halten, auf dem die Frau Direktor einige Stockwerke tiefer herumturnte. Abfall nennt man das. „Wenn Sie loslassen", sagte mir der Herr Direktor, „dann schneide ich Ihnen die Ohren ab." Die Mahnung wirkte, ich ließ nicht los, und hätte auch nicht losgelassen, wenn mir die Arme abgerissen wären. Mit der Zeit lernte ich reiten, springen, Araber abdrehen, Kaskaden machen, Voltigen und Saltos, alles in derselben Manier, mit dem Hinweis auf die Ohren. – Du lieber Gott, wer verliert gern seine Ohren?

Mein dicker Freund wurde Heinrich, der Athlet, der Bruder des Direktors. Dieser Heinrich war so stark, daß er mit einer Hand ein gefülltes Bierfaß stemmen konnte; er hatte einen so enormen Brustkasten, daß er sich aus halber Zirkushöhe ein Faß Bier auf die Brust fallen ließ. Wenn er ging, dröhnte die Diele, und wenn er mir die Hand gab, ergriff er Vorsichtsmaßregeln wie ein Elefant, der über seinen Dresseur hinwegschreitet. Wo er einmal hinschlug mit seinen Pratzen, wuchs zehn Jahre lang kein Gras mehr.

Er liebte mich abgöttisch und beschützte mich wie seinen Augapfel. Unter seinen starken Fäusten lernte ich bald das Gewerbe des Athleten, er zeigte mir die Tricks, wie man Ketten reißt, er lehrte mich die Kunst der Entfesselung, die Geheimnisse der Fakire. Bald konnte ich Glas fressen, Feuer und Kieselsteine schlucken, Degen verschlingen, mit den Knöcheln der Hand eine Tischplatte abbrechen und mit der Faust dicke Nägel durch Bretter schlagen.

Heinrich war mein Sklave. Unter seinen Fittichen wurde ich frech wie ein Rohrspatz. Wehe, wenn mich jemand schief anblickte. Heinrich war ja da! Ich tyrannisierte ihn und liebte ihn. Er, der von Natur aus friedfertig war, der keinem Käfer etwas zuleide tun konnte, wurde durch mich dauernd in Stänkereien verwickelt. Wir kamen zum Beispiel in ein Wirtshaus; ich legte mir ein Hölzchen auf die Schulter und ging von Mann zu Mann damit hausieren: „Schmeiß' das Hölzchen runter." Warf der Betreffende das Hölzchen nicht herunter, gab es eine Rauferei, warf er es herunter, gab es auch eine Rauferei, weil ich dann verlangte, er solle es wieder auf die Schulter legen.

Allmählich wurde ich so frech, daß ich mit Heinrich selber anfing. Was hat sich dieser starke Mann in seiner Affenliebe zu dem Jüngeren nicht alles bieten lassen! Er war mein Sündenbock für alles.

Schließlich war ich stark wie ein Bär geworden und konnte ohne Heinrich fertigwerden. Damit dispensierte ich ihn sozusagen vom Dienst als Raufkumpan und ging allein los. Das war aber mit Heinrich nicht zu machen. Wie ein Schatten folgte er mir, und da ich wütend wurde, in gehöriger Distanz. Es war aber doch gut, daß er im geeigneten Moment immer wieder da war, sonst würde mir heute mancher Knochen fehlen. Eines Tages kam der große Konflikt zwischen Heinrich und mir, und schuld daran war die Liebe, die verdammte Liebe. In irgendeinem Nest war es, weiß der Kuckuck wo. Wir hatten unseren Zirkus im Garten einer riesigen Bierbrauerei aufgestellt. Der Bierbrauer hatte zwei Töchter. Die eine hieß Emma, die andere Anna. Emma war groß und stark, und infolgedessen wurde sie meine Geliebte. Anna war zierlich und schwach; das liebte Heinrich. Heinrich war stark, aber des Lesens und Schreibens unkundig. Ich war schwächer als Heinrich, aber ich schrieb einen ausgezeichneten Stil und brauchte keinen Liebesbriefsteller. Der große starke Heinrich verliebte sich wie ein Gymnasiast. Es war mit ihm nicht mehr auszuhalten. Wo er ging und stand, seufzte er aus seiner Elefantenbrust, die blauen Augen standen ihm dauernd voll Wasser. Er belästigte mich schrecklich mit neuen Ideen zu Liebesbriefen. Ich beschloß, diesem unerträglichen Zustand ein Ende zu machen und beging einen Verrat an meinem Freund. Statt einen glühenden Liebesbrief zu schreiben, schrieb ich der zarten Anna einen ordinären Abschiedsbrief, und da es gleich in einem Abwaschen ging, auch einen an Emma dazu. Heinrich war wie erschlagen. Nie habe ich einen edlen und starken und doch im Grunde seiner Seele vernünftigen Menschen so tapprig gesehen wie diesen Riesen.

Die Rache für mein böses Tun folgte auf dem Fuße. War Heinrich als verliebter und glücklicher Freund schon unerträglich gewesen, so wurde sein Zustand als abgewiesener Freier für seine scheinbar verschmähte Liebe völlig unmöglich. Tage und Nächte lag er mir in den Ohren: „Was könnte wohl die Ursache sein? Hat sie einen anderen, warum liebt sie mich nicht mehr?" Es war entsetzlich. Ich beschloß also, diese ganze Angelegenheit wieder ins reine zu bringen, setzte mich hin und schrieb einen feurigen Liebesbrief. Ich hatte aber die Rechnung ohne die „Wirtin" gemacht. Beide wollten nichts mehr von uns wissen.

Unglückseligerweise kam Anna auch noch auf die Idee, dem scheinbar so ungetreuen Heinrich persönlich die Meinung zu sagen. Dies geschah nun leider gerade zwischen meinem Auftritt als dummer August und Heinrichs Kraftleistung als „stärkster Mann der Welt". Während ich meine komische Solo-Szene spielte, wartete Heinrich beim Zirkuseingang drohend wie ein riesiger Waschbär auf den Moment, bis ich herauskam. Die Feindschaft war da. Heinrich wußte alles. Kaum war ich aus der Manege, kam Heinrich auf mich zu. Ohne viel Worte zu machen packte er mich beim Kragen und holte aus. In jenem Moment geschah ein Wunder. Ich langte weit aus und knallte Heinrich eins um die Nase. Es entstand eine Keilerei, an der der ganze Zirkus Anteil nahm. Das Publikum meinte, das wäre eine besondere Nummer des Programms. Was tut aber das Schicksal? Zu meinem grenzenlosen Erstaunen war ich stärker geworden als mein Lehrmeister selber. Ich setzte Heinrich außer Gefecht, denn ich war flinker als der Riese und paßte auf, wohin ich schlug, während Heinrich blind um sich trampelte wie ein wildgewordener Elefant.

Diese Nacht schliefen die beiden unzertrennlichen Freunde getrennt. Heinrich hatte mir großmütig den Platz im Stall gelassen. Er selbst schlief im Orgelwagen mit dem Affen, ich mit den Pferden. Vorsichtshalber hatte ich mich verbarrikadiert; man kann nie wissen, vielleicht war Heinrich des Nachts doch stärker als ich. Aber es kam anders.

Kaum lag ich im Stroh, kratzte es demütig an der Wand des Stallzeltes. Heinrich war es, der reumütig zu mir kam, um Abbitte zu leisten. Ich verzieh ihm großmütig. „Die Weiber sind's nicht wert", sagte er, und damit hatte Heinrich wirklich recht.

Für mich bedeutete dieser Vorfall eine große Enttäuschung. Heinrich war nicht mehr der starke Heinrich, die Freundschaft war zerbrochen durch einen Weiberkittel, und so beschloß ich, mein Bündel zu schnüren. Wohin aber in der Welt?

Da war nun eine sehr nette Möglichkeit für mich vorhanden. Frau Grete, verwitwete Pichler, Schwägerin des Herrn Direktors, hatte schon lange ein Auge auf mich geworfen. Frau Grete Pichler war die Besitzerin eines außerordentlich lukrativen Unternehmens. Sie hatte Pferde und stolze Karossen. Diese Pferde waren aber nur aus Holz, denn Frau Grete Pichler war Besitzerin eines Karussells. „Schau", sagte sie eines Tages zu mir, als sie auf Besuch bei ihrem Schwager war, „das alles hast du nicht nötig. Komm zu mir als Geschäftsführer. Das Geschäft geht immer. Die Pferde brauchen kein Futter, hie und da streichst du sie frisch an. Das ist alles. Zu arbeiten gibt's nichts, ich kaufe dir, was dein Herz begehrt. Schlafen kannst du bei mir im Wohnwagen, und wenn du dich anständig benimmst, wer weiß, vielleicht mache ich dich zum Herrn Chef." Ein lockendes Angebot. Es hatte bloß einen Haken. Die Pichlerin war eine falsche Seele. Tief in ihrem Innern liebte sie Heinrich, den Athleten. Er aber erwiderte ihre Neigung nicht. Da aber der Weg zum Herzen des Riesen nur über den Magen seines Freundes führte, hatte die schlaue Rennstallbesitzerin den Plan gefaßt, über meine Wenigkeit zu Heinrich zu gelangen, denn sie dachte: „Wo der Harry ist, da ist auch der Heinrich." Das wußte ich. Dennoch machte ich mich eines Nachts auf den Weg. Nach mehrstündiger Wanderung traf ich das Zelt der Frau Pichler und installierte mich als Geschäftsführer des größten elektrisch betriebenen Karussells Europas. Die elektrische Kraft waren zwar in diesem Fall nur vier oder fünf Kinder; die Armen mußten unter der verdeckten Plane ein Holzkreuz schieben und das Ringelspiel in Bewegung halten. Für zehnmal schieben durften sie einmal reiten. Das war unsere Elektrizität. Es war sehr lustig. Ich war Geschäftsführer und Kassierer in einer Person. Die Fahrt kostete zwei Kreuzer. Ging das Geschäft schlecht, wurde abgebrochen, und man zog einen Ort weiter. Ich hatte auch einen Angestellten, das war Leopold, der Lästerer. Ein junger Bursche, den der Wind zur Pichlerin verschlagen hatte, und der bei mir und der Frau Direktor das Faktotum spielte. Leopold war der Mann, dem ich noch heute den Rekord im Fluchen zuschreibe. Er fluchte immer, jedes Wort begann mit einer Verwünschung, und jeden Satz eröffnete er mit einer greulichen Lästerung. Nie habe ich so herrlich fluchen gehört! Leopold verfluchte alles; den Ort samt dem Bürgermeister und der ganzen Einwohnerschaft. Alle Ringelspiele der Welt und unser Ringelspiel ganz im besonderen, alle Menschen, die Pichler hießen, und Frau Margarete Pichler speziell. Alle Pferde und alle Wagen und unsere ganz besonders. Nur über mich fluchte Leopold nicht, und das hatte seinen Grund. Als ich meine Stellung antrat, als Chef und Vorgesetzter, begrüßte mich Leopold ungefähr folgendermaßen: „Himmeldonnerwetter, Kreuzmillionen, Hundetiere, verflucht und zugenäht, elendiger Scheißdreck, verfluchte Dreckbude, nichts als Arbeit und nichts zu fressen, und du gottverdammter Schweinehund kommst daher und willst uns das bißchen Kartoffeln noch wegfressen?" So weit kam Leopold. Als er ausgesprochen hatte, erhob ich meine Hand und gab ihm eine derartige Ohrfeige, daß er sich dreimal um seine eigene Achse drehte, viel schneller, als das zwanzig elektrische Kinder vermocht hätten. Als er sich erhob, gab ich ihm gleich noch eine zweite zur Erhaltung des Gleichgewichtes. So wurden wir Freunde. Ich hatte viel Spaß an Leopold. Stundenlang mußte er mir vorfluchen, und er tat es mit Freude.

Wie aber alles Schöne auf Erden ein Ende nimmt, so ging's auch hier. Eines Tages kam ein Wanderer staubbedeckt über die Straße. Es war Heinrich, mein Bruder und Freund. „Wo du bist, da will ich auch sein." Er hatte den Zirkus bei Nacht und Nebel verlassen. Ohne mich machte ihm die ganze Athleterei keine Freude. Er ließ sich bei uns nieder, und so hatte die schlaue Pichlerin ihr Ziel erreicht.

Wenn sie aber gedacht hatte, mich wieder loszuwerden, so war das ein Irrtum. Jetzt war ich erst recht der Herr über die Holzpferde, über die Wagen, über Leopold, über Heinrich und über die Frau Besitzerin selber. Ich nahm außerordentlich tief einschneidende Veränderungen im Betrieb vor. Vor allem führte ich ein Abonnement ein; kaum kamen wir an einen Ort und unser Karussell stand, gab ich Permanenzkarten aus. So eine Karte berechtigte zur unumschränkten Benutzung je eines Holzpferdes auf die Dauer unseres Gastspieles. Sie kostete zehn Kreuzer. Diese zehn Kreuzer nahmen Heinrich und ich und gingen dafür ins Wirtshaus. Auf diese Weise schufen wir dem Unternehmen einen Stock von Abonnenten und uns beiden eine Einnahmequelle non plus ultra.

Mit der Zeit aber hatten wir nichts als Abonnenten und die Frau Direktor keine Einnahmen. Als sie das nicht mehr freute, beschlossen Heinrich und ich, wieder nach Hause zu gehen. Wir übergaben eines Nachts das gesamte Ringelspiel samt Margarete Pichler der Obhut Leopolds, des Fluchers, und machten uns auf den Weg nach dem Zirkus Oriental. Dort legten wir uns ins Stroh und schliefen Seite an Seite ein. Neben uns Regent, der Schimmel, Sandor, das Gedankenpferd, Josko, der Affe. Frühmorgens um fünf Uhr weckte uns eine eiskalte Dusche. Das war der Herr Direktor. Er war also versöhnt, und wir waren wieder aufgenommen. Sofort ging ich den Dienst am Kunden besorgen, Heinrich putzte die Pferde, und der Direktor übte noch immer Turmseil, alles war beim alten, und so wäre es auch geblieben bis zum heutigen Tag, wenn wir nicht auf unserer Reise nach Bad Hall gekommen wären.

Bad Hall ist ein kleiner österreichischer Kurort und hat ein kleines Theater. Als unsere Truppe einzog, standen die Schauspieler gerade vor dem Theaterchen. Ich sah wieder Menschen, die anständig gekleidet waren, Leute, die ganze Schuhe an den Füßen hatten, schöne junge Mädchen aus gutem Hause. Ich sah an mir herunter, sah meine verbrannten Arme, meine zerlumpten Kleider und begann mich zu schämen. Was war aus mir geworden? Mit erschreckender Deutlichkeit sah ich plötzlich, daß ich ein Zigeuner war, losgelöst von der Gesellschaft, ein Vagabund ohne Heim, verroht und verwildert. Ich machte kehrt und verkroch mich in einem Park. Dort dachte ich nach. Sollte das mein Leben bleiben, immer bleiben, fragte ich mich.

Eine Episode fiel mir ein. Da war ein kleines Nestchen, und dort lernte ich die Tochter eines Schullehrers kennen, ein schönes junges Mädchen, die mich im Zirkus gesehen hatte. Am nächsten Tage schrieb sie mir einen Brief. Es waren nur wenige Zeilen und darin stand: „Sie sind zu etwas Besserem geboren als zum Clown. Versprechen Sie mir, daß Sie nach Hause gehen, bald, bald ..."

Ich saß im Gebüsch und wartete, bis der Zirkus weitergezogen war. Ich sah die zwei Wohnwagen, sah Regent, den Schimmel, Josko, den Affen, und hoch am Bock meinen guten Heinrich. Ich guckte ihnen nach, bis mich die Augen schmerzten, und bis eine Staubwolke den ganzen lustigen Zauber einhüllte, und bis auch die Staubwolke sich verzogen hatte. Dann stand ich endlich auf und atmete tief, reckte meine Arme und beschloß, zur Zivilisation zurückzukehren. Leider ging das nicht so schnell.

## Mein Debüt im Löwenkäfig

Blank bis auf den letzten Knopf, las ich folgendes Inserat in der Zeitung:

> *Wärter gesucht*
> *für gemischten Dressur-Akt*
> *(Löwen, Tiger, Hunde, Eisbären).*
> *Selbiger muß Kenntnisse als Dompteur*
> *besitzen und in Nachmittagsvorstellungen*
> *die Gruppe vorführen können.*

Also etwas für mich. Der Zirkus H., bei dem ich mich auf Grund dieses Inserats meldete, war eine große Raubtierschau. Ein Dreimastenzirkus mit einem Personalstand von über hundert Menschen und vierzig Pferden, einer großen Anzahl von Wohnwagen und eigener Kapelle, kurz, ein großes Unternehmen „Waren Sie schon tätig?" fragte mich der Geschäftsführer und musterte mich von oben bis unten.

„Selbstverständlich", log ich, „bei mehreren Unternehmungen."

„Sind Sie firm in Dressur und Vorführungen?"

Ich war firm.

„Setzen Sie sich gleich mit Mr. Johnson in Verbindung, er ist Ihr Chef und wird Ihnen die Gruppe zeigen."

Mr. Johnson, der Dresseur, war ein Hüne, einer der bekanntesten Löwenbändiger der damaligen Zeit, berühmt durch sein Können, aber auch durch seine Roheit Tieren gegenüber. Sein Gesicht war von Narben zerfressen, die ihm die Pranken seiner Artisten beigebracht hatten. Seine Hände waren rot und groß wie die Flossen einer Riesenschildkröte. Er war furchtbar anzusehen und hatte vor nichts Angst auf der Welt als vor seiner Frau. Mrs. Johnson war klein wie ein Erdbeertörtchen und mager wie eine Kieler Sprotte. Beim besten Willen konnte man sie nicht schön finden. Sie schielte mit beiden Augen. Mit einem Auge nach links und mit einem Auge nach rechts. Deshalb sah sie auch alles. Nichts entging ihrer Aufmerksamkeit. Der arme Mann hatte ein schweres Leben mit ihr. Mich hatte sie gern. Es war schrecklich. Sie wollte mich verführen. Vom ersten Moment an sah ich, daß mein Engagement von Mrs. Mabel Johnson abhing. In Wirklichkeit hieß sie natürlich nicht Johnson und nicht Mabel, sondern Rosa Prokop und war aus Böhmisch-Leipa. Ihr Mann war Engländer, das stimmte. Doch es war ja mein Glück, daß Frau Johnson ihr schielendes Auge auf mich geworfen hatte, sonst wäre es doch vielleicht aufgefallen, daß ich in der Dressur nicht so „firm" war.

Mein Debüt vollzog sich auf folgende Weise: Mr. Johnson war blau wie eine bosnische Pflaume und konnte kaum auf den Füßen stehen. Er nahm mich mit seiner linken Flosse um die Schulter, stützte sich auf mich und ging mit mir zum Tierkäfig. „Komm nur rein", sagte er, „die Biester merken gleich, wenn ich besoffen bin und gehen dann los."

„Na, ich danke schön", dachte ich mir. „Am Ende halten sie mich auch für besoffen und fressen mich auf." Ich gab mir einen Ruck und ging in den Käfig. Freundlich sahen sie mich ja nicht an, die Löwen und die Tiger. Die gemischte Gruppe erzeugte in mir „gemischte" Gefühle.

„Also höre mal, mein Junge", sagte Johnson, „da hast du die Biester. Im allgemeinen sind sie fromm; aufpassen mußt du aber dort bei Sultan und bei Eva, die sind kitzlig und faul. In die Parade bringen kannst du sie nur durch Touchieren; ohne Touchade machen sie absolut keine Positur und liegen auf der Piste wie die Lämmer. Wenn du aber achtern vorübergehst bei ihnen, prankt Sultan ohne weiteres. In dem Fall nur touchieren, nur touchieren und dann auf die Piste!"

Dann gingen wir wieder aus dem Käfig heraus. Die ganze Zeit zerbrach ich mir den Kopf: „Wenn ich nur wüßte, was das ist, Piste!" „Pranken – Piste – touchieren." Mein Lebtag hatte ich davon nichts gehört, trotzdem ich ja schon mal beim Zirkus war. Aber im Zirkus Pichler bestand die ganze Menagerie nur aus dem Affen Josko, und der prankte nicht, ging auch nicht auf die Piste und touchieren konnten ihn höchstens die Flöhe, die er hatte. „Na, es wird schon gehen", sagte ich mir, „mehr als auffressen können sie mich schließlich nicht."

Drei Tage hindurch mußte ich füttern. Das konnte ich ganz gut. Schließlich fressen gemischte Gruppen auch nicht anders als Menschen. Zu gleicher Zeit mußte ich dem Dressur-Akt Johnsons die ganze Zeit über assistieren, allerdings nur von außen, außerhalb des Käfigs. Am vierten Tage sollte meine Premiere kommen.

Johnson nahm mich beiseite. „Höre mal, mein Junge, du kannst was, das sehe ich dir an. Du bist ein alter Dresseur, ich aber bin blau wie ein Veilchen und muß schlafen. Gesehen hast du ja alles, heute nachmittag führst du die Gruppe vor. Eines ist wichtig Junge. Mein Kostüm mußt du nehmen. Sowie die Biester ein anderes Kostüm riechen, gehen sie los. Hier hast du meine Jacke, meine Stiefel, meine Peitsche, das genügt."

Mir war nicht besonders wohl zumute.

Die Nachmittagsvorstellung war ausverkauft. Zitternd kam ich in die Garderobe und kleidete mich um. Dann ging's los. Aber schließlich dachte ich: „Was kann mir passieren?

Hast doch das Kostüm von Johnson an." Zärtlich strich ich über den blauen Anzug mit den Husarenschnüren.

Der Rundkäfig stand fertig. Die artistische Kollegenschaft bildete Spalier, „Entree" nennt man das in der Zirkussprache. Ich nahm die Peitschen zur Hand, steckte den Schreckrevolver in den Gürtel und wartete der Dinge, die da kommen sollten.

Wie ich in die Manege kam, weiß ich heute nicht mehr. Jedenfalls, plötzlich stand ich mittendrin, und rund um mich herum ein Rudel von Bestien. Aber Tiere sind schlauer als Menschen. Ohne weiteres setzten sich die guten Kerle auf ihre Hocker; das waren die „Pisten", die mir so viel Kopfzerbrechen gemacht hatten. Ich hob mechanisch die Peitsche und knallte. Und siehe da: Jedesmal, wenn ich knallte, machte irgendeine Bestie ein Kunststück. Es ging ganz von selber. Ich war erstaunt und knallte immer wieder. Eine wirklich ausgezeichnete Dressurnummer. Bloß richtig knallen, dann ging's schon. Mit der Zeit wurde ich frech. Ich begann zu schreien und brüllte meine Gruppe an; meine Gruppe brüllte zurück. So brüllten wir hin und her. Aber plötzlich wurde es mulmig. Der große Löwe, der, vor dem mich Johnson gewarnt hatte, begann zu streiken. Er wollte partout nicht auf die Kugel, er wollte nicht. Als ich mich ihm näherte, riß er den Rachen auf und blickte mich wütend an. „Patsch", schlug er mit den Pranken nach mir. Mein Selbstbewußtsein war wie weggeblasen. „Touchier' ihm doch mal die Fresse", hörte ich plötzlich die Stimme meines Meisters. Wenn ich bloß gewußt hätte, was das heißt: „Touchieren". Ich sah mir diese Fresse von der Seite an. Ganz schön. Zähne steckten drinnen, die mir im Augenblick vorkamen wie die Stoßzähne eines Mammuts! Aber irgendwas mußte doch geschehen. Kurz entschlossen nahm ich die kurze Dressurpeitsche, drehte sie um und wichste Sultan einen Hieb mitten über das Maul. Einen Moment blieb mir das Herz stehen. Was wird geschehen? – Es geschah wie immer im Leben: Der Frechere blieb Sieger. Sultan steckte seinen Hieb ein, brummte eine Entschuldigung und kletterte ergeben auf die Kugel, als ob nichts geschehen wäre. Dieser Sultan ist auch später mein bester Freund geblieben.

Rauschender Beifall ertönte, und ich verließ stolz die Manege. Als ich in der Garderobe stand, wurde ich kreidebleich. Jetzt bemerkte ich erst, daß ich anstatt der Uniform meines Meisters das Kostüm des Seiltänzers erwischt hatte. In diesem Moment mußte ich mich hinsetzen, so zitterten mir die Glieder. Ein Glück, daß ich's nicht fünf Minuten vorher bemerkt hatte, als ich Sultan eins in die Fresse hauen sollte. Nur die Einbildung macht's im Leben! –

## Mein Name ist Beyerl

Mein Schicksal hatte mich wieder nach Wien verschlagen. Schuld daran war das schiefe Auge der Mrs. Mabel Johnson, denn sie hatte es auf mich geworfen. Alles war mir erträglich im Zirkus H.: die Löwen, die Tiger, die Eisbären, alles, alles, unerträglich war nur die Liebe Mabels: Eines Nachts verließ ich den Zirkus und beschloß, wieder Schauspieler zu werden. Das war leicht gesagt, aber schwer getan. Es war zur Frühlingssaison, und die meisten Schauspieler waren engagementlos. Ich rannte mir die Füße ab, von einem Büro zum andern, überall war es Essig. So kam ich im Leben zu keinem Engagement. Da versuchte ich's auf andere Weise.

Ich hatte in Erfahrung gebracht; daß in einem Kaffeehaus der Josephstädter Straße die Direktion Polensky ihren Generalstab aufgeschlagen hatte. Direktor Polensky hatte ein Operettenensemble zusammengestellt, mit dem er nach Griechenland gehen wollte. Das Ensemble war komplett. Es bestand aus ungefähr zwanzig Solisten und zwanzig Chordamen und -herren. Eines Morgens um halb neun kam ich ins Café. Die Probe war im vollen Gang. Ich erinnere mich wie heute, es wurde die Operette „Landstreicher" von Ziehrer geprobt. Um den Kapellmeister herum stand das ganze Ensemble, Chor und Solisten. Ich stellte mich dazu. Ich hatte zwar keine Ahnung von dem Text und noch weniger Ahnung von der Musik, aber in dem allgemeinen Lärm bemerkte es kein Mensch, daß ich immer nur den Mund aufriß und zuschloß wie ein Fisch, der nach Luft schnappt und den Sänger markierte, ohne wirklich zu singen.

Als die Probe aus war, kam der Herr Direktor und seine Sekretärin. „Meine Damen und Herren, die Kontrakte sind fertig, ich werde jetzt verlesen. Die Herrschaften, die aufgerufen werden, melden sich und unterschreiben. Die Auszahlung des Reisevorschusses findet nach der Unterschrift ebenfalls hier statt, die Abreise erfolgt, wie verabredet, morgen früh sechs Uhr und geht über Triest nach Athen und von dort nach Konstantinopel." Ein Herr mit einem dikken Pack Kontrakte unter dem Arm trat vor und begann zu lesen: „Herr Tenor Scholz."

„Hier!"

„Bitte unterschreiben. Sie erhalten vierhundert Kronen Vorschuß, bitte zu quittieren."

Herr Charakterkomiker Alpassi, – hier.

Fräulein Rosa Schlager, – hier.

Und so weiter.

Dann kam der Chor: Fräulein Burg. Fräulein Schneider ... Herr Mandel ... Herr Drach ... Plötzlich kam ein Name: Herr Beyerl. Alles blieb stumm. Zum Teufel, wo steckt Herr Beyerl? In diesem Moment rief ich kräftig: „Hier!" „Bitte unterschreiben." Ich unterschrieb. Aloys Beyerl. Sechzig Kronen Vorschuß. Auch das unterschrieb ich im Namen des Herrn Beyerl, der nicht da war. Weiß Gott, wo er stecken mochte. Vielleicht hatte er Schnupfen, oder vielleicht mußte er gerade mal austreten. Jedenfalls, ich hatte meinen Kontrakt und meinen Vorschuß in der Tasche.

Pünktlich um sechs Uhr fand ich mich am Wiener Südbahnhof ein, wo die ganze Gesellschaft versammelt war, und reiste als erster Chorbaß Aloys Beyerl mit der Direktion Polensky nach Athen, um den Hellenen die österreichische Kunst beizubringen. Interessant war nur, daß knapp vor der Abreise am Bahnhof dauernd ein Herr sich an uns drängeln wollte, der die Unverschämtheit besaß, sich mit meinem Namen vorzustellen. Irgendein Kerl, der durchaus Aloys Beyerl heißen wollte, wo doch schon ein Aloys Beyerl da war. In dem allgemeinen Rummel achtete aber niemand auf diesen Frechling, und so fuhren wir nach dem Land der klassischen Antike.

## Die traurige Witwe

Selbstverständlich ging Direktor Polensky sehr bald pleite. Nicht etwa deshalb, weil die Griechen an der österreichischen Operetten-Muse uninteressiert waren, sondern schon eher deshalb, weil Direktor Polensky als künstlerische Arena das Marmortheater in Phaleron gechartert hatte. Dieses Marmortheater ist ein sehr schöner Aufenthalt bei Sonnenschein. Wenn es aber regnet, ist es kalt, und, da es kein Dach hat, sehr feucht. Nun regnete es in Athen vom ersten Tag unseres Eintreffens an bis zur Stunde, da wir abreisten. Gerade, als wir das Schiff nach Konstantinopel bestiegen hatten, kam der erste schöne Tag. In Konstantinopel kamen wir materiell schon sehr geschwächt an. Dazu kam noch eine Episode, mit der kein Mensch rechnen konnte. In Konstantinopel war eine starke montenegrinische Kolonie ansässig. Nun war unser Zugstück „Die lustige Witwe". Eine Operette, die bekanntlich in lustiger Form die Montenegriner karikiert. Wichtigkeit! Gleich nach der ersten Aufführung der „Lustigen Witwe" kam ein erregter Protest ins Theater Petit Champs, in dem die montenegrinische Kolonie von Konstantinopel gegen die Weiteraufführung der Lehárschen Operette Einspruch erhob und für die Wiederholung derselben einen Theaterskandal in Aussicht stellte. Der kam auch prompt. Kaum hatte Tenor Scholz als Danilo die Bühne betreten und sich seines Frackmantels entledigt, kam, patsch, ein riesiges Tintenfaß durch die Luft geflogen und übergoß den armen Danilo von Kopf bis Fuß mit einer ausgezeichneten Kopiertinte. Nie hätte ich gedacht, daß es in Konstantinopel so gute Kopiertinte gibt. Ich glaube, es hat ein Vierteljahr gedauert, bevor der arme Scholz wieder unter Menschen gehen konnte.

Unter diesen Umständen mußten wir natürlich die „Lustige Witwe" absetzen. Die Leute wollten aber nun gerade die „Lustige Witwe" sehen. Das Geschäft ging zugrunde, zum Schluß waren keine Mitglieder mehr da. Die Solisten waren nach Hause gefahren. Wir spielten, so gut es ging, weiter. Ich spielte Charakterkomiker. Vielleicht war das daran schuld, daß Direktor Polensky schließlich vom Schlag getroffen wurde. Nun war's aus.

Da standen wir, ungefähr fünfzehn Gestrandete des einst so stolzen Ensemble-Schiffes, und wußten nicht ein und aus. Wir Übriggebliebenen waren die Kleinsten und Ärmsten, ein paar Choristen und ein paar Ballerinen, die den immerhin nicht unbedeutenden Betrag zur Heimreise nicht erübrigt hatten. Konsulate arbeiten langsam. Es mußte etwas geschehen. Da schwang ich mich zu einem kühnen Gedanken auf.

## „Lumpazius Vagabundus"

### Große Oper in vier Akten von Franz Lehár

Mitten im Bosporus liegt die Insel Kadiköi, ein beliebter Ausflugsort der Konstantinopler Gesellschaft. Auf der Insel gibt es ein großes Sommertheater, das einem Griechen gehörte namens ... weiß der Kuckuck, der Name ist mir entfallen.

Zu diesem Manne kam ich stolzen Schrittes und stellte mich ihm vor. „Mein Herr, ich bin der Generaldirektor der Wiener Operettengesellschaft Polensky. Es dürfte Ihnen bekannt sein, daß wir augenblicklich in Konstantinopel mit Erfolg gastieren." Es war ihm bekannt. „Wir haben die Absicht, auch in Kadiköi ein einmaliges Gastspiel zu geben und wollen zu diesem Zweck Ihr Gartentheater mieten."

Der Grieche war ein schwerfälliger Herr. Vielleicht hat er es dem Generaldirektor angesehen, daß er als blinder Passagier eines Kutters nach Kadiköi gereist war und augenblicklich, wegen der Rückreise, schwerer Sorgen voll, vor ihm stand. Schließlich war er einverstanden, aber es mußte eine Operette sein. Ich log das Blaue vom Himmel. Selbstverständlich eine Operette.

Nun war das einzige Stück, das uns Herr Direktor Polensky hinterlassen hatte, die uralte gute Nestroy-Posse „Lumpazius Vagabundus." Von dieser Posse war ein einziges Reclambuch da. Was aber macht man nicht in der Not? Ich erhob den guten Lumpazius ohne weiteres zur Operette. Es wird schon schiefgehen. Als Dirigenten gab ich Franz

Lehár persönlich an, und zum Schluß, das wirkte auf den Griechen am meisten, versprach ich ihm, ein großes Brillantfeuerwerk mit zwölf riesigen Fronten, darstellend den Namenszug des Sultans, abzubrennen. Wir reichten uns die Hand, und ich kehrte stolz nach Konstantinopel zurück.

Die Vorstellung sollte am Sonntag sein. Und es war schon Freitag. Es galt, einen Theaterzettel zu machen. Wir kratzten unsere letzten Piaster zusammen. Unglückseligerweise ist nun der Freitag der Feiertag der Türken. Am Freitag abend aber begann auch der Sabbat der Juden. In ganz Konstantinopel gibt es nur türkische und jüdische Druckereien. Keiner wollte drucken. Da entschloß ich mich, den Theaterzettel selbst zu verfertigen. Für zehn Piaster überließ mir der Saul Paschnitzer Effendi seine ganze Druckerei. Ich nahm mir einen Gehilfen in Gestalt des langen Leitner, heute Besitzer eines großen Cafés in Wien, und begann den Theaterzettel selbst zu drucken. Es war eine harte Arbeit. Der gute Paschnitzer war nur auf hebräische Literatur eingerichtet. Hin und wieder gab es ja auch Lateinbuchstaben, die mußten wir uns aber zwischen türkischen und hebräischen Lettern heraussuchen. Wir begannen mit der Drucklegung des Theaterzettels um die sechste Abendstunde. Beim Morgengrauen, als die ersten Tomatenverkäufer ihre Stimme erschallen ließen, war das Kunstwerk hergestellt. Es sah ungefähr folgendermaßen aus:

„Morgen, Sonntag, den ..., um sieben Uhr abends, findet im großen Saal des Sommertheaters in Kadiköi eine einmalige Galavorstellung des ersten Wiener Operettenensembles statt. Zur Aufführung gelangt die neueste Operette von Franz Lehár „Lumpazius Vagabundus", Text von Nestroy." Das Personenverzeichnis enthielt ungefähr vierzig Personen. Darunter eine Balletteinlage der großen Koryphäen. „Am Dirigentenpult persönlich Franz Lehár. Zum Schluß großes Brillantfeuerwerk, darstellend die Initialen Sr. Majestät des Sultans Abdul Hamid in vier großen Fronten."

Soweit wäre ja alles sehr schön gewesen. Nun kam die Besetzung. Wie ich bereits erzählt habe, befand sich in unserem Besitz ein einziges Reclambuch. Aus diesem Buch mußten wir die Rollen studieren und die Regie führen. An

Personal hatte ich fünf oder sechs Damen und vielleicht sieben Herren. Da wir „Lumpazius Vagabundus" als Operette angekündigt hatten, mußten wir doch auch den Kapellmeister Franz Lehár stellen. Ich musterte also die Reihen meiner Mitglieder und verteilte die Rollen. Ich selbst gab mir die Rolle des Schneiders Zwirn, einem heute sehr bekannten Komiker den Knieriem, und da eine richtige Operette auch eine erste Sängerin haben muß, gab ich die weibliche Hauptrolle, Madame Palpitti, einem Chorfräulein namens Schalk.

Dann fragte ich: „Wer von euch kann singen?" Fräulein Schalk erklärte verschämt, sie könne drei Lieder und zwar „Glühwürmchen, Glühwürmchen schimmre", „Zu Mantua in Banden" und die österreichische Volkshymne. Die Volkshymne ist zwar von Haydn, aber dafür ist ja „Glühwürmchen" auch nicht von Lehár.

Ich selbst entschloß mich zum „Tiefen Keller". Kollege Felix wollte das Lied vom Omnibus einlegen und „Wer hat dich, du schöner Wald". Das war gerade recht, die Glühwürmchen paßten in den schönen Wald vorzüglich hinein.

Nun kam aber eine Kardinalfrage. „Kinder, wer von euch kann Klavier spielen?" Da stellte es sich heraus, daß wir alle bis in die Knochen unmusikalisch waren. Nur der lange Leitner meldete sich schüchtern. Er sei zwar kein gelernter Klavierspieler, aber nach dem Gehör wäre es ihm möglich, „Küssen ist keine Sünd" mit einem Finger zu spielen. Wenn jemand „Küssen ist keine Sünd" mit einem Finger spielen kann, so kann er auch „Glühwürmchen schimmre" und „Zu Mantua in Banden" mit einem Finger spielen. Ich gab also dem langen Leitner, er war fast zwei Meter groß, den strikten Auftrag, sich an irgendein Klavier in Konstantinopel zu setzen und seine Rolle als Franz Lehár einzuüben. Der gute Lehár! Ich sehe ihn noch vor mir. Er war so mager, daß man nach seinem Anblick ein Butterbrot essen mußte, um halbwegs über den Weg zu kommen. Dabei war er sehr gutmütig und zu allem bereit. Auf dem Kopfe trug er einen türkischen Fez, den er sich in besseren Zeiten im Bazar von Stanbul gekauft hatte. Leitner wurde also Kapellmeister, dazu mußte er aber in seiner dienstfreien Zeit die Rolle des Feenkönigs Hilarius und im Wirtshausakt den Brauermeister Fassel spielen. In meinem ganzen Leben habe ich einen so klapperdürren Fassel nie mehr wieder gesehen.

Nun gab es noch ein furchtbares Hindernis. Das große Brillantfeuerwerk in vier Fronten mit den Initialen Sr. Majestät des Sultans Abdul Hamid. Das machte den anderen Sorge. „Kinder", sagte ich aber, „ich will euch was sagen: Wenn wir erst die Operette von Lehár so weit überstanden haben, daß es zum Brillantfeuerwerk kommen soll, dann wird auch noch ein anderes Wunder geschehen, das uns darüber hinweghilft. Vielleicht brennt Konstantinopel ab, oder vielleicht sind wir bis dahin schon durchgebrannt. Das walte Gott."

Nächsten Tags charterten wir einen alten Segler und begaben uns zur Fahrt über den Bosporus nach Kadiköi. Als wir dort ankamen, erwartete uns eine böse Überraschung. Der Herr Wirt und Besitzer hatte sich's anders überlegt. Unseren mühsam konstruierten Theaterzettel hatte er einfach hinter den Tisch geworfen. Kurz und bündig erklärte er uns: „Aus der Vorstellung wird nichts. Zuerst Geld. Der Garten kostet zehn türkische Pfunde. Bevor diese zehn Pfunde nicht auf dem Tisch liegen, gibt's keine Schlüssel."

„Herr Wirt", sagte ich, „Sie wissen nicht, was Sie tun. Hier habe ich eine erlesene Schar großer Wiener Künstler bemüht, hier steht Meister Franz Lehár, der berühmte Komponist, hier steht die berühmte Sängerin Gali Kurzi aus Amerika, hier hinten im Schiff liegen acht große Kisten für das Brillantfeuerwerk mit dem Namenszug Sr. Majestät des Sultans Abdul Hamid, und Sie wollen zehn Pfund von uns haben. Soll ich den türkischen Behörden erzählen, daß Sie verhindern, den Namenszug Seiner Majestät des Sultans in feurigen Zeichen an den Himmel zu malen?"

Das letztere wirkte. Knurrend erklärte er sich bereit, die zehn Pfunde türkische Valuta erst nachträglich in Empfang zu nehmen und gab uns den Schlüssel zum Garten. Nun war aber doch keinerlei Reklame gemacht worden. Da kam mir ein Gedanke. Ich erwischte eine große Kuhglocke und band sie Leitner um den Hals. An den Klöppel der Glocke band ich einen Strick. Dann nahm ich das gesamte Ensemble ins Schlepptau, und wir machten – selige alte Zirkuserinnerung – eine Parade durch Kadiköi. In Kadiköi wimmelte es damals von Sommergästen. Während Felix unsere Theaterzettel an die Prominierenden verteilte, drosch ich in die Glocke unseres Leithammels und lud ein hochverehrtes Publikum zu unserer Galavorstellung ein.

Um acht Uhr abends war der riesige Garten gerammelt voll von Menschen. Ich konnte gar nicht rasch genug kassieren. Die Kasse selbst war eine alte Schminkschatulle. Ungefähr um neun Uhr mußten wir Schluß machen. Das Reisegeld nach der Heimat war gesichert. Damit war eigentlich der Zweck der Vorstellung restlos erfüllt.

Nun kam der zweite und unangenehmere Teil: die Operette von Lehár. Vor allem nahm ich die Kasse und übergab sie Drach, dem Inspizienten, mit der Weisung, sofort damit aufs Segelboot zu verschwinden, das Boot flott zu machen und auf uns zu warten. Wie weise ich damit gehandelt hatte, bewiesen die nächsten zehn Sekunden. Kaum war Drach verschwunden, kam der Wirt angehetzt: „Wo ist die Kasse?" Rasch ergriff ich eine auf dem Tisch stehende große Zigarrenkiste und klopfte darauf: „Da ist das Geld." „Her mit dem Geld." „Halt", sagte ich und band um die Zigarrenkiste einen Bindfaden. „Das Geld wird während der ganzen Vorstellung vor Ihren Augen liegen. Wir legen es an den Rand der Bühne, mitten unter die Beleuchtung, und Sie können es auch dauernd beobachten, anrühren dürfen Sie es nicht." Damit war er einverstanden. Und so prangte die leere Zigarrenschachtel während der ganzen denkwürdigen Operettenvorstellung als bestauntes und rätselhaftes Requisit mitten auf der Bühne, sorgsam bewacht vom Herrn Wirt.

Dann ging's endlich los. Bis zum dritten Akt ging alles in Ordnung. Felix und ich waren recht gute Komiker. Das Publikum lachte und kam auf seine Kosten. Merkwürdigerweise war auch das „Glühwürmchen" ohne Störung vorbeigegangen. Wahrscheinlich klang es den türkischen Ohren ganz erträglich. Die Türken singen auch nicht schöner. Die Couplets von Felix und meine Einlage erweckten sogar einen Beifallssturm, und mein Freund Leitner als Franz Lehár spielte mit einem Finger irgend etwas herunter. Es klang auf jeden Fall sehr türkisch. Vielleicht dachten die

Einheimischen, daß das in Wien so sein muß. Aber dann wurde es „dicke Luft", denn nun sollte das gewaltige Feuerwerk kommen.

Als der Vorhang fiel, blieben die Leute erst geduldig sitzen. Wir Schauspieler allerdings machten Anstalten zu verschwinden. Das ging aber nicht, denn der Wirt stand wie eine Mauer vor der Garderobentür. „Wo bleibt das Feuerwerk?" fragte er. „Herr Wirt", sagte ich, „es ist etwas Entsetzliches passiert. Die Kisten mit dem Namenszug Sr. Majestät des Sultans sind ins Wasser gefallen. Das Feuerwerk ist naß geworden."

Draußen begann es unruhig zu werden. Der Wirt fing an zu toben. Das Publikum drängte sich neugierig an uns heran, und als es erfuhr, daß das große Brillantfeuerwerk wegbleiben sollte, entstand ein Skandal, wie ihn meine Ohren noch nicht einmal bei der Premiere des „Fröhlichen Weinbergs" in München gehört haben. Das ganze Publikum trampelte, johlte und pfiff, man verlangte das Geld zurück. Die Hölle war los. Was tun?

Ich versammelte meine Mitglieder um mich: „Kinder, haltet euch bereit. Im Moment, wo ich jetzt auf die Bühne steige und meine Rede schwinge, setzt ihr über die Gartenmauer und rast zum Segelboot. Dort wartet Drach mit der Kasse. Auf mich braucht ihr nicht zu warten. Ich werde schon nach Hause kommen."

Schauspieler sind in solchen Dingen nie besonders weichherzig. Sie waren einverstanden und überließen mich meinem Schicksal. Ich betrat die Bühne. Sofort wurde es totenstill.

Merkwürdig, als ich im Leitmeritzer Gerichtssaal vor einiger Zeit meine Experimente beginnen sollte, die für mich und mein Leben so entscheidend waren, da erinnerte ich mich in der Totenstille, die mich dort empfing, an jenen Augenblick, da ich vor die heulende Zuschauermenge des Sommertheaters in Kadiköi trat. Einen Moment musterte ich die Meute da unten, dann mußte ich lächeln.

„Meine Damen und Herren", sagte ich, „Sie haben vollkommen recht. Ihre Empörung ist verständlich, und Ihr Unwille ist gerecht. Ich gestehe es Ihnen ohne weiteres ein, daß wir niemals daran dachten, ein Feuerwerk abzubrennen, niemals dran denken konnten, weil wir noch nicht einmal so viel Geld in den Taschen hatten, um uns ein bescheidenes Abendbrot leisten zu können. Wir haben Sie zum Narren gehalten. Aber wir haben es nicht getan aus irgendeiner übermütigen Stimmung heraus, sondern wir taten es, weil wir arme Teufel sind, die nach Hause wollen, weil uns die paar Groschen für den Weg in die Heimat fehlen. Wir sind die Mitglieder der zugrunde gegangenen Operettengesellschaft Polensky, das stimmt. Was wir können als Schauspieler, das haben wir Ihnen geboten, so gut es uns möglich war. Sie haben uns ein jeder von Ihnen ein paar Groschen gegeben, und diese Summe genügt, um uns nach Wien zu bringen, in die Stadt, in der der wirkliche Franz Lehár lebt, in die Stadt, die Sie ja alle kennen werden als Stadt der Lieder und der Sonne. Meine Damen und Herren, wenn Sie darauf bestehen, sind wir gezwungen, das Eintrittsgeld zurückzuzahlen. Ich bitte Sie aber, schenken Sie uns das Geld, das Sie bezahlt haben, und tun Sie damit ein gutes Werk an Leuten, die in ein fremdes Land kamen, in Ihre Heimat. Wenn wir in Wien zu Hause sein werden, bei unserem Kaiser Franz Joseph, dann werden wir an Sie denken. Gewiß, wir haben kein Feuerwerk aus Raketen angezündet für Ihren König. Tun Sie es statt uns und entzünden Sie selbst ein viel leuchtenderes Brillantfeuerwerk um seinen hohen Namen dadurch, daß Sie ein paar gestrandeten Komödianten den Weg zur Heimat ermöglichen.“

Einen Moment war es totenstill. Dann aber brach ein Jubel los, wie ich ihn in meinem Leben noch nie gehört habe. Das Publikum stand von den Plätzen auf und klatschte wie toll. Banknoten, Geldstücke, Lebensmittel kamen auf die Bühne geflogen. In der ersten Reihe stand ein älterer Offizier auf und sammelte in seiner Kappe Gelder. Dann schüttete er sie auf meinem Tisch aus. Als meine Kollegen von fern den Radau hörten, dachten sie, daß man mich eben zerrissen hätte, und nahmen Reißaus. Ich sah den Segler in weiter Ferne verschwinden. Das Publikum war nicht zu beruhigen. Der Wirt, in einem Anfall von Anständigkeit, ergriff die Zigarrenschachtel. „Hier hast du, ich schenke dir die Miete“, dabei drückte er mir großmütig die leere Schachtel in die Hand. Als ich mich auf den Weg nach Konstantinopel machte, hatte ich in meiner Tasche mindestens den fünffachen Betrag der Einnahmen des Abends. Freudestrahlend wollte ich meine Kollegen besuchen. Sie waren alle abgereist und hatten mir einen Brief hinterlassen, in dem sie mir allerdings anständigerweise meinen Anteil vom Abend abgaben. Sie schrieben mir: „Wir suchen das Weite, damit uns die Polizei nicht erwischt. Sei nicht böse, besser einer büßt für alle, als alle büßen für einen."

Wenn die gewußt hätten, daß ich die Taschen voll Geld hatte, ob sie da wohl abgereist wären? Ich jedenfalls war mit dem Tausch sehr zufrieden und bestieg für mein eigenes Geld am nächsten Tag die dritte Schiffsklasse des großen österreichischen Lloyddampfers „Baron Beck", um nach Wien zu reisen.

## Mein erster Kriminalfall

Die „Baron Beck" war ein nobles Schiff. In der ersten Klasse gab es sogar einen österreichischen Prinzen, lauter feine Leute. Ich bin schon immer ein Freund von feinen Leuten gewesen, deshalb beschloß ich, in der ersten Klasse zu fahren, ging zum Kapitän und machte ihm einen Vorschlag: „Herr", sagte ich, „ich bin ein großer Künstler und wünsche an Bord Ihres Schiffes einen Opern- und Arienabend zu geben."

„So", sagte der Kapitän, „wie heißen Sie denn?"

Mir fiel im Moment nichts anderes ein, deshalb sagte ich „Ich heiße Titta Ruffo und komme aus Mailand von der Scala."

Dem Kapitän blieb die Spucke weg, als er den Namen des berühmtesten Baritonisten der Welt hörte. „Selbstverständlich, wir beschaffen Ihnen die Überfahrt erster Klasse, und Sie werden dafür singen. Das Publikum wird sich unendlich freuen, Gelegenheit zu haben, einen so berühmten Mann an Bord zu hören. Wann soll der Arienabend stattfinden?"

Ich rechnete mir im stillen folgendes aus: Die Überfahrt bis Triest über Phaleron, Patras, Korfu, Brindisi dauert vielleicht fünf Tage. Wenn ich mein Konzert ungefähr für den fünften Tag ansage, sozusagen als große Abschiedsvorstellung, dann komme ich auf diese Weise in der ersten Klasse bis Korfu. In Korfu ist es sehr windig, das Klima dort ist um diese Jahreszeit für einen berühmten Bariton bestimmt zu feucht und zu rauh. Was kann es schließlich dem Titta Ruffo schaden, wenn er heiser wird. Ich beschloß also, in Korfu eine Heiserkeit zu acquirieren und zu verschwinden.

Ich bekam eine Kabine mit allem Luxus und Komfort. Meine Karte dritter Klasse schenkte ich einer armen Chansonette, die ebenfalls in Konstantinopel pleite gegangen war. Ein bildschönes junges Mädchen mit einem feinen schmalen Gesichtchen und großen blauen Augen. Betty hieß sie. Sie hatte in Konstantinopel nichts verdienen können, denn dort verlangen die Besucher der Kabaretts mehr, als ein anständiges Mädel aus Wien geben kann. Sie verlangen Weiberfleisch und nicht Kunst. Ich schenkte also meine Karte Betty und nahm mir heimlich vor, ihr auch einen Platz erster Klasse zu verschaffen.

Nun war ich ein großer Herr geworden. Das Publikum des Schiffes bestaunte mich nach allen Richtungen. Die jungen Damen baten mich um Autogramme, und ich gab ihnen auch welche. Schließlich, wenn ich auch nicht so singen konnte wie der Titta Ruffo, schreiben konnte ich bestimmt besser als er. Das war lustig. Die ganze Schiffsgesellschaft lauerte auf einen Ton von mir, und wenn ich des Morgens in meiner Kajüte gurgelte, dann standen sie andächtig draußen und sagten: „Aha, er probt seine Arien."

Vorsichtigerweise bereitete ich meine Indisposition sorgfältig vor. Ich hüstelte sehr viel, schnupperte die Seeluft durch die Nase ein, räusperte mich, sagte: „Mimmi, lala", und machte ein besorgtes Gesicht. Die Passagiere verfolgten meinen leidenden Zustand mit zunehmender Besorgnis. Am dritten Tag erschien ich mit einem dicken Tuch um den Hals auf Deck. Es war ein glühend heißer Tag. Weiß Gott, ich habe so geschwitzt unter meinem Tuch, daß ich wirklich heiser wurde. Angst hatte ich auch. Aber schließlich war ich mit dem großen Brillantfeuerwerk Abdul Hamids fertig geworden, warum sollte es mit dem Titta Ruffo schief gehen? Es kam anders.

Im Zwischendeck befand sich ein exotischer Passagier; ein Inder, der nach Wien reiste, um sich im Apollotheater als Fakir zu produzieren. Er reiste mit einem Korb, der wie ein Bienenstock aussah. Diesen Korb hütete er ängstlich wie sein Augenlicht und ließ ihn nicht einen Augenblick allein. Er machte gar kein Geheimnis daraus, daß sich da drinnen drei giftige Brillenschlangen befanden. Er fütterte sie auch hier und da mit kleinen Mäusen, die er in einer großen Schachtel mit sich führte. Drei Schlangen, deren Biß in Sekunden tötet. Sämtliche Passagiere des Zwischendecks wichen dem Inder respektvoll aus. Bald bekam der Kapitän Wind von der Sache. Er knöpfte sich den Mann vor und machte ihm einen großen Krawall. In Korfu sollte er an Land gesetzt werden ohne Erbarmen. Schließlich ist ein Schiff kein Asyl für giftige Würmer.

Die Passagiere aber waren neugierig. Ganz besonders der interessanteste Mann an Bord, Graf Montegazza, ein großer, schlanker Italiener von geradezu vollendeter Eleganz, das Ideal aller Frauen. Graf Montegazza war tonangebend; er saß beim Essen neben dem Kapitän – und wenn seine gepflegten Finger das Eßbesteck führten, so sah ich wirklich ehrfurchtsvoll dieser vollendet weltmännischen Kapazität zu. So sein wie er, das war mein Wunsch. Graf Montegazza führte einen Kammerdiener mit sich, der womöglich noch vornehmer war. Jean bediente seinen Herrn auch bei den gemeinschaftlichen Mahlzeiten, er stand hinter seinem Stuhle und achtete auf jede Bewegung des Kavaliers. Montegazza war ein wunderbarer Erzähler. Er hatte die Welt einige Male umschifft, er wußte überall Bescheid, sprach alle Sprachen, die man sich denken konnte. Eines Abends kam auch die Rede auf den armen indischen Fakir, der nun in Korfu debarkiert werden sollte, seiner Schlangen wegen. Montegazza erzählte von Schlangen, alles hing gespannt an seinen Lippen. „Wir könnten eigentlich", meinte er, „uns den Spaß machen, den Inder anzusehen. Es ist ein hochinteressantes Schauspiel, wenn die Brillenschlangen nach der Pfeife ihres

Bändigers zu tanzen beginnen und ihre geschmeidigen Leiber im Rhythmus nach den Tönen der Flöte wiegen. Wollen wir uns das einmal vormachen lassen?"

Die Gesellschaft war begeistert. Zu schön hatte Montegazza davon erzählt. Der Kapitän hatte erst Bedenken, aber da wir sowieso in zwei Stunden Korfu anliefen, es war gegen Abend, gab er seine Zustimmung. Man begab sich aufs Promenadendeck, Stühle wurden gebracht, bunte Lampen entzündet, und die Passagiere nahmen im Kreise Platz. Graf Montegazza führte mit vollendeter weltmännischer Eleganz die Regie. Er sprühte vor Laune und Witz; hinreißend war er. Weniger hinreißend war die an mich gerichtete Bemerkung: „Und morgen haben wir das große Vergnügen, Meister Titta Ruffo hören zu dürfen." Ich weiß nicht, ob es mir nur so vorgekommen ist oder ob es wirklich so war, aber es schien mir, als hätte mich der Mann durchschaut. Jedenfalls ließ ich mir nichts merken, lächelte gnädig, machte zweimal „mi-mi", hustete, blickte besorgt nach allen vier Himmelsrichtungen und band mir meinen dicken Schal fester um den Hals. Montegazza war mir von dieser Minute an höchst verhaßt. Der Inder kam auf Deck. Es war ein schöner Mann, mit wundervollen dunklen Augen, die goldgelbe Haut leuchtete wie die Patina einer alten Bronze. Er machte seine Verbeugung vor der Gesellschaft und versprach, sofort die Schlangen zu bringen. Erwartungsvoll saßen wir da. Auf einmal ging auf Zwischendeck ein furchtbarer Krawall los. Man hörte eiliges Laufen, Schreie, Rufen, erschreckte Stimmen, und plötzlich stürzte der Inder hinter zwei Matrosen mit allen Zeichen furchtbaren Entsetzens auf Deck: „Um Gottes willen, die Schlangen sind ausgebrochen!"

Einen Augenblick saßen wir alle starr. Lähmendes Entsetzen legte sich über unsere Glieder. Drei Kobras ausgebrochen! Ein unbeschreiblicher Tumult folgte. Frauen kreischten hysterisch auf und sprangen auf die Stühle. Die Männer verloren den Kopf, und der Kapitän starrte entsetzt und wortlos auf den Inder.

Nur einer behielt den Kopf oben: Montegazza. Er übernahm das Kommando und rief in das Durcheinander mit starker Stimme: „Meine Herrschaften, um Gottes willen, rühren Sie sich nicht von der Stelle. Bleiben Sie hier oben. Das Deck ist beleuchtet, und man kann es übersehen. Jeder Schritt nach unten bedeutet den Tod, die Gefahr, im Dunkeln von einer der Vipern gestochen zu werden. Hier sind Sie sicher. Lassen Sie mich allein hinuntergehen zu dem Inder. Ich kenne mich in diesen Dingen besser aus als Sie, und ich garantiere Ihnen, meine Damen, daß wir die Bestien in zehn Minuten wieder im Korb haben. – Bringen Sie eine große Schale mit Milch", wandte er sich an einen der Matrosen, „und Sie, Kapitän, geben Sie sofort den Auftrag, daß sich innerhalb der nächsten zehn Minuten weder Passagiere noch Matrosen von ihren Plätzen rühren. Solange man die Schlangen nicht reizt, sind sie ungefährlich, wenn aber jemand versehentlich auf eine tritt, ist er verloren."

Ein Matrose brachte zitternd die Milch. Der Kapitän gab durch das Megaphon den gewünschten Befehl. Es wurde totenstill, nichts hörte man als das Stampfen der Maschine und das Rauschen der Schaufeln. Alles blickte auf Montegazza. Auch der Inder hatte scheinbar den Kopf verloren. Händeringend, jammernd und winselnd stand er da und beteuerte seine Unschuld. Graf Montegazza entledigte sich seines Rockes. „Ich gehe jetzt hinunter. Die Schlangen müssen sich innerhalb des Zwischendecks befinden, und zwar können sie höchstens einen Meter weit vom Schlafplatz des Inders sein." Dieser Schlafplatz lag abseits zwischen verschiedenen Koffern und Bündeln der Zwischendeckspassagiere. „Ich werde die warme Milch hinstellen, und du", wandte er sich an den Inder, „nimmst deine Flöte und bläst. Dadurch werden die Schlangen angelockt und aus ihren Schlupfwinkeln hervorkommen. – Nur Ruhe", wandte er sich mit einem bezaubernden Lächeln an die Gesellschaft, „in zehn Minuten bringe ich Ihnen die Ausreißer hier mitten auf Deck. Rühren Sie sich nicht vom Platz."

Dann ging Montegazza auf den Zehenspitzen hinunter. „Wie bleich er ist", flüsterte neben mir eine Engländerin, „und wie schön", ein Gretchen aus Pirna.

Die nächste Viertelstunde wurde uns zur Ewigkeit. Wie unter hypnotischem Bann saßen wir alle unter den bunten Lampen des Promenadendecks und warteten mit klopfendem

Herzen. Die Minuten vergingen. Nichts rührte sich. Es war unheimlich. Ein Gespensterschiff, das Schiff der Hypnotisierten. Wir waren nicht mehr Menschen, wir waren Statuen.

Auf einmal ging es wie ein Aufatmen durch den riesigen Dampfer. Stimmen erklangen, und mit beiden Händen den Bienenkorb tragend, kam Montegazza lachend die Treppe herauf und stellte den Korb mitten unter die Lampen. „Meine Damen und Herren, da haben wir die Ausreißer wieder gefangen. Da drinnen stecken sie, wohlgeborgen und wohlversorgt."

Er wischte sich den Schweiß von der Stirn. Das Gesicht war blaß, und seine Lippen zitterten. Ein unbeschreiblicher Jubel brach los. Montegazza, der Retter, wurde gefeiert wie ein König. „Wollen Sie jetzt die Schlangen sehen", fragte er, aber kein Mensch hatte Lust dazu. „Bringen Sie doch den scheußlichen Korb weg", schrie der Kapitän den Inder an.

Die Lichter von Korfu tauchten auf. Wir näherten uns dem Lande. „In zehn Minuten legen wir an", rief eine Stimme. „Nur schade, daß wir jetzt um unsere Vorstellung kommen."

Das Schiff ging vor Anker. Der Inder erwischte seinen Korb, und unter tausend Danksagungen an Montegazza wollte er sich aus dem Staub machen, geleitet von hundert hilfreichen Händen. Nur raus mit den Biestern.

In diesem Moment erhob ich mich und schrie, so laut ich konnte: „Herr Graf Montegazza, meine Damen und Herren, bitte bleiben Sie noch einen einzigen Augenblick alle stehen."

Alles drehte sich erstaunt nach mir um.

„Ich muß darauf bestehen, daß die Vorstellung trotzdem stattfindet und daß der Inder uns, bevor er von Bord geht, seine Schlangen vorführt."

Montegazza drehte sich zu mir um, er lächelte: „Ich glaube, Herr Titta Ruffo, daß es dazu zu spät geworden ist. Ich hoffe aber, daß Sie uns für die heute entgangene Sensation morgen reich entschädigen werden."

Seine Stimme war in Hohn getaucht. Das Publikum gab ihm Recht. Man wollte die Biester so rasch als möglich an die Luft setzen.

„Und trotzdem, meine Damen und Herren, muß ich darauf bestehen, daß wir die versprochene Sensation erleben, muß darauf bestehen. Sie können versichert sein, daß es Ihnen den größten Spaß bereiten wird. Bleiben Sie also eine Minute ruhig auf Ihren Plätzen."

„Wir mußten schon lange genug auf unseren Plätzen bleiben", rief eine Dame.

„Meine Gnädigste", wandte ich mich an sie, „ich bin der festen Überzeugung, daß es gerade deshalb auf diese fünf Minuten nicht mehr ankommt. Jetzt befehle nämlich ich. Kein Mensch von Bord, auch Sie nicht, Herr Graf, auch Sie nicht, Jean, und auch Sie nicht, Herr Fakir."

Mit einem Satz wollte der Inder auf seinen Korb losstürzen. Ich sprang ihm in den Weg; da packte mich der Mann am Hals, in seiner Linken blitzte ein Messer, das er unter seinem faltigen Gewand hervorgeholt hatte. Ich versetzte ihm eine kleine Ermahnung über die Nase und bewirkte damit, daß er sich ganz artig auf den Rücken legte und dort bis auf weiteres liegenblieb. Dann ging ich zum Schlangenkorb.

Montegazza stellte sich mir entgegen. „Mein Herr, was tun Sie da?" Seine schönen großen Augen blitzten mich zornig an, seine sonst so wohlklingende Stimme wurde heiser. „Was erlauben Sie sich", zischte er mich an. „Sie Schwindler, glauben Sie, daß ich nicht weiß, wer Sie sind?"

Ich verlor nicht die Ruhe. „Herr Graf, ich nehme nicht den geringsten Anstand, der Gesellschaft zu erklären, daß ich genau so Titta Ruffo bin, wie Sie Graf Montegazza. Ich kann genauso wenig singen, wie die Schlangen da drinnen beißen können. Ihnen aber, meine Damen und Herren, muß ich die sensationelle Mitteilung machen, daß in diesem Korb sich tatsächlich drei außerordentlich interessante Exemplare von Schlangen befinden." Dabei griff ich in den Korb und zog drei lange Würmer heraus. Die Leute schrien entsetzt auf. „Diese Schlangen, meine Damen und Herren, sind nicht giftig. Es sind harmlose Sandvipern; interessant an ihnen ist nur ihre Nahrung. Sie nähren sich nämlich von Metallen und Steinen. Während Sie hier oben auf Deck saßen, angewurzelt wie Ölgötzen, war Graf Montegazza so freundlich, seine Tierliebe zu betätigen und diesen drei Nattern reichlich Nahrung zuzuführen. Es ist ihm gelungen. Hier sehen Sie zum Beispiel", ich griff in den Korb, – „einige goldene Uhren, zum Frühstück. Ihr Brillantkollier, Frau Teppichfabrikantin Breuer, als Hors d'oeuvre. Ihr goldenes Kreuz, Ihre Ringe, Ihre Tabatiere, das alles sind Nahrungsmittel, von denen sich Schlangen, Inder und das Geschlecht der Montegazza samt dem Kammerdiener in der nächsten Zeit recht und schlecht ernähren wollten. Während Sie hier treu und brav auf Deck saßen und sich nicht vom Fleck rührten, Sie da oben und alle Mann da unten, hatten der Herr Graf, sein Kammerdiener und der Inder Gelegenheit, in die Kabinen zu laufen und das Schlangenfutter in den Korb zu stecken. Das hatte ich Ihnen zu sagen, meine Herrschaften. Wenn Sie jetzt noch so sehr darauf erpicht sind, den Korb möglichst rasch in Korfu abzuladen, habe ich nichts dagegen." Interessanterweise war niemand mehr darauf erpicht.

Als der Herr Graf und seine Komplizen bereits abgeführt waren, wurde ich natürlich mit Fragen bestürmt, wieso ich hinter den Streich des genialen Hochstaplers gekommen war. Das war ziemlich einfach. Ich hatte zunächst kein Mißtrauen gegen Montegazza. Da sah ich zufällig seine Unterschrift. Ein junges Mädchen aus Dresden belästigte die interessanten Passagiere mit ihrem Stammbuch. Auch ich mußte mich eintragen und auch der Inder und der Graf. Die Unterschrift des Inders stand auf derselben Seite wie die des Grafen. Beide Unterschriften waren in lateinischen Lettern abgegeben worden, und beide Schriften waren linkshändig, das machte mich stutzig. Ohne daß ich es wußte, steckte in mir schon damals der Graphologe von heute. Bei dieser Gelegenheit ist es mir zum allererstenmal aufgefallen. Das Eigentümliche der Unterschriften wäre aber höchstwahrscheinlich andern auch aufgefallen, denn die Schriften waren einander furchtbar ähnlich. Mein Mißtrauen war geweckt. Ich betrachtete mir den Inder näher. Er war geschminkt. Seine Haut war mit Jodtinktur bestrichen; in seiner Nähe konnte man es ganz gut riechen. Eines Tages überraschte ich ihn, als er sich den Oberkörper wusch und sah auf seinem linken Arm eine alte Zigeunertätowierung, wie sie fahrende Künstler zu haben pflegen. Dieselbe Zeichnung sah ich durch einen Zufall auch auf dem linken Arm des angeblichen Grafen, nur daß sie hier zum Teil mühselig wegretouchiert war. Wenn man sich dann noch die beiden näher ansah, bemerkte man ihre ganz starke Ähnlichkeit. Diese Leute waren Brüder. Ich erinnerte mich, während meiner Zirkuszeit von den beiden Akrobaten Pirelli gehört zu haben, die einmal im Zirkus R. großes Aufsehen machten. Später, so erzählten mir Artisten, wären diese beiden Leute große Verbrecher geworden. Ich hatte eine Postkarte von ihnen im Wohnwagen eines Kollegen gesehen. Als ich mir diese Postkarte ins Gedächtnis zurückrief, fiel es mir wie Schuppen von den Augen.

Dazu kommt noch, daß ich mich im Zirkus H. mit Schlangen beschäftigen mußte und weiß, daß sie fast taub sind. Der Schlangentanz nach der Flöte ist ein Märchen, denn die verängstigten Tiere bewegen sich bloß automatisch in der Richtung der Bewegung, die der Artist vollführt, sie folgen ihr, um sich vor Angriffen zu schützen. Ich hatte auch die Schlangen des Inders gesehen, als er sie einmal aus dem Korb holte. Es waren harmlose Sandvipern und keine Brillenschlangen.

Alles andere ist leicht erklärbar, wenn man auch noch das Ahnungsvermögen berücksichtigt, das ich schon damals für derartige Dinge hatte, und das man mir ja heute ohne weiteres glauben wird.

Es stellte sich dann auch tatsächlich heraus, daß es sich um die Artisten Pirelli handelte. Sie hießen mit ihrem wirklichen Namen Lenbacher, stammten aus München und wurden von der Kriminalpolizei der ganzen Welt verzweifelt gesucht.

Daß mir unter diesen Umständen der Kapitän den Betrug an Titta Ruffo nicht ohne weiteres verziehen hat, klingt fast unwahrscheinlich. Es ist aber doch so.

Die Passagiere waren mir natürlich ungemein dankbar und sammelten für mich einen großen Geldbetrag. Auch der Kapitän beteiligte sich an dieser Sammlung. Das hinderte ihn aber nicht, mich, da ich nun nicht Titta Ruffo war, nachträglich den Fahrpreis für meine Kajüte erster Klasse zahlen zu lassen. Ordnung muß sein! Es ging so zu wie in meiner Jugend und wie noch oft in meinem Leben: auf der einen Seite die Dukaten, auf der andern Seite der Rohrstock! Immerhin behielt ich noch Geld genug, um mir das Vergnügen der ersten Klasse bis Triest leisten zu können, ja, ich konnte sogar noch ein Billett zweiter Klasse für meine kleine Freundin lösen.

An Bord befand sich ein amerikanischer Impresario. „Wissen Sie", sagte er nach diesem Vorfall zu mir, „daß Sie mit Ihrem graphologischen Talent viel Geld verdienen können? Geh'n Sie doch ans Varieté!"

Ich lachte ihm ins Gesicht. „Wer wird sich denn so was ansehen?"

Er gab mir seine Visitenkarte. Viele Jahre später kamen wir anläßlich meines Gastspiels in New York dort zusammen. Der Mann war Marinelli, der berühmteste Varieté-Agent der Welt.

## Artistentum

Ich hatte nun eine Geliebte und eine recht annehmbar gefüllte Brieftasche, als ich in Wien ankam. Leider nahm die Brieftasche sehr rasch ab und Betty, meine kleine Freundin, nahm rasch zu.

Das Kindchen starb gleich nach der Geburt. Der kleine Hermann war nicht lebensfähig, genauso wie seine arme, schöne Mutter.

Tuberkulose! Ich wußte, daß die Tage dieses armen Mädels gezählt waren. Ich begann nach einem festeren Erwerb Umschau zu halten, um meine kleine Frau zu ernähren. Das war leichter gesagt als getan; konnte ich doch nichts, hatte nichts gelernt und war ein Vagabund ohne Sitzfleisch. Ich geriet in Artistenkreise. Zu diesen Menschen zog es mich in meinem Leben immer wieder hin.

Es ist ganz und gar falsch, anzunehmen, daß ich mich der Zeit schäme, die ich als Artist verlebte: Ganz unrichtig, zu glauben, daß ich nur einen Moment daran denke, zu verleugnen, daß ich Artist war.

Ich benutze die Gelegenheit, um das hier schwarz auf weiß zu erklären! Genau so deutlich, wie seinerzeit in einem Prozeß, den ich gegen ein Berliner Skandalblättchen zu führen gezwungen war. In dieser Gerichtsverhandlung ließ sich irgendein Advokat, seinen Namen hab' ich vergessen, in recht respektloser Weise gegen das Artistentum aus und machte es mir quasi zum Vorwurf (das geschieht leider auch oft von andern Seiten), daß ich Jahre hindurch als Artist mein Brot verdiente. In diesem Artistentum sah der zitierte Anwalt die unseriöse Quelle meines heutigen Rufes als berühmter Hellseher. Er meinte, daß ein Artist niemals das Recht habe, sich zu wehren, wenn ihn jemand schwindelhafter Manipulationen bezichtigt. Was weiß dieser gute Mann mit dem Monokel, mit dem blitzenden Solitär am kleinen Finger, vom Artistentum?

In einem einzigen Doppelsalto steckt zehnmal so viel Arbeit, soviel Zähigkeit und so viel Ausdauer wie in der schönsten Eingabe, die ein Rechtsanwalt durch seinen Konzipienten machen läßt.

In einer einzigen Vorstellung leistet ein Artist mehr Arbeit, verausgabt er mehr Seele und Kraft als zehn berühmte Anwälte in zehn berühmten Sensationsprozessen.

Der Artistenberuf ist schwer und grausam. Das sind nur ein paar Jahre, in denen der Artist arbeiten kann, und was er sich in der Zeit nicht auf die Kante legt, das wird er nie mehr erwerben. Jeder Muskel in ihm muß arbeiten, jede Fiber ist gespannt bis zum Zerreißen, und jede Sekunde des Nachlassens bedeutet den sofortigen Tod oder die noch schrecklichere Krüppelhaftigkeit. Minutiös genau arbeitet das Gehirn des Artisten und wehe, wenn das nicht der Fall ist.

Ich habe damals im Gerichtssaal Gelegenheit genommen, mich für das Artistentum einzusetzen. Ich hielt das doppelt für meine Pflicht, trotzdem ich nun schon viele Jahre diesem Beruf fernstehe, weil im Gerichtssaal ein sehr bekannter Vertreter des artistischen Berufes anwesend war, ein Pressemann, der Zeit seines Lebens in der artistischen Fachpresse sein Brot gegessen hat. Dieser Mann zuckte nicht mit einer Wimper bei all diesen Angriffen, die auf das

Artistentum niederprasselten. Da stand ich auf, bekannte mich zum Artistentum und verlor dadurch meinen Prozeß.

Der Gerichtshof drückte sich in der Begründung des Urteils folgendermaßen aus:

„Wenn Hanussen sich selbst als Artisten bezeichnet, dann kann er kein Wissenschaftler sein."

„Herr Richter, Sie irren sich, im wirklichen Artistentum kann mehr Wissenschaft und Talent stecken, als in zehn Jahren sich Hindurchbüffeln durch die Lücken des Bürgerlichen Gesetzbuches. Sie beklagten sich dauernd in dieser Verhandlung, Herr Richter, über die Hitze, und hatten sogar eine Kontroverse mit dem gegnerischen Advokaten, weil Sie fertig werden wollten – in dieser schrecklichen Hitze. Was glauben Sie, was einem Artisten passieren würde, wenn er einmal mit dem Hinweis auf die schreckliche Hitze eines dicht gefüllten Saales seine Arbeit kürzen wollte? In fünf Sekunden läge er auf der Straße. Ein Fehlgriff der zitternden Hände, eine falsche Bewegung des dampfenden Brustkorbes, und er saust von der Höhe der Varieté- oder Zirkuskuppel mit dem Schädel nach unten zu Boden.

## *Vom Nepp*

Ich begann, im Wiener Artistencafé zu verkehren. Das war ein gemütlich verräucherter Raum, an dessen Wänden hunderte und aberhunderte von Artistenphotographien herumhingen. Die Sofas waren zerschlissen, die Tische wackelten, und das im Sommer aufgestellte kleine Vorgärtchen war bedeckt vom Staub der Praterstraße. Aber wie schön war es im Café Louvre, wie herrlich schön!

Alles, was ich später in meinem Leben an Freude, Glück und Erfolg errungen habe, gäbe ich für eine einzige Woche „Café Louvre" hin. Eigentlich war das ja kein Kaffeehaus, sondern ein Klub, ein Klub der Zigeuner, Lumpen, Künstler, Vagabunden und Prachtkerle. Das Café Louvre hatte buchstäblich keinen Hausschlüssel, denn es wurde niemals geschlossen. Tag und Nacht ging das Geschäft.

Morgens um fünf Uhr, wenn in der Zeit des Kaiserreichs die verschiedenen Tingel-Tangels ihre Pforten schlossen, kamen die Chansonetten aus den Luxuslokalen der inneren Stadt und trafen ihre wartenden Freunde. Hier fanden sie Erholung und Liebe. Hier wurden all die geschminkten und wunderschönen Frauen in pompöser Aufmachung wieder das, was sie im Grunde ihres Herzens waren, liebende kleine Weibchen, die still und mit seligem Lächeln neben dem Liebsten sitzen, wie die Töchter aus dem Bürgerhaus, wenn sie ihren Sonntagsausgang haben, wie das arme Dienstmädel neben dem Soldaten ihres Herzens. All diese Frauen, die noch eine Stunde vorher, im strahlenden Lichterglanz eines „Nepplokals", kaltherzig und grausam dem bezechten Gast die letzten Pfennige aus der Tasche tanzen ließen für Sekt, Musik, für Blumen und Bonbons (was gibt's nicht alles zu kaufen in solchen Lokalen, und was kauft nicht alles der arme Freier, wenn er muß), alle diese Frauen waren auf einmal klein und artig und überlegten sich's furchtbar genau, ob das zweite Gebäck nicht allzusehr den Etat des Mannes belasten würde, neben dem sie glücklich und zärtlich saßen. Da wurde wieder mit Pfennigen gerechnet, da wurde aufgepaßt, daß Rudi oder Franz ja nicht zu viel ausgaben. Denn Rudi oder Franz sind arme Teufel, Komiker, Musiker, Akrobaten oder Kellner in irgendeinem andern Lokal, oft in einer schäbigen Budike. Rudi ist sogar nicht mal schön, nicht mal hübsch, nicht mal gut gewachsen. Aber es ist doch „ihr Rudi", „ihr Liebster", von dem sie bestimmt weiß, daß er nicht in der beschämenden Absicht zu ihr kommt, sie, die Artistin, die Parkettänzerin, nur für ein paar Stunden zu genießen, möglichst billig zu genießen, um sie dann wegzuwerfen und am nächsten Tag nicht mehr anzusehen.

Es bleibt immer seltsam und entbehrt für den Kenner nicht der tragischen Komik, wie der Mann aus Bürgerkreisen immer und immer wieder auf Frauen hineinfällt, die nicht für ihn geschaffen sind und für die er nie mehr bedeuten kann als einen Freier, eine Wurzen, wie man in Österreich sagt, von dem man möglichst viel herausholen muß, solange er noch „scharf" ist und Hoffnungen hat aufs „in die Betten gehen", wie's hierzulande heißt. Ich muß schon sagen, diese Männer sind große Esel und verkennen die Situation gründlich.

Sie kommen mit den besten Vorsätzen in so ein Nepplokal hinein. Viel ausgeben will keiner. Sie wollen Frauen sehen, schön gekleidete und geschminkte Frauen, die ihnen die Erfüllung all der unerreichten mondänen Wünsche vorspiegeln, die der Anblick der großen Welt des Artistentums in jedem bürgerlichen Menschen weckt. Sie kommen in das Lokal in der festen oder oft uneingestandenen Absicht, eine Frau zu kapern. Das soll aber möglichst billig geschehen. Der Freier kalkuliert sich auf dem Wege nach dem Vergnügungslokal die Sache ganz genau aus: Mehr als eine Flasche darf's nicht sein, vielleicht dann noch ein Kaffee.

Mit billigen Zigaretten hat er sich vorher eingedeckt, damit kann er also leichtsinnig umgehen.

Aber schon an der Garderobe bekommt der sorgsam ausgearbeitete Feldzug gegen den Sexus irgendeiner vorläufig noch imaginären Weiblichkeit einen Stoß. Da beginnt nämlich schon der Nepp. Zuerst muß er Entrée bezahlen, trotzdem er in weiser Voraussicht, um möglichst wenig Spesen zu machen, nach dem offiziellen Programm, also zu ziemlich später Stunde, eingetrudelt ist. Nun gelingt es ihm ja hier und da, sich um das Entrée zu drücken, denn der schlaue Lokalinhaber weiß ganz genau, daß in jedem einmal eingetretenen Gast so unbegrenzte Möglichkeiten zum Geldausgeben stecken, daß der meist minimale Eintrittspreis gar keine Rolle spielt. Viele Schlauberger dieser Branche verteilen ja sogar auf den Straßen ihre Karten, die zum freien Eintritt berechtigen.

Dann aber muß der arme Teufel seine Garderobe ablegen. Dieses Ablegen der Garderobe kostet unter allen Umständen Geld.

Er betritt das lichtdurchtränkte Lokal. Einen Moment bleibt der ehrsame Bürger geblendet stehen und sammelt sich. Er muß Sicherheit gewinnen – denn schließlich schauen zwanzig Frauen auf ihn und taxieren ihn schon bei seinem Eintritt auf Zahlungsfähigkeit. Er weiß gar nicht, wie scharf er gemustert wird.

Der erste Blick der Barfrau und der Parkettänzerin geht nach den Stiefeln des Gastes. Diese Frauen haben einen ungemein scharfen und sicheren Blick für die Qualität des Schuhwerkes, das ein Mann trägt. Der schiefgetretene Absatz kann aber hie und da gerade der sichere Beweis für die Bonität des Kunden sein. Es gibt sehr schmierige Millionäre. Sehr beliebt sind in solchen Luxuslokalen Leute mit Jagdstiefeln; das sind dann meist besoffene Gutsbesitzer, die Geld ausgeben wollen und denen es gar nichts ausmacht, ein paar Hunderter um den Schädel zu hauen. Riesig willkommen sind auch die schiefgetretenen Latschen der kleinen dicken Herren aus der Konfektion oder Bankbranche. Diese Leute sind im Grunde sehr schwer zu behandeln. Da sie aber meistens nicht viel vertragen, so gilt es hier nur, die Hürde der ersten drei Kognaks im raschen Tempo zu nehmen, um aus ihnen den verfluchten Kerl herauszukitzeln. Es ist eine alte Tatsache: Wenn der Gast erst einmal in eine Frau mehr investiert hat, als er ursprünglich anlegen wollte, also wenn er sich „angeschossen" hat, wie es beim Kartenspiel heißt, dann läuft er seinem Kapital nach. Er sagt sich ganz unrichtig: „Jetzt kostet mich der Spaß schon so viel, daß ich auch was dafür haben möchte."

Die ganze Angelegenheit ist überhaupt immer ein Wettlauf zwischen der zur Verfügung stehenden Zeit bis zum Schluß des Lokals, der Tüchtigkeit des servierenden Kellners, der Schlauheit der daneben sitzenden Frau und der Kritik des zu bearbeitenden Freiers. Der Freier hat das Bestreben, die Vorräte an Zeit möglichst zu strecken, das heißt, er will mit einer einzigen Flasche Sekt möglichst viel Zeit hamstern. Je langsamer getrunken wird, desto weniger kostet es. Nun aber muß er unter allen Umständen bis zum Schluß des Lokals doch die Stunden hinbringen, denn die Barfrau darf ja nicht eher weg, als bis zugemacht wird; sie aber versucht nun in den ihr zur Verfügung stehenden Stunden, dem Gast diese Strecke der Zeit möglichst zu verteuern. Dabei wird sie unterstützt vom Kellner, vom Blumenfräulein, vom Bonbonmädchen, von der Zigarettendame, von der Musik, kurz von einem ungemein komplizierten und großen Apparat, dem sich der arme, liebeszitternde Freier fast machtlos gegenüber sieht. Er bestellt eine Flasche Sekt und denkt, nun habe ich eine Zeitlang Ruhe. Er rechnet nochmals: „An dieser Flasche trinke ich eineinhalb Stunden. Dann bestelle ich noch zwei Schnäpse, das dauert eine halbe Stunde, dann zum Schluß noch zwei Mokka, das dauert doch auch eine halbe Stunde. Mittlerweile ist es drei Uhr, das Lokal schließt, und wir gehen zusammen schlafen."

Der Gast bemüht sich nun, seine Begleiterin möglichst gut zu amüsieren. Er, versucht, ihr interessante Episoden seines Lebens zu erzählen, er gibt ihr weise Ratschläge, bedauert es furchtbar, daß ein so schönes und intelligentes Mädchen sich hier in diesem unwürdigen Rahmen betätigen muß; er läßt durchblicken, daß er gern geneigt wäre, eine Freundin zu akzeptieren und ihr eine Stellung zu verschaffen; er wird väterlich, mild und feurig, zeigt sich von den besten Seiten, als Lebemann oder als ehrsamer Bürger in guter Position, kurz, es gibt da verschiedene Walzen, die er spielen läßt, um das Mädchen an seiner Seite zu betören. Das Ideal des auf diese Weise erstrebten Resultates wäre der Triumph: aus Liebe, also ohne besonderes Äquivalent, mit ihr schlafen gehen zu können.

Der gute Mann hat natürlich keine Ahnung, daß die Frau an seiner Seite dem ganzen Schmus nicht das mindeste Interesse entgegenbringt, denn sie hört diesen Quatsch jeden Tag, fast mit denselben Worten, denselben Gesten und denselben Redewendungen. Er weiß nicht, daß die Frau neben ihm hunderttausendmal belogen und betrogen wurde von Männern, die ihr das Blaue vom Himmel herunter versprachen und sie dann nach einer durchliebten Nacht um das Honorar prellten. Er wundert sich, daß diese Frau ihn dazu veranlaßt, dauernd zu konsumieren, dauernd seine Zeche zu vergrößern, er fragt sich erstaunt, was sie davon hat, wenn sie für die Tasche des Wirtes sorgt, säuft und sein Geld verpulvert, anstatt sich selbst die Möglichkeit offen zu lassen, durch einen möglichst billigen Konsum ein größeres Honorar für ihre Liebe zu bekommen. Der gute Mann ahnt ja nicht, daß die Frau an seiner Seite eine Menschenkennerin non plus ultra ist, sofern sie lange Jahre „beim Geschäft" arbeitet. Daß sie ganz genau weiß, aus langer praktischer

Erfahrung, daß der Kavalier ohne weiteres im Lokal eine Riesenzeche machen wird, ihr Blumen kauft, Bonbonnièren und – wenn's sein kann – noch zehn Flaschen Sekt bestellt, aber im Moment, wo er sie selbst bezahlen soll, wo es vorbei ist im dämmernden Morgengrauen eines Hotelzimmers, um Pfennige knausert; daß derselbe Gast, der Hunderte in einer Nacht versäuft, kaltblütig am nächsten Tag sie „blitzt", wie der Fachausdruck für das Prellen lautet. Daß ein Gast eher zwanzig Flaschen Sekt trinkt, bevor er einem Mädel einen Hunderter schenkt. Er weiß auch nicht, daß dieses arme Geschöpf saufen muß, wenn sie ihre Stellung nicht verlieren will.

Merkwürdigerweise setzen viele Barfrauen ihren Ehrgeiz darein, als besondere „Kanone" im Geschäft zu gelten; es entsteht oft ein wahres Wettrennen der Frauen untereinander, die größte Zeche des Abends zu machen und dem Wirt dadurch zu imponieren. Diese Mädel sind ehrgeizig, weil der Fachmann ihren Wert nach der Höhe des Konsumationsvermögens mißt; als Kanone zu gelten, ist ihr höchster Ehrgeiz, und es bedeutet einen solchen Titel für sie, wenn's von ihr heißt: „Die Lola, die verträgt noch und noch, ohne schicker zu werden", oder „die Lilli, die findet ihre Champagnerfreier, wenn's noch so tot im Lokal ist. Gestern hat sie wieder ‚drei Französische‘ bestellt." Das alles weiß der arme Gast nicht und bildet sich sogar vielfach ein, sie sitzt ausgerechnet seiner Schönheit wegen neben ihm. Dabei gehen ihre Gedanken ganz weit, weit weg, einen anderen Weg.

Wenn schon Liebe, dann weiß sie sich einen andern, der wartet auf sie im Künstlercafé um fünf Uhr früh. Wenn nun der mutige Gast es tatsächlich bis zur Sperrstunde ausgehalten hat, ohne daß seine Brieftasche leer ist, oder wenn er so blau ist, daß man ihn hinaustragen muß, dann beginnt der letzte Akt der Tragödie einer Barfrau. Sie muß jetzt den Gast abhängen. Das ist oft sehr schwer. Der Freier hat eine Menge Geld dagelassen und ist scharf wie ein Rasiermesser. Er will mit seiner Braut schlafen gehen. Im Café Louvre sitzt aber schon seit zwei Stunden ungeduldig ihr Liebhaber, also der Mann, der keine Menge Geld dagelassen hat, der aber wirklich mit ihr schlafen gehen wird.

Nun gibt es verschiedene Wege, den Gast abzuhängen. Der leichteste ist der mit dem Hinweis: „Ich bin unwohl geworden, also komme morgen." Ein zweiter ist der, daß die den ganzen Abend so charmante Frau plötzlich ihren bestrickenden Liebreiz aufgibt und einen hundsordinären Krawall provoziert wegen des „Tischgeldes". Tischgeld ist nämlich der Betrag, den ein anständiger Gast unter „allen Umständen" für die Gesellschaft einer Frau zu zahlen hat. Dieses Tischgeld ist die Klippe, um die natürlich keiner herumkommt, und wenn er noch so schön geschmust hat, denn während seiner ganzen Räubergeschichten denkt die Frau doch nur immer an die Pointe: „Wieviel wird er mir am Schluß Tischgeld geben?"

Ein wirklicher Kenner der Verhältnisse weiß das genau und versucht es erst gar nicht mit seinen Erzählungen; denn einer richtigen Barfrau sind zwanzig Mark, in der ersten Sekunde gegeben, lieber und wichtiger und interessanter als zwanzigtausend Worte Schmus, über den ganzen Abend verteilt.

Dann gibt es noch eine Art, den Gast abzuhängen. Lu oder Li bestellt ihn an die nächste Ecke, da man ja doch hier vor dem Direktor nicht zusammen hinausgehen kön- ne, oder das sie ja noch in die Garderobe gehen und sich umziehen müsse. Der Freier holt seinen Mantel, stellt sich im dämmrigen Morgengrauen an irgendeine zugige Ecke und läßt das erwachende Leben der Großstadt an sich mit gemischten Gefühlen vorüberziehen. Mit aufgeschlagenem Rockkragen steht er da. Marktweiber fahren vorüber und schauen in sein verkotztes und übernächtigtes Gesicht, Zei- tungsjungen kommen vorbei und starren ihn entgeistert an. Gegenüber macht ein kleiner Zigarrenladen seine Pforten auf, der Besitzer tritt gähnend vor die Tür und beguckt sich den Mann an der Ecke mit mitleidigem Blick. Er ist Sach- verständiger und kennt den Rummel. Er weiß ganz genau, daß die so heiß ersehnte Braut schon vor einer Viertelstun- de durch den rückwärtigen Ausgang verschwunden ist und daß der gute Mann da vorn ruhig bis Pfingsten warten kann, oder bis es nochmals Nacht wird, und die Damen wieder „ins Geschäft" kommen. Eine unangenehme Situation. Aber der

Freier ist ein Mann und beherrscht sich. Um nichts in der Welt würde er sich verraten. Mit gelangweilter Miene steht er an seiner Ecke und versucht, gleichgültig in die Luft zu schauen, gerade so, als ob er nur ein bißchen Luft schnappen wollte. Innerlich tobt er natürlich und schwört: Rache! Das alles wird er morgen dem Geschäftsführer erzählen.

Mittlerweile liegt die Ersehnte seit mindestens zwei Stunden schon in den Armen ihres wirklichen Freundes und raucht die guten Zigaretten, die ihr der Mann gekauft hat, der an der Ecke steht und nun reichlich Gelegenheit hat, sich abzukühlen nach der heißen Nacht im dumpfen Lokal.

### Finden Sie, daß sich ein Dichter anständig verhält?

Im Café Louvre also versammelte sich um fünf Uhr früh das gesamte Artistentum Wiens. Heute ist das Café Louvre in dieser Form natürlich verschwunden. Damals aber war es das Dorado für alle, die das Leben von einem Tag auf den andern lebten, und damit selbstverständlich ein Paradies für mich.

So um fünf Uhr früh wartete man auf seine Braut; das heißt, für gewöhnlich wußte man noch nicht genau, wie sie aussehen werde, die Braut, auf die man wartete. Aber im Café Louvre waren die Sitten locker, und man nahm es nicht so genau. Irgendeine Braut war es auf jeden Fall. Allein schlafen gehen, das war für den Artisten eine Schande sondergleichen.

Schwierig war dieses Leben für diejenigen, die eine bestimmte Braut hatten, und zu denen gehörte auch ich.

Meine kleine arme Betty, die mit mir durch Freud und Leid ging, hatte oft Hunger, und ich wußte nicht, wie die „Sache mit Franz" ausgehen würde.

Diese Sache mit Franz war eine besondere Sache. Franz war der Oberkellner. Franz war nämlich mal gut gelaunt und manchmal schlecht gelaunt. War er gut gelaunt, so konnte man ihm die Zeche schuldig bleiben. War er aber schlecht gelaunt, so mußte man mit der Zeche durchgehen, und das war sehr schwer, denn Franz hatte Augen wie ein Luchs und kannte seine Brüder ganz genau. Es war sehr schwer, drei Kuchen zu essen und bloß einen anzusagen, denn Franz wußte alles.

Dieser Ober hatte einen Trick, auf den wir lange nicht kamen: Er zählte die Kuchenkrümel, die auf dem Tisch des Gastes herumlagen und schätzte aus ihrer Menge den Konsum ab. Ich wußte mir natürlich zu helfen und fraß einfach die Kuchenkrümel mit auf.

Noch sehe sich das verblüffte Gesicht des guten Franz vor mir. „Sie haben doch drei Mehlspeisen gefressen." Darauf ich: „Wenn ich drei Mehlspeisen gefressen habe, dann müssen doch von drei Mehlspeisen hier Krümel liegen."

Darauf Franz: „Ganz richtig, wo sind die Krümel?" Darauf ich: „Schauen Sie, Franz, hier war ein Schlangenmensch, der war so hungrig, daß er sämtliche Krümel aufgefressen hat."

Darauf Franz: „Ich verbiete Ihnen das Lokal für ewige Zeiten."

Darauf ich: „Ich habe in meinem Leben noch niemals in einer so elenden Budike verkehrt, wo man es wagt, einem berühmten Wiener Schriftsteller das Lokal zu verbieten. Ich werde mich beschweren."

Ich hätte nun beim besten Willen nicht gewußt, wo ich mich beschweren sollte, und beim besten Willen auch nicht, wohin mit mir, wenn ich den „Weisel" bekommen hätte: Der „Weisel", das Verbot, das Café Louvre zu betreten, bedeutete für Leute unseres Schlages schlechthin den Ruin, die Wegnahme der Heimat. In diesem Lokal schlossen wir unsere Geschäfte ab, in dieses Lokal kamen die Agenten, die den Künstlern Engagements vermittelten, es kamen die Direktoren – und hier verkaufte ich auch meine ersten Couplets und Chansons.

Aus lauter Verzweiflung erinnerte ich mich daran, daß ich ja ein Dichter war. Ich begann, Chansons zu verkaufen. Das Geschäft ging schlecht und recht. Da gibt's noch heute Leute in Berlin, die mir das aus vollem Herzen bezeugen werden. Mein Freund Otto Stransky, mein Freund Robert Stolz, Direktor Robitschek, Arthur Rebner, der Verleger

Heim, Benno Vigny, der Komponist May, Hermann Leopoldi, Fritz Wiesenthal, Fredy Raymond, Neubach, und wie sie alle heißen, die sämtlich heute ihren eigenen Wagen fahren – glücklicherweise habe ich auch einen –, sie werden mir gerne bezeugen, wie wir, tief im Dalles, im Café Louvre darauf warteten, daß eine in Rußland auf einer Tournee reichgewordene Chansonette hereinrauschte und uns einen Auftrag erteilte.

Lieber Freund Otto Stransky, du bist heute ein sehr berühmter Komponist, ich hoffe, daß du dich mit Vergnügen daran erinnerst, daß uns die Trude Voigt mindestens viermal hinausgeworfen hat, weil ihr die erste Strophe unseres Chansons nicht gefiel und dann die zweite nicht und dann die dritte nicht und dann das ganze Couplet, weil ihr deine Nase nicht gefiel, weil ich die Nägel nicht geputzt hatte und weil sie zum Schluß überhaupt nicht wollte.

Lieber Otto Heim, heute Bohème-Verleger, ich glaube kaum, daß du es leugnen wirst, daß wir in jener schönen Zeit um sechs Uhr früh im Café Louvre saßen und zusammen das herrliche Lied schufen:

„Kleinchen, du hast Beinchen,
Donnerwetter kolossal."

Otto, ich habe es dir nie übelgenommen, daß du mir die zwei Gulden fünfzig Kreuzer noch schuldig bist, die damals auf meinen Teil kamen. Aber wenn du diese Zeilen zu Gesicht bekommst, wirst du sie mir endlich einmal zurückzahlen.

Lieber Kurt Robitschek, du bist heute der Direktor eines großen Theaters und weltberühmten Lokals. Kannst du dich noch erinnern, wie schwer es damals war, Couplets zu verkaufen? Wir waren aber sehr lustig, und der liebe Gott sucht sich aus der Menge schon diejenigen heraus, mit denen er was vorhat ... So ein Coupletverkauf war keine leichte Sache, und man hatte viel Unannehmlichkeiten dabei. – Der betreffende Kunststar – sagen wir Lolotte Lu – taucht im Café Louvre auf. Sie hat ein neues Kleid, verspeist drei Königskuchen zum Kaffee und trinkt nachher noch einen Schnaps; sie ist frisch onduliert, hat neue Schuhe an, also: Sie hat Geld. Der Dichter beobachtet von seinem Tisch am Fenster des Cafés aus das Eintreffen diese Chance. Würde er nun direkt auf sie zugehen und ihr sagen: „Liebe Kollegin, ich bin momentan im Druck" (wann ist er nicht momentan im Druck) und ihr irgendein Chanson, das er fertig hat, anbieten, dann würde sie mit einer hochmütigen Handbewegung abwinken:

„Ich bin versorgt und kaufe nur von Goethe oder zumindest von Franz Lehár."

Der Dichter aber, der macht es anders. Vor allem setzt er die gleichgültigste Miene der Welt auf und geht wie von ungefähr am Tisch Lolottes vorbei. Gerade wie er vorbei ist, fällt ihm ein Manuskript aus der Tasche. Sein informierter Freund, der Komiker Ehrlich, hebt es auf, nimmt es heimlich an sich, grad so, als ob er sich einen Spaß machen wollte. Während nun der „Dichter" ins Billardzimmer geht, beginnt Max, das Couplet wie von ungefähr zu lesen. Plötzlich verklären sich seine Züge, seine Augen leuchten, er lacht hell auf, er lacht nochmals hell auf, er schüttelt sich vor Lachen, schlägt sich auf die Schenkel und ruft ein um das anderemal aus:

„Also fabelhaft, also großartig, also so etwas, wenn ich doch bloß Geld hätte –"

Lolotte nimmt Witterung und schielt nach Max hin. In diesem Augenblick kommt der Dichter verträumt aus dem Billardzimmer zurück. Da springt ihm Max entgegen:

„Mensch, das ist ja fabelhaft, dieses Chanson! Also sofort gehst du damit zur Mela Mars. Kein Betrag der Welt ist dieser Frau zu hoch für eine so gute Sache. Wovon lebt denn so eine Künstlerin als vom Repertoire!"

Empört reißt der Dichter ihm das Manuskript aus der Hand und zischt ihn an: „Wie konntest du es wagen, das sollte doch tiefstes Geheimnis bleiben."

Beide beobachteten indessen scharf die Züge Lolottes. Lolotte ist rot und bleich geworden. Gerade, als sich der Dichter entfernen will, kommt sie ihm nachgetrippelt.

„Herr Harry, einen Moment. Kann ich dieses Chanson nicht einmal sehen?"

Der Dichter setzt eine eisige Miene auf, trotzdem ihm beinahe der Magen herausfällt vor Hunger, und sagt von oben herab: „Mein liebes Kerlchen, dazu fehlen dir denn doch die Moneten, um ein Chanson wie dieses kaufen zu können."

Jetzt fährt Lolotte auf, wie von einer Viper gebissen. „Mir das, wo ich doch gestern von meinem Freund dreihundert Kronen bekommen habe? Ich kann bezahlen." Sie reißt ihr Täschchen auf und zeigt einen Haufen blauer Scheine. Das ist nun der kritische Moment des Dichters. Verliert er jetzt vor Hunger die Kaltblütigkeit, dann geht sein Meisterwerk nicht ab, denn dann riecht Fräulein Lolotte Lunte. Er muß sich also, mit knurrendem Magen kurzerhand stolz verabschieden und weggehen. Die Sängerin ihm nach. Sie verfolgt ihn auf Schritt und Tritt, sie bettelt und sie bittet, und nach langem Hin und Her läßt sich der Poet endlich herab, sein Kunstwerk wenigstens vorzulesen. Sechs oder sieben seiner Genossen beobachten gespannt den Ausgang des Kampfes. Benno Vigny bestellt sich schon à conto der ganzen Sache einen Kaffee und zehn Zigaretten. Otto Stransky wird kühn und tituliert den Oberkellner Franz, den er noch kurz vorher einen lieben Kerl genannt hat, einen Idioten und das Café Louvre eine Schnapsbudike.

Mittlerweile liest der Dichter das Chanson vor. Hier kommt es nun viel mehr auf sein schauspielerisches Talent und seine suggestive Kraft an, als auf den Wert des Poems. Er muß mit leuchtenden Augen vorlesen, bei den Pointen darf er sich selbst nicht mehr halten können vor Lachen und muß laut herausplatzen. Seine Stimme muß klingen wie die Carusos. Es wird ein Vertrag geschlossen. Fräulein Lolotte bekommt das alleinige Aufführungsrecht für das Chanson: „Die grüne Mimi und der gelbe Jimmy" und wird himmelhoch gebeten, um Gottes willen nichts der Mela Mars zu erzählen, der dieses Chanson schon so gut wie sicher zugesagt war. Lolotte birgt aufgeregt den also erworbenen Schatz in ihrem Busen und verläßt triumphierend das Lokal. Kaum ist sie draußen, stürzt sich der Sänger auf eine riesige Tasse Kaffee und auf sechs Kuchen, mit oder ohne Krümel, er bekommt endlich die heiß ersehnten Zigaretten und ist wieder auf zwei Tage gerettet. Am selben Abend noch hat er Glück und kann das „Originalcouplet", das er mit allen

Rechten Fräulein Lolotte verkauft hat, noch drei weiteren Sternen des Varietéhimmels mit alleinigem Aufführungsrecht anhängen. Die Woche ist unter Dach und Fach, er kann aufatmen.

Das alles klingt ja nicht besonders anständig, aber vergeßt nicht, liebe Leser, daß es im sonnigen, schönen Wien war, in dem herrlichen Café Louvre, in dem es kein Mensch so genau genommen hat. Die Sängerin Lolotte wäre, auch wenn sie dieses Couplet nicht gekauft hätte, eine ehrsame Schneidersgattin geworden, und der Hundertkronenschein, den sie uns gab, rettete manchem wertvollen Menschen, der heute in Berlin etwas zu sagen hat, die Existenz.

## Kasten muß sterben

Das Café Louvre war, wie ich bereits sagte, ein ziemlich streng, geschlossener und sehr exklusiver Klub. Die Leute, die dort verkehrten, kannten einander seit Jahren, und jeder Neuling, der seinen Fuß hineinsetzte, mußte erst die Feuerprobe bestehen.

Das Debüt eines neuen Stammgastes vollzog sich oft auf höchst dramatische Weise. Kam da zum Beispiel ein hübsches Mädchen herein, das Sängerin oder Chansonette werden wollte. Irgendeinmal hatte sie was vom Café Louvre als der Zentrale der Wiener Kunst gehört. War sie jung und hübsch, fand sich sofort ein schäbig elegant gekleideter Herr bei ihr ein und stellte sich als Direktor Ben Tiber vom Wiener Apollotheater vor. Das arme Wurm, das natürlich keinen Tau davon hatte, wie der Direktor Ben Tiber aussah, und keine Ahnung, daß schließlich der Direktor des größten und mondänsten Varietés der Wienerstadt nicht ausgerechnet ins Café Louvre geht, fällt vor Hochachtung beinahe auf den Rücken. Direktor Ben Tiber aber setzt sich leutselig an den Tisch der Kunstnovizin und verspricht ihr, sich für sie zu verwenden. Selbstverständlich ist das ganze Lokal sofort automatisch im Einverständnis mit der Sache. Die Kellner grüßen den Herrn Direktor respektvoll, sechs Sekretäre sind gleich zur Stelle, und irgendein hungriger Komödiant tritt sofort als amerikanischer Impresario auf den Plan. Links wird vorgestellt „Asta Nielsen", rechts sitzt „Waldemar Psylander", es wimmelt nur so von Prominenten um das arme Opfer dieser Bande. Damit war natürlich gar nichts Böses beabsichtigt. Wir wollten Spaß haben.

Nun ging es an das Aufsetzen eines Kontraktes. Die Tausender flogen nur so in der Luft herum. Der Kontrakt soll unterzeichnet werden. Da hat der Herr Direktor noch Bedenken: Probesingen. „Ich habe einen Kompagnon, mein Kind, der momentan im Theaterbüro ist und nicht herkommen kann. Ich kann den Kontrakt nicht unterschreiben, bevor er Sie gehört hat." Die Kunstnovizin wird blaß. „Um Gottes willen, ich gehe sofort ins Apollotheater hin." „Nein, nein", winkt der Herr Direktor ab, „da gibt es einen besseren Ausweg, ich rufe ihn ans Telephon, und Sie singen ihm durchs Telephon einige Lieder vor." „Ausgezeichnet", atmet die Kleine auf. Ein Ausweg.

Das Café Louvre war bei Gott nicht elegant und komfortabel, aber seine Telephonzelle war ein Raum – nun, der Aufenthalt in der Eisernen Jungfrau war ein Weihnachtsvergnügen dagegen. Schloß man die Tür dieser Telephonzelle, so wurde der gepeinigte Teilnehmer auf der einen Seite geschmort vor Hitze, während sich ihm auf der anderen Seite die Ecke des Telephontischchens dermaßen in die Hüften bohrte, daß er vier Wochen lang nicht sitzen konnte. Das Telephontischchen wurde aber drinnengelassen, und zwar mit Einverständnis und im Interesse der Gäste, da sie sonst stundenlang telephoniert hätten. Zeit hatten sie ja. So aber hat kein Mensch länger als zwei Minuten telephoniert, weil es keiner länger ausgehalten hat.

In diese Marterzelle wurde nun die zukünftige Primadonna geführt; da drinnen mußte die Novizin einem imaginären Kompagnon alle möglichen Lieder und Arien vorsingen, während wir draußen höchst kritische Gesichter machten und Regie führten: „Fräulein, etwas lauter, Fräulein, bitte sich etwas zu bewegen, etwas hüpfende Bewegungen! Ein wenig nach links drehen, ein wenig nach rechts drehen, das Tischchen geniert ja weiter nicht. Die eine Strophe noch einmal. Jetzt flüstern, mehr Schmelz in der Stimme ..."

Hatten wir genug, ging Direktor Ben Tiber persönlich in die Telphonzelle hinein und hielt Zwiesprache mit seinem imaginären Kompagnon. Tieftraurig kam er zurück.

„Schade, schade, mein Kompagnon ist gegen das Engagement. Ihre Stimme wäre ganz gut, aber die Bewegungen gefallen ihm nicht, und Sie sind zu blaß. Kommen Sie in einem Jahr wieder vorbei."

Die Künstler vom Café Louvre hatten alle einen sehr schlechten Ruf. Die Brüder Hoppe zum Beispiel, heute in Berlin als ausgezeichnetes komisches Duett bekannt, waren der Schrecken der Praterstraße. Besonders der ältere, mit dem wirklichen Namen Ungermünz, hatte täglich neue Ideen zu unserer Erheiterung. Eines Tages arrangierte er an dem belebtesten Punkt der Praterstraße eine Filmaufnahme. Gerade vor dem Café. Wir alle spielten natürlich mit. Damals hatte die Polizei noch furchtbaren Respekt vor der Filmkunst, und das Losungswort „es wird gefilmt" genügte, um ganze Straßenzüge lahmzulegen. Mit kolossaler Wichtigkeit kamen wir zwanzig Mann hoch vor dem Café Louvre an. Ein riesiger Kasten wurde ausgepackt und vor dem Kaffeehaus aufgestellt. Ein Mann, zwei Männer, zehn Männer liefen wie besessen die Straße auf und ab. Sofort waren fünf Polizisten zur Stelle, die das Publikum zurückdrängten. „Zurück, es wird gefilmt!" Kein Mensch dachte mehr im schönen Wien (da hat ja jeder so viel Zeit!) an seine Geschäfte. Es wurden Rollen verteilt. Wir spielten jeder unseren eigenen Roman, kein Mensch wußte, um was es geht. Die Hauptsache war nur, möglichst vielen Passanten auf die Hühneraugen zu treten, möglichst viele Straßenbahnen aufzuhalten und möglichst viel herumzuschreien. Hoppé war der Regisseur. Nichts war ihm recht. Er brüllte mit uns wie ein Stier. Er nahm sich kein Blatt vor den Mund und beflegelte alles, was ihm in den Weg kam. Zum Schluß bekam er einen Wahnsinnsanfall.

Endlich, nachdem glücklich der Verkehr bis tief in die „innere Stadt" hinein verstopft war, brachen wir die Filmaufnahme ab. Umständlich zerlegte Hoppé seinen Filmapparat. Er nahm das Tuch von der Kiste weg, und es kam eine Kaffeemühle zum Vorschein. Mit der hatten wir gekurbelt. Das war der ganze Zauber. Das Wiener Publikum lachte sich krank und ging hochbefriedigt seines Wegs, man fand das wunderschön. Ganz Wien erzählte von unserer Filmaufnahme, und keinem wäre es eingefallen, böse zu sein.

Was vollführten wir nicht alles, ich und mein Freund Moritz Meyer, Schriftsteller und Verleger einiger der besten Wiener Lieder.

Eines Tages kam ich auf eine Idee. Wir hatten wieder mal kein Geld – wann hatten wir je welches? Unser guter Freund Kasten war gerade bei einer Tante in Berlin eingeladen. Was lag näher, als daß er sterben mußte. Tieftraurig gingen Meyer und ich von Varieté zu Varieté und präsentierten eine Liste.

„Herr Direktor, der arme Kasten ist gestern abend in Berlin plötzlich vom Omnibus überfahren worden. Man sollte diesem Wiener Komiker doch einen anständigen Kranz schicken. Zeichnen Sie eine Kleinigkeit." Auf diese Weise war im Nu eine ganz nette Summe beisammen. War ein Kranz bezahlt, dann drehten wir den Bogen um und sammelten für einen neuen Kranz. Schließlich hätte man Kastens Grab mit Kränzen dreimal zudecken können, wenn er wirklich gestorben wäre.

Leider, leider kam er zu schnell zurück, sonst hätten wir noch sehr schönes Geld verdienen können. So aber mußten wir ihn notgedrungen „am Geschäft beteiligen." Er hielt sich also in seiner Wohnung eine Zeitlang verborgen und bekam den dritten Teil der Kranzspenden. Kasten war riesig erfreut über seine Beliebtheit. Schließlich wurde es ihm zu bunt, und er ging spazieren. Kaum kam er auf die Praterstraße, erblickte ihn Direktor Albert, der zehn Kronen gespendet hatte. Es war nachts zwölf Uhr und die Praterstraße ziemlich öde. Albert war ein sehr nervöser Herr, und es war wirklich ein Wunder, daß ihn nicht der Schlag getroffen hat. Schade, dann hätten wir auch für ihn sammeln können.

Meyer und ich hatten einen Freund namens Isidor Bauch. Bitte Bauch, so wie Bauch. Er hieß nun einmal nicht anders. Bauch kam aus Galizien, war sechzig Jahre alt und ein unverbesserlicher Bohemien. Er sah aus wie eine zerquetschte Zitrone. Isidor verstand es, ein wunderbares Gericht zu mixen: den polnischen Kaviar. Es schmeckte herrlich und kostete nicht einen Pfennig.

Das kam so: Wenn wir gar kein Geld hatten, holten wir Bauch ab. „Bauch, mach' einen polnischen Kaviar." Alsdann erhob sich Bauch und ging, steif auf seinen Stock gestützt, „trapp, trapp", zu den Krämern in der Praterstraße, soweit sie ihn noch nicht kannten.

„Haben Sie Zwiebeln?"

Natürlich hatte der Krämer Zwiebeln.

„Ich werde mir da so ein Zwieberle von Ihnen mitnehmen. Wenn es entspricht, bestelle ich mehr."

Das nächste Opfer war ein Fleischer.

„Entschuldigen Sie, Herr Fleischermeister, ich habe mir da an der linken Hand mit einem rostigen Nagel eine Verletzung beigebracht; da hilft nur eins, sofort etwas Schmalz auflegen. Vielleicht haben Sie die Güte und überlassen mir ein kleines Pripelchen Schmalz." Dann ging es weiter, zum Kartoffelhändler und um roten Paprika – in dem Fall mußte es Paprika sein für den verrosteten Nagel –, bis Bauch schwer beladen ins Café Louvre zurückkam.

Dort bekamen wir auf Kredit Brot, zwar knurrend und mißgünstig beschimpft von Franz, dem Oberkellner, aber schließlich doch. Und Bauch zelebrierte mit weltentrücktem Gesicht einen polnischen Kaviar.

So urgemütlich war's damals in Wien. Was man heute von Wien zu sehen bekommt, ist der zerbrochene Torso eines einst herrlichen Kunstwerkes, der schäbige Rest einer Epoche, von deren Ruhm und Renommé das Geschäft heute weitergeführt wird. Die Geschmäcker sind ja verschieden. Mir persönlich aber war der alte Kaiser Franz Joseph noch immer tausendmal lieber als der Stadtrat Breitner ... Der Fremde, der jetzt nach Wien kommt, ist trotzdem nicht enttäuscht, ein Zeichen dafür, wie herrlich diese Stadt war und wie schwer es hält, sie ganz in Grund und Boden hinein zu wirtschaften ...

## Die Hochzeitszeitung und der Major Quietsch

Auf einmal wurde ich Redakteur. Der Vater eines meiner Freunde gab eine Zeitung heraus, die den stolzen Titel trug: „Hymen, Wiener Hochzeitszeitung". Diese Zeitung war eine komische Sache. Der Inhalt des Blattes war ein für allemal festgelegt: er bestand aus einem schönen Gedicht, einem Kapitel über die Ehe und aus einer freien Seite. Wenn irgendein prominenter Mensch Hochzeit machte, erschien der Herr Herausgeber knapp vorher im Bratenrock, feierlich angetan mit Zylinder, weißen Handschuhen und einem Blumenstrauß. Er kam als Gratulant und Abgesandter der Hochzeitszeitung und teilte der sich geschmeichelt fühlenden Familie mit, daß in der nächsten Nummer der „Wiener Hochzeitszeitung" das Bild und der Lebenslauf des glücklichen Brautpaares veröffentlicht werden solle. Natürlich bekam er zu diesem Zweck zwei Photographien mit und alle Angaben, die notwendig waren. Am Tag der Hochzeit erschien dann das Blatt. Der Herr Redakteur wurde natürlich eingeladen zum Hochzeitsschmaus und bekam auch ein anständiges Honorar. Die Auflage der Zeitung bestand in der Regel aus fünfzehn Exemplaren. Der Text blieb stets derselbe, nur das Brautpaar auf der leeren Seite wechselte. Es wurde in den ein für allemal feststehenden Zeitungssatz eingesetzt.

Ich beschloß, auch eine Zeitung zu gründen. Damals gab es in Wien ein sehr heruntergekommenes Revolverblatt: „Der Blitz", eine radikale Zeitung. Die Zeitung war so radikal, daß sich kein Mensch getraute, ihren Inseratenagenten abzuweisen. In dieses Blatt trat ich als Chefredakteur ein.

Nun hatte ich aber literarische Ambitionen und erfand einen Roman: „Die Abenteuer des Major Quietsch." Jedes Kapitel dieses Romans spielte in irgendeinem Vergnügungslokal, das der Major Quietsch besuchte und das genau beschrieben wurde. Die betreffenden Lokalbesitzer fanden die Idee sehr gut und bezahlten gern die dafür entfallende Gebühr. Das Geschäft ging ausgezeichnet, nur wurde der Roman immer schwieriger. Mit den Vergnügungslokalen war ich bald fertig, und so nahm ich mir die Läden vor.

Kaufhäuser, Schuhmacher, Optiker, Lackierer, kurz alles, was mir in den Weg kam. Einfach war's nicht, die Handlung des Romans zu steuern. Einmal mußte ich den guten Major Quietsch mitten in der Nacht aus dem Tabarin in eine Wurstfabrik bringen. Was hab ich den armen Major herumgejagt!

In diese Zeit fallen meine ersten okkultistischen Versuche. Ich war Antiokkultist durch und durch, ein Realist, der das Leben von einem Tag auf den andern so nahm, wie es gerade kam, und sich wenig den Kopf zerbrach. Je mehr ich aber in den mir zur Verfügung stehenden Zeitungen gegen den Okkultismus losging, desto mehr mußte ich an mir selbst seine Bedeutung erfahren. Es war erschreckend für mich; ich versuchte es mit allen Mitteln, die in mir aufsteigenden hellseherischen Gesichte zu verjagen. Ich konnte keinen Brief lesen, ohne sofort das dazugehörige Gesicht zu sehen, konnte keinen Gegenstand zur Hand nehmen, der mir nicht die Geschichte seines Besitzers erzählt hätte, ich konnte kein Datum hören, ohne sofort zu wissen, was an dem Tage geschehen war.

Besonders schrecklich war mir das Gefühl Frauen gegenüber. Schon damals quälte mich bei jeder Liebelei der furchtbare Gedanke, ob die Frau nicht nur unter dem Einflusse suggestiver Gewalten stehe und von mir in einen Bann geschlagen sei, der mit Liebe nichts zu tun hatte. Der Gedanke, daß alle meine Erfolge nur durch suggestive Einflüsse erzielt würden, verletzte meine Eitelkeit und mein Selbstbewußtsein auf das tiefste. Ich wollte nicht Werkzeug sein. Innerlich ergrimmt über diese Probleme, suchte ich mich dadurch zu befreien, daß ich sie, wo ich nur konnte, lächerlich machte.

Im Café Louvre verkehrte damals der Telepath Rubini, der Tag und Nacht experimentierte. Er ließ Gegenstände verstecken und suchte sie dann durch das ganze Kaffeehaus im Schweiße seines Angesichts. Daß es dabei nicht ohne Ulk abging, lag in der Luft des Café Louvre. Im Einverständnis mit den andern beschloß ich eines Tages, Rubini Konkurrenz zu machen. Wir besprachen, daß die andern mir alle Aufgaben, die in Gegenwart Rubinis zusammengestellt würden, heimlich zustecken sollten. Es wurden die allerschwersten Aufgaben gewählt, um Rubini neidisch und eifersüchtig zu machen auf den neuen Konkurrenten.

Während der Wahl der Aufgaben mußte ich im Musikzimmer warten. Dann wurde ich losgelassen. Mit siegessicherer Miene kam ich in den Billardsaal und wartete nun darauf, daß mir die versprochenen Lösungen heimlich in die Hand gedrückt würden. Aber mit Artisten ist nicht gut Kirschen essen. Mit den unschuldigsten Gesichtern von der Welt standen sie da und warteten auf den Anfang. Keinem Menschen fiel es ein, die Verabredung einzuhalten. Vielleicht kommt's später, dachte ich und begann verzweifelt, irgend etwas zu machen. Ich griff nach einem Billardqueue, stellte die Kugeln in einer bestimmten Reihenfolge auf und vollführte einige Stöße. Nie werde ich die verblüfften Gesichter der umstehenden Kollegen vergessen, aber auch nie meine eigene grenzenlose Verblüffung, als sich's herausstellte, daß die Aufgabe von mir wirklich gelöst worden war. Das war mein erstes telepathisches Experiment. Ich bekam Angst vor mir selber.

Anders erging es dem heute sehr bekannten Humoristen Hermann Leopoldi, der sich auch als Telepath und Hypnotiseur in Freundeskreisen versuchte.

Der arme Leopoldi! Wir beschlossen, ihm überhaupt keine Aufgabe zu stellen, sondern nur auf alles, was er machte, „Stimmt" zu sagen. Das war eine Hetz! Der gute Leopoldi konnte ausführen, was er wollte, es stimmte immer. Er erriet alles, er wußte alles, er hypnotisierte jeden Menschen, mit einem Wort, wir brachten ihn derartig durcheinander, daß er sich fast entschlossen hätte, Telepath zu werden. Glücklicherweise versuchte er einmal seine Telepathie in einem anderen Kreise – und war verzweifelt. Bei uns stimmte es immer so wunderschön, und dort ging alles daneben. So wurde er zu seinem eigenen Glück doch nicht Telepath.

# In Schlesingers Nachtasyl

Meine arme Betty wurde immer schwächer. Eine Operation sollte helfen. Der dafür in Frage kommende Arzt lebte in Berlin. Mit ein paar Kröten in der Tasche vollzog ich den Umzug nach der damals noch recht strengen deutschen Reichshauptstadt und kam natürlich ohne einen Pfennig an. Betty mußte ins Krankenhaus, und ich verpflichtete mich, binnen drei Tagen sowohl das Geld für die Operation als auch die Kosten für die Verpflegung heranzuschaffen.

Ohne einen Pfennig in der Tasche stand ich am Alexanderplatz. In irgendeinem Schaufenster waren die Zeitungen des Tages ausgehängt. Mein Blick fiel auf ein Inserat:

*Singender Kellner gesucht*
*Derselbe muß für die Erheiterung*
*der Gäste sorgen und gleichzeitig*
*sehr gewandt im Servieren sein.*
*Vorzustellen bei Jakob Schlesinger,*
*Friedrichstraße Nummer soundsoviel.*

Ich rannte also vom Alexanderplatz in die Friedrichstraße soundsoviel. „Nachtasyl" stand mit dicken Lettern über der Tür. Außer mir warteten noch zwanzig oder dreißig junge Leute, die mich natürlich nicht vorlassen wollten. Da wurde ich aber grob. „Erlauben Sie mal", sagte ich, „das wäre noch schöner, ich bin doch der Herr Schlesinger selber."

Sofort war ich drinnen beim Herrn Schlesinger.

Sein Büro war ein gespenstischer Raum. Zuerst sah man überhaupt nichts anderes als nur leere Flaschen. Einen Berg von Flaschen. Schaute man näher hin, gab's mitten in dieser gläsernen Wand den Herrn Schlesinger persönlich. Er war ein dicker Mann und litt schrecklich an Asthma.

„Wie kommen Sie denn da herein?" schnauzte er mich an.

„Durch die Tür", gab ich ihm zur Antwort, und das entsprach doch der Wahrheit.

„Dann schauen Sie, daß Sie zur Tür sofort wieder hinauskommen", meinte er.

„Herr Schlesinger", sagte ich und sah ihm scharf in die Augen, „wenn Sie mich jetzt hinausschmeißen, gehe ich direkt zum Polizeipräsidium und bringe dort zur Anzeige, daß Sie seit Jahr und Tag unbanderolierte Weine verkaufen."

Schlesinger wurde ganz blaß. „Woher wissen Sie das?" krächzte er.

„Ich bin ein Hellseher", sagte ich und wunderte mich außerordentlich, daß dieser Schuß ins Blaue so schön saß. Es ist doch eigenartig, daß die meisten Menschen auch wirklich das auf dem Gewissen haben, was sie eigentlich nicht auf dem Gewissen haben sollten.

Ich wurde angestellt. Herr Schlesinger führte mich in sein Lokal. Also das war wirklich komisch. Da drinnen sah es aus wie in einem Wachsfigurenkabinett. Aus dem Halbdunkel des großen Kellerraumes starrten mich entsetzliche Fratzen an und grinsten mir höhnisch zu. Die Wände waren aus rohem Kalk, Tische und Stühle wackelten bei jedem Schritt auf der knarrenden Diele, mit einem Wort, die Innendekoration stellte das Milieu eines Nachtasyls vor, wie es Maxim Gorki in seinem bekannten Stück schildert. Eine sehr geschmackvolle Sache.

Fürs erste bekam ich ein Kostüm, bestehend aus einer roten Russenbluse und einer Schärpe. Dann bekam ich den Namen Iwan. Außer mir gab es noch verschiedene andere Russen, deren Namen ich vergessen habe. Arme Teufel, die das Schicksal in den Keller Jakob Schlesingers angeschwemmt hatte. Verzweifelte, wie ich einer war. Jedes Glockenzeichen, das Schlesinger am Büffet gab, bedeutete einen Namen. Ich selbst hörte auf zwei Glockenschläge Dann ging's an den Unterricht.

Wenn ein Gast das Lokal betrat, so hatte der Kellner seines Reviers sich sofort auf ihn zu stürzen und möglichst saugrob zu fragen:

„Willst du Wein trinken oder Bier saufen?"

Entschloß sich der Gast für Bier, und das war ja in diesem Lokal die Regel, dann mußte man fragen:

„Was für Bier willst du, Löwenbräu, Bockbier, Spaten? Wir haben alles aus einem Faß."

Entschloß sich der Gast für Löwenbräu, so bekam er ein Glas Helles und dazu einen hölzernen Löwen, der rot bemalt war. Wollte er Bock, bekam er dasselbe Bier mit einem kleinen Bock dazu, der mit dem Kopf wackelte, wenn er aber Spaten wollte, dann wurde das Bierglas auf einem Spaten hingetragen; der Spaten wurde auf den Tisch gelegt und mit einem geschickten Zug unterhalb des Bierseidels weggezogen. Dazu gehörte Übung. Jedes Glas Bier, das dabei verschüttet wurde, mußte man selber bezahlen.

Wir Kellner hatten auch die Verpflichtung, unser Revier zu neppen. Jeder Gast wurde um Bier angeschnorrt. Die Gläser der Kellner unterschieden sich aber erheblich von den Gläsern der Gäste. Wir hatten Vexiergläser, die, innen mit Glas ausgegossen, nur einen Fingerhut Bier faßten. Ich selbst durchkreuzte später die Geschäftstüchtigkeit Schlesingers durch einen Trick. Wohl ließ ich mir Biere bezahlen von meinen Gästen, aber ich hatte immer in einem Winkel ein volles Bierglas stehen, aus dem ich mir in eigener Regie, sozusagen als Nebenstelle Schlesingers, meine Fingerhutgläser selber füllte.

Schlesinger war dabei ein außerordentlich anständiger Mensch, der viele Menschen faktisch vor dem Verhungern gerettet hat. Ich weiß einen heute sehr berühmten Bariton, der zu gleicher Zeit mit mir bei Schlesinger als singender Kellner angestellt war.

Apropos „singender Kellner". Ich war ja verpflichtet zu singen. Nun habe ich alles eher als eine schöne Stimme; ich war wirklich gespannt auf mein Debüt als Sänger. Mein ganzes Repertoire bestand aus „O Tannenbaum" und „Ich hatt' einen Kameraden". Damit wäre ich bei den Gästen nicht weit gekommen. Kurz entschlossen wurde ich Stegreifsänger. Auf die Melodie des „O Tannenbaum" dichtete ich meine Gäste an, und ich muß sagen, ich hatte einen großen Erfolg.

Um die Mitternachtsstunde gab es jedesmal eine besondere Sensation: Die Eröffnung des Museums. In einem kleinen Nebenraum, der schwarz verhängt war, standen die seltsamsten Dinge herum und wurden vom dicken Schlesinger, der die Führung hatte, den Gästen erklärt.

Hier gab es beispielsweise einen alten Frauenhandschuh. Das war der Handschuh von Schiller. Schiller hat ihn getragen, als er die Jungfrau von Orléans schrieb. Nebenan lag auf einem Kissen ein Fäustling aus Baumwolle: Goethes Faust. Eine zerbrochene Käseglocke: Die Glocke von Schiller Eine Puppe ohne Haare: Die Jungfrau von Orléans. Eine Handbewegung über die Köpfe von uns versammelten Kellnern: Die Räuber; und so fort mit Grazie.

Daß ich der Sprachgewandteste von allen war, hatte Schlesinger rasch erkannt, und so bekam ich eines Nachts den ehrenvollen Auftrag, anstelle des Chefs das Museum zu erklären. Ich war wirklich stolz.

In dieser Nacht geschah etwas Seltsames und für mein späteres Schicksal Bedeutungsvolles.

Ich erklärte die Rumpelkammer auf meine Art. War die Mitternachtsstunde schuld, hatte ich vorher zuviel getrunken, oder war es die dumpfe Luft in dem schwarzverhängten kleinen Raum?

Jeder der alten Gegenstände, die ich da in die Hand nahm, bekam plötzlich ein Gesicht. Den Handschuh sah ich an der Hand einer Schauspielerin, die sich aus Liebesgram ins Wasser gestürzt hat. Den Handschuh selbst trug sie einen Tag zuvor. Als ob nicht ich selbst es wäre, öffnete sich mir der Mund, und es kamen Worte, wuchtig und tragisch, wie sie in diesem Raum noch nie gehört wurden. Jeder der verstaubten Trödel hatte seine Geschichte, und ich erzählte sie – hemmungslos wie unter dem Zwang einer furchtbaren Erinnerung, die mich überkam aus ihnen, wenn ich sie ergriff.

Ich sprach und sprach. Um mich herum war es totenstill geworden. Grauen legte sich um die Herzen der Leute – und um mich ...

Als ich erwachte, war lange Zeit verflossen.

An diesem Abend machte Schlesinger kein Geschäft. Er selbst sagte mir nichts, nicht ein Wort des Vorwurfs. Benommen schlich er umher in seiner Bude und mit ihm die Kellner, die Gäste und auch ich.

Wie im Traum ging ich in das Ankleidezimmer und legte die bunte Jacke ab und die Schärpe ...

Ich vergaß, mein Revier abzukassieren ...

Dann stand ich auf der Straße, und der kühle Morgenwind strich mir um die Schläfen.

## *Die Zauberformel*

Es war für mich kein Brot zu bekommen, und ich mußte Geld verdienen. Denn mit dem Mädel ging es bergab. Ihre eingefallenen Wangen waren wachsbleich geworden, der schöne, einst so kußfreudige Mund hatte einen harten Zug, und die großen blauen Traumaugen lagen tief in den Höhlen. Mein armes Ding. –

Zu Schlesinger traute ich mich nicht mehr hin. Ich hatte Angst vor seinem Raritätenkabinett – Angst vor mir selbst.

Irgendwo im Norden lag ein Lokal für bessere Arbeiter und kleine Kaufleute. Dort wurde ein Zauberkünstler gesucht. In meiner Verzweiflung stellte ich mich als perfekter Zauberkünstler vor. Ganz mutlos war ich geworden, und das will was heißen bei mir.

Das Wunder geschah, der Herr Direktor engagierte mich. Am Abend sollte ich schon auftreten. Es galt also, rasch „zaubern" zu lernen.

Am Ende der Friedrichstraße hauste der Meister über alle Zauberer, Janos Bartel, der Zauberkönig, in seinem Laden. Es ist ein beweglicher, kleiner Herr gewesen, ich glaube, er lebt heute noch. Ein anständiger Mensch, der mir meinen Dalles wohl angesehen hat. Ich erstand auf Kredit bei ihm einige Zaubereien: einen Beutel, aus dem die Eier verschwinden, eine Karte, die ihre Farbe verändert, Blumen, die aus der Erde wachsen, und ein Lehrbuch „Bosko, der Zauberer in der Westentasche".

Nachmittags setzte ich mich in mein möbliertes Zimmer und lernte zaubern.

Mein Debüt im Norden Berlins war sehr komisch. Das Publikum kam mir hinter alle Geheimnisse und wälzte sich vor Vergnügen. Ich war wie vor den Kopf geschlagen. So schön hatte ich „zaubern" gelernt, und dann war alles „fauler Zauber".

Verzweifelt stand ich vor dem Direktor in der sicheren Erwartung eines sofortigen Hinauswurfes. Aber Direktor Hasemann machte nichts dergleichen, im Gegenteil, der Mann war sehr zufrieden mit mir

„Mensch", sagte er, „das ist ja großartig, soviel gelacht hat mein Publikum schon seit zehn Jahren nicht. Sie können bleiben."

So stand ich acht Tage einem grölenden Pöbel gegenüber und ließ mich auslachen. Ich kann mich noch deutlich an diese qualvollen Stunden erinnern. Nichts ist unbarmherziger und grausamer als das Publikum, wenn es seine Überlegenheit fühlt. Nichts ist kleiner und furchtsamer als das Publikum, wenn es gebändigt wird.

Abend für Abend wurde ich verhöhnt mit meiner Zauberei; da die Leute nun einmal hinter die Schliche gekommen waren, nutzte es mir nachher auch nichts, als ich die Sache schon ganz gut drehen konnte.

Die Leute kannten schon früher als ich die Pointe. Weiß der Kuckuck, wieso heute ein großer Teil meiner Feinde immer wieder von meiner außerordentlichen Gerissenheit faselt. Hinter jedem meiner Experimente suchen sie Tricks und Schliche, sie halten mich für ein Unikum von Schlauheit, sogar graduierte Professoren wie im Leitmeritzer Hellseherprozeß scheuen sich nicht, es auszusprechen: Ich sei der geriebenste Gaukler der Welt.

Allen denen möchte ich mich einmal als Zauberkünstler präsentieren. Zu nichts habe ich weniger Talent als zu Schlichen und schlauen Manipulationen. Mir fielen die Eier immer schon eine Viertelstunde früher aus dem Eiersack heraus, und das Schreckliche war, daß ich es viel später merkte als die Leute. Die aus der Erde wachsenden Blumen blieben regelmäßig in ihrem Verschluß hängen, und ich mußte sie an den Wurzeln ganz unzaubermäßig herausziehen. Seit der Zeit habe ich eine Aversion gegen Zwirnfäden. Wenn ich bloß einen Zwirnfaden sehe, bekomme ich einen Nervenschock, weil er mich daran erinnert, wie oft er mir gerissen ist, der Faden, an dem ich heimlich und schlau ein Taschentuch in die Luft zaubern sollte. Überall verhedderten sich meine Zauberzüge, und wenn sie's nicht von selbst taten, so blieb ich sicher mit einem Knopf oder mit den Schuhen an der ganzen komplizierten Verschnürung hängen.

Kurz: Das Publikum grölte vor Vergnügen. Aber was sollte ich tun? Kam mir der Gedanke, in irgendeines der feisten Gesichter da vorn mit beiden Füßen hineinzuspringen, so legte sich mir eine abgezehrte Hand auf die Schulter, und ein fiebertrockener Mund flüsterte mit verlöschender Stimme: „Ich bin noch da, ich lebe noch, und ich brauche dich noch ein paar Stunden ...“

Man wirft mir heute oft Respektlosigkeit gegen das Publikum vor, beschwert sich, daß ich grob sei und den kleinsten Verstoß gegen die Vortragsdisziplin mit einer Derbheit beantworte. Vielleicht denke ich an einst, wenn ich's bin.

Nach vierzehn Tagen kam der Herr Direktor zu mir und meinte: „Sie müssen ein neues Programm bringen.“

Ich nickte stumm und ging wieder zum König aller Zauberer. Unter den Ticks, die er mir verkaufte, befand sich auch ein Nummernspiel, welches nach irgendeiner schlauen Regel so gelegt werden konnte, daß man – quasi telepathisch – Ziffern zu erraten imstande war. Legte man die Karten auf die andere Seite, dann war man sogar imstande, Ziffern erraten zu können, Gegenstände und Geburtsdaten. Es war eine recht einfache und eigentlich kindisch leichte Hokuspokusgeschichte, die jeder Schüler, wenn er's zweimal sieht, bewältigen kann. Aber als ich abends vor meinen Peinigern stand, war ich so benommen, daß ich alles durcheinander schmiß. Die ganze mühsam erlernte Formel hatte ich vergessen, und ein höllisches Gelächter war mir so sicher wie nur was. Ich legte meine Karten, ließ die Leute sich Gegenstände merken und Geburtsdaten und starrte mechanisch und verzweifelt in die Luft oder auf die Ziffern des Spiels, das vor mir auf dem Tisch lag. Jetzt war mir schon alles eins. Krumm oder grad', dachte ich, mehr als auslachen können sie mich nicht, und für das „Ausgelachtwerden“ wurde ich ja bezahlt. Ich begann also zu raten.

Es ist bestimmt alles falsch, sagte ich mir, denn du hast ja die verdammte Formel vergessen, die Formel, die Formel ...

Aber was war das?

Das Kichern der kleinen Ladenmädels da unten verstummte, die höhnischen Gesichter wurden so merkwürdig ruhig ...

Ich redete und redete verzweifelt, was mir einfiel ... Der Mund plapperte ganz allein:

„Die gedachte Nummer heißt siebenhundert ...

Sie sind am zweiten Dezember an einem Sonntag geboren, die Jahreszahl ist achtzehnhundertneunundachtzig ...

Sie haben an einen Würfel gedacht, der die Nummer elf trägt mit vier Augen ...

Das aufgeschriebene Datum ist der Todestag Ihres Vaters ...“

Was war denn das zum Teufel? Was ist denn los? – Es wird so ruhig im Saal, man könnte eine Stecknadel fallen hören. Ist dem Publikum meine Unfähigkeit endlich zu dumm geworden, fühlen sie sich genarrt von mir, sind sie starr ob meiner Kühnheit, etwas vorzuführen, was ich gar nicht kann? Warum lachen sie mich nicht mehr aus wie sonst?

Alles drehte sich um mich im Kreise herum, die Gesichter verschwammen so unheimlich, nur der Mund sprach und sprach.

Mit einem Schluchzen in der Stimme brach ich plötzlich mittendrin ab. Um mich herum war es totenstill. „Warum lacht denn niemand?“

Da donnerte es an meine Ohren, ein Beifallssturm sondergleichen. Die Leute waren wie rasend. Der Direktor kam hereingestürzt, in der Meinung, daß es dem Publikum endlich doch zu bunt geworden und daß sie mich nach Strich und Faden vermöbelten.

Weiß Gott, weiß Gott, es hatte alles gestimmt. Irgendwie mußte ich die Formel doch gefunden haben. Formel? Ja, gab's denn dafür eine Formel? Ging das, was ich gemacht hatte, nicht weit hinaus über alle verdammten Zauberformeln, die mein Gedächtnis nicht zu fassen vermocht hatte? –

Als ich in der Garderobe saß, kam der Direktor zu mir und umarmte mich. „Mensch“, sagte er, „das war großartig. So'n Kartenspiel muß ich mir auch beim Janosch Bartel kaufen. Nur schade, schade, daß die Leute dabei so ernst geblieben sind, keen Aas hat gelacht heute. Wissen Sie, das schadet meinem Konsum. Also nicht ein Glas Bier ist nachher verkauft worden. Die saßen ja wie angenagelt. Könnten Sie die Sache morgen nicht komisch machen, mit 'nem bisken Klamauk? So ist es nischt for mein Lokal. Da machen Sie lieber die vorige Nummer weiter, die mit der komischen Zauberei, sonst muß ich Sie entlassen." Ich atmete befreit auf. Gott sei Dank, sagte ich mir, das ist noch gut abgegangen. Am nächsten Tag kehrte ich dankbar zu meiner komischen Zauberei zurück. Förmlich erlöst und befreit von der verdammten Formel, die ich nun schon wieder vergessen hatte.

Aber da geschah das Unglück. Ich konnte noch so komisch zaubern, kein Aas lachte mehr über mich. Im Gegenteil. Wenn mir jetzt die Eier herunterfielen, sprangen zwanzig Leute diensteifrig unter den Tisch, suchten sie zusammen und reichten sie mir respektvoll herauf. Meine Zauberei war den Leuten ernst und heilig geworden. Mit Spannung erwarteten sie den zweiten Teil: „Die Zauberkarten". Ich bemühte mich direkt, ungeschickt zu sein, denn ich mußte ja lachen machen. Der Direktor wollte es doch so. Es ist mir nicht gelungen, an diesem Abend nicht und seither an keinem in meinem Leben.

Nach der Vorstellung kam der Direktor zu mir und zählte mir die Gage auf den Tisch. Er war sehr ungehalten.

„Mensch", sagte er, „was sind Sie doch unbrauchbar geworden. Nee, unter diesen Umständen verzichte ich."

Da stand ich auf der Straße.

Zufällig war an jenem Abend ein Agent im Lokal gewesen, ein Varieté-Agent. Der kam mir nach.

„Ich könnte Sie unterbringen, junger Mann, aber unter einer Bedingung: Sie müssen die Sache mit dem Kartenspiel so umändern, daß Sie den Leuten dabei Liebenswürdigkeiten sagen. Es darf das alles nicht so kraß sein, wie Sie's gemacht haben. Kommen Sie in mein Büro, morgen vormittag um zehn Uhr! Ich gebe Ihnen Unterricht im ‚Verkauf' dieser Nummer."

Am nächsten Tag bekam ich Unterricht.

Ich mußte zehn verschiedene Phrasen auswendig lernen, zum Beispiel: „Junger Herr, Sie sind am zweiten Dezember achtzehnhundertachtzig geboren, sind ein ausgezeichneter Kaufmann und verstehen es in großartiger Weise, das Vertrauen Ihres Herrn Chefs zu gewinnen. In drei Jahren sind Sie sicher ein selbständiger Kaufmann, und in fünf Jahren werden Sie eine große Reise nach Amerika machen. Sie sind sehr beliebt bei Frauen, haben aber nur eine gern, und diese eine (schalkhaftes Lächeln) sitzt neben Ihnen. Sie sind wahrheitsliebend, und ein Mädchen darf Ihnen glauben."

Zweite Vorlage:

„Sie haben sich, meine Gnädigste, die Nummer zwölfhundertsechsunddreißig gedacht. Sie sind dreiundfünfzig Jahre alt, zwölfhundertsechsunddreißig und dreiundfünfzig ergibt die Nummer zwölf, sechsunddreißig, fünfzig und drei. Diese Nummern werden in den nächsten Monaten das große Los gewinnen. Sie sind eine ausgesprochene Hausfrau und opferten Ihr ganzes Leben für Ihre Familie. Leider haben Sie nichts als Undank geerntet im Leben für all das Gute, das Sie getan haben. Aber der Donnerstag ist Ihr Glückstag, und an einem Donnerstag im Monat Dezember werden Sie zu großen Reichtümern gelangen."

Für einen alten Herrn gab es folgende Schablone:

„Sie sind eine Herrennatur, leicht aufbrausend, aber rasch sind Sie wieder gut und versöhnt, wenn man Ihrer Ehre nicht zu nahe tritt. Ihre Ehre ist Ihnen das Heiligste im Leben. Sie können Widerspruch nicht vertragen und haben in jungen Jahren eine kräftige Faust geführt. Im Geschäft liegt alles auf ihren Schultern. Was Ihr Chef erreicht hat, hat er Ihnen zu danken. Aber dankt er es Ihnen? Nein. Trotzdem Sie schon in Jahren sind, blickt manches Mädchen noch nach Ihnen. Aber Sie sind Ihrer werten Frau Gemahlin, die da neben Ihnen sitzt, treu, und das Mißtrauen der werten gnädigen Frau kränkt Sie tief. Ja, ja, gewiß, Sie waren ein verfluchter Kerl. Aber heute haben Sie nur mehr Interesse für Politik und hier und da, aber nicht zu oft, für ein gutes Gläschen Wein. Sie haben die Welt gesehen, und trotzdem Sie keine hohe Schule besucht haben, haben Sie mit dem guten

Menschenverstand mehr Wissen gesammelt als manch junger Lecker, der zwanzig Jahre hinter den Büchern ochste."

So ungefähr ausgerüstet, bekam ich ein Engagement mit einer bescheidenen, aber sicheren Gage an einem kleinen Vorstadtvarieté Berlins.

Der Erfolg war rauschend.

Ich brauchte nur Abend für Abend meine Karten auszulegen – die Formel beherrschte ich nun endlich –, um den Leuten, je nachdem sie in meine Einteilung hineinpaßten, die vorher einstudierten Schablonen an den Kopf zu werfen. Es war herrlich: Der junge ehrsame Kommis mit der Aussicht auf Amerika und „das eigene Geschäft" klatsche sich die Hände wund vor Begeisterung. Der ehrsame Familienvater, die Stütze seines Chefs, und der treue Ehemann, sie trommelten vor Begeisterung mit den Fäusten auf die Tischplatte, sämtliche alte Weiber des Distrikts wurden im Lokal Stammgäste, um von mir Lotterienummern zu erfahren, und der Direktor erhöhte mir die Gage um das Fünffache. Ich wurde mit riesigen Lettern auf das Plakat gedruckt und bekam Starallüren.

Nur eines war merkwürdig: Nun beherrschte ich doch vollkommen die Technik meiner Zauberkarten und kannte die Formel, nach der man sie legen mußte, auswendig. Es galt ja nur einen Trick – einen mathematischen Bluff, um eine scheinbar unbekannte Größe.

Wie sonderbar jedoch: An jenem ersten Abend bei Hasemann, da kannte ich's doch nicht, und es ging viel, viel besser. Damals erriet ich Dinge, die sich seither nicht mehr aus den Zauberkasten lesen ließen. Ich fragte mich erstaunt:

„Habe ich damals in der Verzweiflung vielleicht eine besondere Nuance dieses Spiels zufallsweise entdeckt? War das Durcheinander der Karten von damals nicht am Ende der Schlüssel zu weit seltsameren mathematischen Möglichkeiten, die sich aus ihnen boten? Wie aber wieder die Karten so legen, daß sie sich neuerdings in jene zufällig erfaßte Zauberformel fügen, die mir damals die Seelen der Menschen erschlossen hatte?"

Stundenlang saß ich am Bett meiner Betty und legte mein Spiel auf die Decke. Einmal von eins bis acht, und dann von acht bis eins. Es ging nicht. Ich kam nicht darauf – auf den Trick.

Eines Abends vor meinem Auftreten saß ich wieder grübelnd in der Garderobe und suchte die Formel, die mathematische Gleichung meines seltsamen Spiels, die mir damals zufällig aufgegangen zu sein schien. Da mußte ich aufs Podium.

Ich begann meine Arbeit nunmehr als recht gefeierter Artist, legte meine Karten und sprach:

„Meine Damen und Herren, dieses Zauberspiel soll mir die Möglichkeit geben, Ihren Charakter zu sehen und Ihre innersten Gedanken zu entschleiern. Da liegen sie, eins, zwei, drei – bis acht. Der Herr dort in der ersten Reihe denkt sich jetzt eine Nummer. Ich bringe Ihnen die Karten hinunter und Sie sagen mir, ob die von Ihnen gedachte Nummer in einer der Karten vorkommt. Passen Sie also auf."

In diesem Moment stieß ich an die Kante des leichten Tischchens, auf dessen Platte mein Zauberspiegel lag, und kippte es um. Da lagen die Karten auf der Erde, bunt zerstreut, in jedem Winkel eine. Ich bückte mich, um sie aufzuheben und blieb erstarrt am Boden. Was war das? In dieser Sekunde, mitten im Durcheinander meines Zauberklimbims, weitete sich mein Blick mit einemmal, und ich schrie auf: Ich sah, ich sah wieder, wie damals. Da lag die Formel – das heißt ... Da lag sie endlich zerstört auf dem Boden, die verdammte Formel, an die ich mich geklammert hatte, lag hingeschmissen der ganze Zaubersalat um mich, und ich sah – sah ...

In diesem Moment sahen meine entsetzt aufgerissenen Augen ein Krankenzimmer in der Berliner Charité. Aus einem der in langen Reihen stehenden Betten erhebt sich ein schlanker, ach so schlanker junger Mädchenkörper und streckt die weißen, mageren Arme in die Luft – und ich höre eine Stimme – und diese Stimme rief mich beim Namen, und ich sah rotes Blut von den Lippen träufeln, und dann – war alles vorbei ...

Noch kniend am Boden, traf mich wie ein Peitschenhieb der Applaus der Menge – ach so – ich muß ja arbeiten – arbeiten. Ich richtete mich auf und starrte hart in die Gesichter da unten. Dann aber kam's anders als sonst.

Weggeblasen war die einstudierte Phrase vom jungen Mann und vom ehrsamen Bürger. Dafür kam die Wahrheit, ich schrie sie ihnen ins Gesicht mit einer befreienden grellen Lust, in die sich das furchtbare Gefühl der Gewißheit mengte, sie endlich sagen zu dürfen, sie hinausschreien zu dürfen – rücksichtslos und ungehemmt. Die, für die ich gelogen hatte, war ja in dieser Sekunde nicht mehr.

„Junger Mann", sagte ich, „Sie sind gezeugt an einem Unglückstag sondergleichen, denn Ihr Vater war betrunken, und Ihre Mutter hatte Stunden vorher mit einem andern Kerl in den Betten gelegen. Schonen Sie Ihre Gesundheit, gehen Sie nach Hause – anstatt hier im verräucherten Lokal zu sitzen und eine Zigarette nach der anderen zu rauchen. Sie sind tuberkulös, mein Herr, und stecken das gesunde Mädchen an Ihrer Seite an, wenn Sie sie aus Ihrem Glase trinken lassen. Übrigens dürfen Sie nicht mehr Ihren Chef bestehlen, denn er weiß es bereits und will Sie verhaften lassen ...

Und Sie, gute Frau, Sie hätten tatsächlich Besseres zu tun, als um diese Zeit noch im Wirtshaus zu sitzen und auf Lotterienummern zu warten, die nie herauskommen werden. Schauen Sie sich doch den Dreckstall an in Ihrer Wohnung, kümmern Sie sich um Ihre Tochter, die auf den Strich geht, legen Sie sich aufs Ohr, Sie alte Vettel, und lernen Sie endlich beten. Was wollen Sie denn noch vom Leben? Was nützt Ihnen denn noch der Haupttreffer, wenn Sie ihn schon machen würden? Kaufen Sie sich für die Groschen, die Sie unnötigerweise in die Lotterie stecken, ein paar anständige warme Unterröcke, oder lassen Sie Ihre Tochter endlich wieder in das Haus zurückkommen, ehe sie ganz verdirbt, weil Sie sie vor die Türe gesetzt haben, als sie schwanger war ...

Und Sie alter Esel und Lebegreis? Wie heuchlerisch sitzen Sie doch jetzt neben Ihrer Ehequal. Noch nachmittags waren Sie beim Wahrsager, um sich zu erkundigen, wie lange sie noch leben wird, wie lange es dauert, bis Sie Ihre Geliebte ins Ehebett legen können. Sie Schwächling und Feigling, der Sie sich nicht trauen, zu Hause das Maul aufzumachen – und hier das große Wort riskieren ..."

Alles, alles redete ich mir vom Herzen, was da aufgespeichert war seit Wochen und Monaten. Zum Schluß nahm ich noch die Zauberkarten und riß sie mitten durch, und die Papierschnitzel warf ich dem Idioten ins Gesicht, der gerade vor mir saß. Dem Herrn Direktor gab ich eins vor den Magen, als er sich mir in den Weg stellte, riß den bunten Plakatfetzen mit meinem Künstlernamen von der Wand, und dann ging ich ins Freie, auf die Straße. Immer die Schienen entlang – immer durch Menschen durch, an die ich anstieß, die Friedrichstraße hinunter, durch die Karlstraße bis zur Charité. Dort läutete ich und sagte:

„Ich wünsche, sofort an die Leiche meiner Braut geführt zu werden."

Man wagte es nicht, sich mir in den Weg zu stellen.

## Krieg

Als ich meine Betty begraben hatte, stand ich der Welt ungefähr so gegenüber wie einer, der, wenn er auf einen Baum klettert, unten nichts mehr verloren hat. Mein Inneres war leer, und die aufdämmernde Erkenntnis der in mir treibenden seltsamen Geschehnisse machte mich scheu und unzugänglich. Ich bekam es mit der Angst zu tun vor mir selber und verhüllte gewaltsam meine Augen. Ich wollte nicht durch die Wände schauen, ich wollte ein lustiger, junger Kerl sein, nicht ein Gespenst, ein Gewächs außerhalb der normalen Gehege, die das Menschentum um mich einfriedeten. Da kam der Krieg.

Das Furchtbare, das über die Menschheit kam, entriß mich mit einemmal den Schatten meiner Absonderlichkeit. Ich mußte einrücken.

Mein Feldwebel hieß Přecechtĕl – lies Pschetsechtjiel – und war ein grundguter Kerl. Er kam aus einem kleinen mährischen Dorfe und konnte mich nicht leiden. Warum ich ihm so schrecklich unsympathisch war, weiß ich eigentlich selber nicht. Wo er nur konnte, ließ er seine Wut an mir aus. Ich revanchierte mich natürlich so gut als möglich. War sein Haß mir gegenüber mehr aktiver Form, so war meine Waffe die passive Abwehr. Nichts konnte Přecechtěl mehr ärgern, als wenn man ihn nicht ernst nahm. Er kochte förmlich vor Wut, wenn ihm einer keine Antwort gab. Antwortgeben darf man beim Militär nicht, denn dafür kann man eingesperrt werden, und wenn man eingesperrt wird, hat der Vorgesetzte seine Freude daran. Machtlos ist er nur dann, wenn man ihm keine Antwort gibt und damit keine Gelegenheit, Strafen zu verhängen. Ich war ein Virtuose im Nichtantworten. Přecechtěl mochte mich beflegeln nach allen Regeln der Kunst – ich lächelte nur, ich lächelte so sanft wie ein Engel. Dieses Lächeln brachte den Mann zur Verzweiflung. Dabei war ich ein ganz genauer Kenner des Dienstreglements, das ich gleich am ersten Tage meiner Einrückung studierte und nach wenigen Tagen fast auswendig kannte. Es war schrecklich mit mir, wie genau ich Bescheid wußte. Es war niederträchtig, wie wenig ich zu erwischen war, und geradezu unheimlich, wie schwer es hielt, mich einzusperren.

Ein Feldwebel ist in der Kompagnie mächtiger als der Kriegsminister selber. Er kann einem das Leben so sauer machen wie Aal in Gelee. Da ich als gemeiner Soldat eingerückt war, mußte ich mich an den Reinigungsarbeiten der Kaserne beteiligen. Ich mußte auch die Latrine putzen. Latrinenputzen ist ein in der Regel wenig beliebter Sport beim Militär. Man drückt sich gern davor, und es wird strafweise verhängt. Da nun Přecechtěl mich nicht liebte, so bekam ich täglich die „Abortur". Ich wurde ein Vituose im Latrinenreinigen. Da gab es nur eines dagegen: Ich lächelte, lächelte wie Richard Tauber im „Land des Lächelns". Und eines Tages geschah das Furchtbare. Die Tat, die Přecechtěl zu einem Nervenschock verhalf. Ich ließ mich zum Rapport melden und beschwerte mich beim Hauptmann, daß ich diese Woche nur dreimal die „Abortur" gemacht hatte. Ich wollte sie täglich machen und betrachtete es als eine Zurücksetzung, daß man mir die gewohnte Arbeit ausnahmsweise abgenommen und sie einem andern gegeben hatte.

Von dieser Minute an hätte ich mich auf den Kopf stellen können – ich bekam keine Häuseltour mehr. So hielt ich's immer beim Militär.

Ich muß sagen, ich war ein sehr guter Soldat, und das nur aus dem Grunde, weil ich das Militär nicht eine einzige Minute ernst genommen habe. Ich kann mich heute und konnte mich schon damals über lächerliche Kleinigkeiten des Zivillebens furchtbar ärgern. Nie aber wäre es mir möglich, mit Straßenbahnschaffnern, Kellnern oder Taxameterchauffeuren einen Krach zu bekommen. Dabei fehlt mir vollständig das Verständnis einer Nötigung zum Ärger. Ich kann mich wundern über die Unverschämtheit subalterner Menschen, ich kann staunen über sie, aber ich kann mich nicht ärgern darüber.

Da war zum Beispiel der Major Príbram. So holprig er sich für die deutsche Zunge ausspricht, so holprig war er auch. Dieser Mann haßte mich schrecklich. Er ließ mich wegen irgendeiner Lappalie zum Rapport kommen und wollte mich durchaus einsperren. Es ist ihm bloß deshalb nicht gelungen, weil ich ihm die ganze Zeit auf alle seine Anflegelungen keine Antwort gab. Ich sah ihn nur erstaunt an und machte mir meine philosophischen Gedanken über seine Wut. Als er mich am Schluß seiner langen Strafpredigt endlich kochend vor Wut fragte: „Haben Sie mir nichts zu sagen?", da gab ich ihm die höfliche Antwort: „Doch, Herr Major. Es steht Ihnen der dritte Hosenknopf offen."

Dagegen konnte der Major nicht das mindeste einwenden, denn es war so, der dritte Hosenknopf stand ihm tatsächlich offen.

Im Mannschaftszimmer des zweiten Zuges, dem anzugehören ich die Ehre hatte, lagen achtzig Mann. Der normale Belag dieses Raumes waren zwanzig Mann. Die armen Krieger lagen übereinander, aufeinander und durcheinander auf verfaultem Stroh in einer entsetzlichen Atmosphäre! Es war so wenig Raum in dem stickigen Zimmer, daß nicht einmal die Läuse genügend Platz hatten, um sich die Beine auszutreten. Kein Mensch würde es normalerweise einem an Licht, Luft und Freiheit gewöhnten jungen Kerl übelnehmen, wenn er unter diesen Umständen sich lieber auf den Hof der Kaserne legt. Ich machte deshalb den mit mir zusammen kampierenden Angehörigen unserer glorreichen Armee den Vorschlag, das Nachtlager im Kasernenhof aufzuschlagen. Für diese Tat kam ich zum Rapport. Es sollte mir der Prozeß wegen Aufwiegelung gemacht werden, und ich hatte es nur einer wirklich logischen Antwort zu verdanken, daß man mir nichts tun konnte. Ich sagte nämlich dem Herrn Bataillonskommandanten, der mich verhörte: „Herr Oberst, wir sind Soldaten und sollen in kurzer Zeit in den Schützengraben gehen. Dort erwarten uns Strapazen aller Art. Wie sollen wir diese ertragen können, wenn wir, verweichlicht durch das Wohlleben in einem warmen und schön mit Stroh bedeckten guten Zimmer, plötzlich in die rauhe Natur hinausmüssen. Wir wollen uns abhärten. Einem Soldaten ziemt es nicht, in Palästen zu hausen. Wir gehören in den Dreck, und da haben wir uns auch hingelegt."

Der alte Oberst mit dem weißen Schnauzbart sah mir lange in die Augen. Ich hielt seinen Blick aus und zuckte auch nicht mit den winzigsten Muskeln meines Gesichts.

Dann fuhr er sich mit der Hand über das Gesicht und suchte angelegentlich irgend etwas in seiner linken Brusttasche. Als er wieder aufblickte, schnauzte er mich an:

„Machen Sie, daß Sie rauskommen. – Sie Abhärtungsapostel!"

Je nun, ich machte, daß ich rauskam.


## Front

Da mir die Rauflust seit jeher im Blut steckte, ging ich auch ganz gern mal an die Front.

Ich war in Wolhynien, in Galizien, ich war in den Karpaten, und ich eroberte die Gegend von Tarnopol bis Lublin. Ich war bei Lemberg dabei, bei Przemysl und bei Gorlice.

Ich bekam ein paar Schüsse, wo sie gerad hinfielen, und freute mich jedesmal außerordentlich auf das Spital. Meine Beliebtheit an der Front war grenzenlos. Denn erstens hatte ich Mut und Frechheit und dann einen nicht umzubringenden Humor.

Meine Eskapaden waren berühmt an allen Abschnitten des riesigen dreckigen und verlausten Menschenhaufens, der unter dem Namen: „Unsere unvergleichliche heldenmütige Armee" dem Tod entgegengetrieben wurde, denn es war mir persönlich alles Wurst. Was und wen auf dieser Welt hatte ich zu verlieren?

Ich arrangierte Schützengrabentheater, Läusewettrennen, Tombolaspiele und ärgerte mißliebige Vorgesetzte bis aufs Blut durch meine Gleichgültigkeit gegen strafweise Patrouillengänge und sonstige Schikanen. Viel wurde ja im Felde doch nicht davon hergemacht, da ja Offizier und Mannschaft an der Front in einer gewissen Kameradschaft verschmolzen. Das war ja auch nicht anders möglich in all dem Elend und der Not, die uns arme Menschen einhüllten, umklammerten und uns in die Bäuche zwickten, einerlei, ob sie nun hinter Offiziersmonturen oder Mannschaftsblusen steckten.

Mein bester Freund und Genosse war Jaroslaw Prokop. Jaroslaw war in Zivil Gemüsehändler in Smichow bei Prag, augenblicklich war er Zugführer, so wie ich. Er war um zwei Köpfe größer als selbst für einen Riesen erlaubt war, bärenstark, und steckte voller Schnurren und Possen. Herrlich spielte er Ziehharmonika und hatte auch sonst den Teufel im Leib. Vor Jaroslau stellte er sich an die Spitze der zurückweichenden Kompagnie, hielt sein Maurerklavier hoch, warf mir sein Gewehr zu und begann, Lieder und Märsche spielend, waffenlos gegen den Feind zu marschieren.

Jaroslaw Prokop hat damals die Schlacht gewonnen. Dafür bekam er die große Tapferkeitsmedaille, und der Oberst wurde geadelt. Beides ist heute nichts mehr wert. Prokop hängte die Tapferkeitsmedaille an die Uhrkette und der Oberst den Adel an den Nagel. Dritter im Bunde war David Zwillinger – Dovidel genannt. Zwillinger war so dick, daß man für seine Montur drei normale Mannschaftshosen zusammennähen mußte. Auch er war mutig wie ein Stier und das aus einem besonderen Grund, den er mir einst in einer trauten Stunde (wir suchten uns gegenseitig die Läuse ab) anvertraut hat. „Schau", sagte er, „ich bin ein Jud', und infolgedessen darf ich mir leider nicht den Luxus erlauben, so feig zu sein, wie ich gern feig sein möchte."

Er liegt vor Jaslo im Massengrab verscharrt, eine Kugel mitten im Schädel.

Wir drei hatten ein hübsches und interessantes Spiel erfunden. Auf Jahrmärkten und Vogelwiesen gibt es Buden, in denen es darauf ankommt, durch einen geschickten Wurf einer Reihe von Puppen die Hüte vom Kopf zu schießen. Wer mit drei Bällen drei Hüte schießen kann, bekommt ein Fläschchen Parfum oder einen Bleistift zum Durchgucken oder sonst einen Dreck.

Dieses Spiel spielten ich, Jaroslaw und Zwillinger im Felde.

Die Schußlinie zwischen unseren Gräben und den russischen Verhauen betrug damals kaum mehr als sechshundert Schritte. Dazwischen lag ein neutraler Brunnen, von dem wir, Freund und Feind, unter allergrößter Lebensgefahr das Wasser holten. Wir Idioten von Menschen kamen erst, nachdem der verdammte Brunnen mindestens hundert Menschenleben gekostet hatte, auf den Gedanken, für die Zeit des Wasserholens das Feld schußfrei zu machen und die Waffen zu senken. Das mußte aber erst Ströme von Blut kosten, bevor die Russen uns einen Parlamentär sandten. Wir selbst wären natürlich nicht darauf gekommen. Später kam's allzu gemütlich mit dem Brunnen. Um sechs Uhr trafen sich Freund und Feind beim Wasserholen. Erst wurden kleine Tauschgeschäfte gemacht, wir gaben Zigaretten, sie gaben schönes Weißbrot, dann wurde ein Pläuschchen in Szene gesetzt, man unterhielt sich über das Wetter, über die gegenseitige Beschießung im besonderen und über den Krieg im allgemeinen, man schimpfte über die Offiziere, und zum Schluß etablierte sich sogar Zwillinger mit einem Juden aus Kolomea zu einem Partiechen Sechsundsechzig. Wir arme Teufel waren ja nur Menschen, gequälte Menschenbrüder, hatten keinerlei Haß aufeinander, hatten jeder eine Mutter oder ein Mädel zu Hause. Was wollten wir denn schon voneinander? Was tatest du mir, Bruder, und was, Bruder tat ich dir?

Leider dauerte dieses Idyll nicht lange; es kam ein geharnischter Befehl von hinten aus den gesicherten Quartieren des Generalstabes, der diesen Zustand zerstörte. Die Offiziere bekamen kilometerlange Nasen, und es wurde wieder geschossen beim Wasserholen, und jeder Schluck Wasser kostete wieder einen Eimer Blut. Ja, Krieg ist Krieg.

Aber um von unserem Spielchen zu reden. Die Russen paßten höllisch auf da drüben. Kaum steckte einer seinen Schädel in die Höh' von uns Österreichern, pfiffen ihm auch schon ein paar Erbsen um die Ohren. Um die Russen zu ärgern, machten wir nun folgendes:

Wir setzten unsere Mützen auf den Gewehrlauf und schoben sie vorsichtig über den Rand des Schützengrabens. „Peng, peng", verpulverten die Brüder drüben ihre Munition. Mit der Zeit rochen sie aber den Braten und schossen nur dann, wenn sie sicher glaubten, daß unter der Mütze auch ein Kopf steckt, für den sich das verschossene Magazin, das ja schließlich Geld kostete und ärarisches Gut war, lohnte.

Darauf bauten nun wir drei unser Spielchen auf.

Wir verpflichteten uns, zwischen je dreimaligem Kappenbluffen einmal den richtigen Kopf hinzuhalten mit allem, was drin war. Dabei gab es eine genaue Zeit. Jede Kappe und jeder Kopf mußten so lange über den Schützengraben gehalten werden, bis wir anderen zwei von eins bis fünf zählten. Die Sache schreibt sich nun aber einfacher, als sie in Wirklichkeit war. Um die Russen zu bluffen, mußte man den Kopf ganz still halten, denn wenn man sich nur ein kleines bißchen bewegte, so merkten sie gleich an der Art der Bewegung: „Aha, unter der Mütze steckt diesmal ein Österreicher, sie schlenkert nicht hin und her bei der Bewegung, ergo hängt sie nicht an einem Lauf."

Es galt also, entweder den Kopf ganz still hinhalten über den Rand des Schützengrabens oder so virtuos mit ihm zu wackeln, daß es aussah, als würde darunter ein Gewehrlauf stecken. Es gehörten außerordentlich gute Nerven dazu, denn man mußte sich's vorher genau überlegen:

„Soll ich diesmal wackeln, oder soll ich ruhig bleiben?"

Ein sehr amüsantes Spiel war das, und wir hatten viel Spaß damit. Ich kann heute mit Stolz und ohne Übertreibung von mir beeiden, daß ich der virtuoseste Wackler von uns dreien war. Nur ein einziges Mal schossen sie mir das Ohrläppchen weg. Es ist wieder verheilt, und Gott sei Dank hab ich damals keinen großen Einsatz in der Wettkasse gehabt. Der Prokop hatte mehr Glück als ich. Er bekam eins ins Kinn und mußte operiert werden. Acht Wochen Spitalsurlaub. So ein Dusel. Allerdings bekam er später für das Spielchen elf Tage verschärften Arrest, denn ein Soldat hat seinen Schädel nur dann hinzuhalten, wenn's ihm vom Armeeoberkommando befohlen wird, und nicht, um damit Allotria zu treiben.

## Als Friedhofskommandant von Gorlice

Je länger der Krieg dauerte, desto unangenehmer wurde er mir. Ich begann mich zu langweilen und wollte endlich mal wieder anständige Kleider tragen, keine Läuse haben, ich wollte wieder einmal mit einem schönen Mädchen lustig sein, mit einem Wort, ich hatte kein Vergnügen mehr am Weltkrieg. Ich beschloß infolgedessen, für meine Person Frieden zu schließen.

Für diesen Zweck schaffte ich mir ein Gemütsleiden an und begann zu zittern. Ich zitterte schrecklich. Je mehr die Militärärzte an mir herumkurierten, desto mehr kam ich ins Zittern. So zitterte ich, bis sie mir schließlich eine angenehm dotierte sichere Position gaben bei der Feldgendarmerie. Erst sah ich mir die Geschichte ganz genau an, und als es mir gefiel, hörte ich auf zu zittern und wurde gesund.

Der Gendarmerieposten von Gorlice war ein Bezirkspostenkommando, das der Abteilung Jaslo und dem Landesgendarmeriekommando Lemberg unterstand. Seine Kommandanten waren ein außerordentlich anständiger Oberleutnant, ein furchtbar dicker und gutmütiger Bezirkswachtmeister und eine Kanone von Gendarmeriewachtmeister namens, na sagen wir Jaroslawski. Dann lebte in Gorlice noch der Herr Bezirkshauptmann, ein urfideler älterer Herr, seinen Namen darf ich nicht sagen, weil ich nicht weiß, ob's ihm recht ist.

Gorlice war total zerschossen. Jeder weiß, daß diese armselige Stadt die Basis für zwei furchtbare Offensiven war. Die zweite entscheidende Schlacht vor Gorlice kostete hunderttausend Deutschen und Österreichern das Leben. Diese Leichen konnte man fürs erste gar nicht verscharren, da die

Offensive im Schnellzugstempo vor sich ging. Sie lagen also herum, die armen Helden, und Aufgabe der sogenannten „Aufräumungskommanden" war es, sie nachträglich beizusetzen. Zu diesem Zweck wurden „Heldenfriedhöfe" angelegt, der größte und bedeutendste auf einer Anhöhe vor Gorlice. Ein solches „Aufräumungskommando" waren wir, das heißt, wir waren eine selbständige Abteilung, die nur dem Landesgendarmeriekommando unterstand, und konnte mit den Leichen machen, was wir wollten. Das taten wir auch.

Hand in Hand mit uns operierte das rein militärische Aufräumungskommando, bestehend aus einem Oberleutnant und ein paar Tausend russischen Kriegsgefangenen, die in einer Baracke hausten. Die Russen waren dazu da, die herumliegenden oder nur notdürftig verscharrten menschlichen Kadaver wieder auszugraben und an die „Heldenfriedhöfe" abzuliefern. Da die Gefangenen den ganzen Tag von früh bis abends in Massengräbern manipulierten, verbreiteten sie auf Schritt und Tritt einen derart entsetzlichen Verwesungsgeruch, daß es einem normalen Menschen vollkommen unmöglich war, auch nur eine Minute in ihren Baracken zu verweilen.

Wir waren aber keine normalen Menschen, wir Helden des Weltkriegs. Nach einiger Zeit gewöhnte man sich so an den entsetzlichen Gestank, daß man ihn überhaupt nicht mehr spürte.

Daß damals dort nicht die Pest ausgebrochen ist, ist nur einem Mann zu danken, dessen Namen ich hier mit großen und dicken Lettern feierlich herschreibe: Oberleutnant Gloger, heute Baumeister in einer kleinen mährischen Stadt. Was dieser anständige Mensch und seine engelsgute Frau an den armen Kriegsgefangenen Gutes getan haben, das kann ihnen nur Gott vergelten.

Ich selbst hatte eine außerordentliche wichtige Position.

Da ich die Schlachtfelder aus praktischer Erfahrung sehr gut kannte und ein blendendes Gedächtnis habe, so waren ich und Wachtmeister Jaroslawski die einzigen, die genau wußten, wo die in den verschiedenen Verlustlisten angeführten Mannschaften und Offiziere ungefähr zu suchen waren. Ich legte ein großes Kataster an und überwachte von frühmorgens bis in die Dämmerung die Russenkolonnen bei den Exhumierungen.

Meine angenehme Beschäftigung bestand im „Herumstochern". Was das heißt? Wenn die Leichen der Gefallenen endlich exhumiert waren, mußte ich mit einem Stock, so gut es ging, die verfaulten Kleider öffnen und nach der Legitimationskapsel suchen, die jeder Soldat fürsorglicherweise vom guten Onkel Kriegsminister um den Hals bekommen hatte. Wir nannten dieses Dokument pietätloserweise die „Hundemarke". Außerdem mußte ich nach Wertgegenständen, Andenken und Medaillen stochern, diese ins Register eintragen und, soweit das möglich war, den Angehörigen zurückgeben, wenn sie danach fragen sollten.

So ein Massengrab zu öffnen, das war keine leichte Aufgabe. Regen und Verwesungsdämpfe bildeten mit der Zeit aus den drunter und drüber geworfenen Leichen einen oft fast vollkommen ineinander verbackenen Brei. Erst kam Erde, dann kam Wasser und dann kam blaue Erde, ganz blaue Erde. Darunter lagen die Menschen. Mit Schaufeln wurde sie aus den Gräbern geholt und in eine Kiste geworfen. Diese Kisten bekamen Nummern und diese Nummern wurden nach den Heldenfriedhöfen transportiert. Dabei gab es vorläufig noch keine Standesunterschiede. Mannschaft und Offizier, General und Gemeiner, sie waren nichts als eine Kiste voll Dreck mit einer Nummer drauf. Wenn ich sage General, so ist das übertrieben. Die Generäle lagen nicht unter der Erde von Gorlice, aber viele deutsche Stabsoffiziere vom Major abwärts.

Standesgemäß wurden die Leichen erst durch mich bei der Ablieferung. Kisten, in denen ein Offizier lag, bekamen ein rotes Bleistiftkreuz. Also wenigstens etwas. Ordnung muß sein.

Dann ging's los. Offiziere, vom Major abwärts, bekamen ein eigenes Grab auf meinem Friedhof, Fähnriche wurden paarweise bestattet, und gewöhnliche Sterbliche, in diesem Falle Gestorbene, legte man zu dritt oder viert in die Erde.

Der Heldenfriedhof von Gorlice war eine schwere Arbeit. Geld war keins da, dekorativ sollte er wirken, und fertig sein mußte er unter allen Umständen am ersten November zu Allerheiligen, denn da war hoher Besuch angesagt: Kaiser Wilhelm II.! Die Eröffnung des Helden-friedhofes sollte feierlich durch seine Majestät selber erfolgen. Wir schufteten förmlich am laufenden Band.

Die Schwierigkeit bestand nun in einer recht seltsamen Sache. Wir hatten wohl genügend Leichen, aber zu wenig Namen. Leichen gab's genug, übergenug, das wird mir jeder glauben, doch sie waren zum größten Teil namenlos in die Erde gesunken; die Legitimationskapsel fehlte ihnen. Nun aber sollte doch der Kaiser kommen, und der muß-te Namen lesen an den Kreuzen des Friedhofes. Man kann doch einem so hohen Herrn nicht einfach ein paar tau-send schäbige „Nemos" vor die Nase legen. Eine Inspek-tion ohne Namen? Lächerlich! Der Kaiser würde mir auf die schönsten Massengräber pfeifen, wenn er nicht weiß, daß es Müller, Lehmann und Schulze sind, die da drunten liegen; damit konnte ich ihm nicht imponieren und keine Freude machen. Es herrschte also bei den verschiedenen Aufräumungskommanden wohl ein Überangebot an Toten, aber eine unglaubliche Nachfrage nach Namen. Gott, man half sich soweit aus, als es ging. Da hatte zum Beispiel das Gräberkommando des Heldenfriedhofes in Senkowa zwei voll und ganz legitimierte Oberleutnants. Bei uns herrschte nach dieser Charge starke Nachfrage. Ich mußte mich also entschließen, im Tauschwege einen solchen Oberleutnant zu acquirieren. Senkowa offerierte freibleibend den Ober-leutnant von Müller gegen fünfzehn Mannschaftspersonen vom Korporal abwärts, davon mindestens zehn Stück voll legitimiert. Die andern fünf konnten schon etwas weniger sicher sein.

Schweren Herzens ging ich auf den Handel ein, rächte mich aber an Senkowa fürchterlich. Die brauchten unbe-dingt einen Major. Ich hatte drei Majore lagernd. Einen davon tauschte ich gegen dreißig Unteroffiziere ein, und da gab's auch kein Handeln! Gegen Senkowa blieb ich hart. Eigentlich unglaublich, was so ein toter Major wert ist.

Das alles, was ich hier niederschreibe, klingt zynisch. Ich schreibe es aber genau so nach, wie es wirklich war, und mache mir nicht etwa einen geschmacklosen Scherz mit gefallenen Soldaten. Wir betrieben ja diese Dinge nicht zu unserem Vergnügen, sondern weil es uns befohlen war, weil wir mußten.

Unter Androhung der größten Strafen hatten wir bis zum Allerseelentag und nicht eine Stunde später dem deutschen Kaiser Heldenfriedhöfe vorzuführen. Wir hatten den dienstlichen Befehl, die Gefallenen zu begraben und ihre Namen unter allen Umständen zu eruieren, also taten wir es. Man stand von früh bis abends mit beiden Füßen zwischen lehmigen und triefenden Klumpen, und es kam einem gar nicht mehr der Gedanke daran, daß dieser Haufen da einst Söhne, Gatten und Väter gewesen, Menschen mit Herz und Hirn, mit Lust und Schmerz, Kinder einer Mutter so wie wir, die wir sie zusammenschaufelten.

Wie abgebrüht man wurde, zeigt folgender Vorfall: Eines Tages hatten wir eleganten Besuch vom Armeeoberkommando. Einige Offiziere aus Wien waren gekommen. Die Herren saßen bei Tisch, und ich kam von den Gräbern mitten in den Braten hinein. In der Hand trug ich meine Ausbeute, eine Anzahl silberner Tapferkeitsmedaillen. Ich hatte sie eine Viertelstunde vorher von der Brust gefallener Kameraden „gestochert". Die Dinger verbreiteten einen entsetzlichen Leichengeruch, ich aber legte sie ganz in Gedanken eine neben die andere auf den Tisch, um sie zu registrieren. Unglückseligerweise lagen sie nun gerade neben der Suppe eines Generalstäblers. Der Mann wurde weiß bis in die Lippen und brüllte mich an: „Machen Sie, daß Sie rauskommen mit dem Dreck, das ist doch unglaublich!"

Ich war so erstaunt, daß ich im ersten Moment gar nicht wußte, was er wollte. Erst als sie schleunigst draußen waren und ich friedlich bei der selben Suppe saß, ging mir eine Glühlampe auf. Ich mußte lächeln: „Machen Sie, daß Sie rauskommen mit dem Dreck, das ist doch unglaublich", hatte der Generalstäbler geschrien. Dabei war er doch mit schuld daran! Wozu machten sie erst, daß die da reinkamen in den Dreck? Das war doch genauso unglaublich.

Da wir kein Geld hatten für unseren Heldenfriedhof, wurde mit primitiven Mitteln gearbeitet. Der ganze Friedhof war ein Potemkinsches Dorf aus Holzlatten, Pappendeckel und Ölfarbe. Halt, daß ich's nicht vergesse, fünfhundert Konservenbüchsen waren auch dabei, aus denen bauten wir ein Denkmal in die Mitte. Am Allerseelentag war alles fertig.

Zum Schluß hatte sich's Kaiser Wilhelm anders überlegt und kam gar nicht. Da standen wir nun da mit dem gewaschenen Hals.

Die ganze Arbeit umsonst. Und dabei hatte ich mindestens fünfhundert Namen erfinden müssen. So groß war der Mangel an Namen in dieser eisernen Zeit, in der doch alles sich nur nach Namen richtete, nach Namen fragte und sich für Namen massakrieren ließ. Wenn es nach mir gegangen wäre, ich hätte ja Seiner Majestät einen andern Heldenfriedhof gezeigt. Der lag seit hundert Jahren mitten in Gorlice. Hinter jedem Grabstein die Leiche eines Soldaten, der dort Deckung gesucht hatte. Dabei waren die Kartätschen absolut nicht wählerisch. Sie schlugen in die Lebendigen, in die Krüppel, und in die bereits Toten, sie schlugen auch in die schon längst gestorbenen Bürger von Gorlice, die da unten lagen mit langen Bärten und Löckchen an den Schläfen, begraben im Sterbehemd des jüdischen Ritus und versehen mit den Sterbegebeten der ganzen Familie.

Hinter diesen Steinen hatten wir gelegen.

Das war ein richtiger Heldenfriedhof. Dafür hatte sich ihn auch der Weltkrieg selber gemacht, ohne Konservenbüchsen, aber auch für den Kaiser.

## Séance zwischen Ruinen

Mitten in den Trümmern von Gorlice gab ich meine erste Séance, meine erste Vorstellung für den Verpflegungsfonds der kriegsgefangenen Russen von Gorlice. Ich wollte den armen Teufeln ein Weihnachtsgeschenk machen. Unter diesen Russen hatte ich einen Freund, einen lieben und guten Freund. Er war Künstler, Maler und Dichter. Seine Tage waren gezählt. Da beschlossen wir, der Bezirkshauptmann von Gorlice, ein paar Offiziere und ein paar Petroleummagnaten von Mariampol, durch eine Vorstellung Geld aufzubringen.

Ich war meiner Sache nicht ganz sicher und hatte großes Lampenfieber. Da erboten sich zwei gute Freunde von mir zur Mitarbeit von hinten herum. Sie wollten mir Zeichen machen, und eine Dame versprach mir, sie werde mich als Medium einfach zu den Stellen hinführen, wo es was zu suchen gab. Na, ich kann Ihnen sagen, das war aber wirklich das erste und das letzte Mal, daß ich geschwindelt habe, denn es gelang mir nicht ein einziges Experiment – vor lauter Aufpassen, das alles zu verstehen und mir umzudeuten, was da an Zeichen, heimlichen Bemerkungen und Winken zu mir herüber kam. Zum Schluß wurde ich von der ganzen Schwindelei so verwirrt, daß ich mich kurz entschloß, auf gerade oder ungerade das Programm ehrlich fortzusetzen, es mit der echten Telepathie wenigstens zu probieren. Das ging dann ausgezeichnet und von selber, wie geschmiert. Seit der Zeit schwindle ich nie mehr, nicht etwa, weil ich dazu zu anständig bin, sondern weil ich dahinter kam, daß es mit dem Schwindeln viel schwerer ist, als wenn man's gleich ehrlich macht. Das Beste ist immer das Einfachste.

Wenn ich mich die fünfzehn Jahre, die ich mich nun als Telepath produziere, dauernd auf andere verlassen hätte, da säße ich heute schon bestimmt hinter Gittern und würde „Baba" machen. Der Laie stellt sich das sehr einfach vor. Ganz abgesehen davon, daß man ein solches Heer von Helfershelfern nie bezahlen könnte, wäre man auch auf Schritt und Tritt Erpressungen ausgeliefert. Das ist ja meine große Stärke, die mich durch diese fünfzehn Jahr dauernd erhält, daß ich damals in Gorlice drauf kam. „Ehrlich geht's am schnellsten." Seit fünfzehn Jahren ist hinter mir her eine Meute von Aufklärern, Feinden und Gerichten. Alle, alle wollen sie mich reinlegen und einmal fangen. Und trotzdem schlafe ich so ruhig, Gott sei Dank, und habe meine Nerven in Ordnung. Nicht ein bißchen spüre ich von der Angst, die sie mir machen wollen, diese Esel, die in der Illusion leben, daß man mit Groschenkünsten ein „Hanussen" werden kann. Wenn ich Helfershelfer benötigen würde, dann hätte ich den Laden schon lange zugesperrt und mir was anderes gesucht, denn das wäre wirklich kein Vergnügen. Aber so macht's Spaß. Ein gutes Gewissen ist eben ein feines Ruhekissen, und aus lauter Aufregung und Angst vor meinen Entdeckern schmeckt mir mein Essen so gut, daß ich ernsthaft dran denken muß, eine Marienbader Kur zu machen.

Liebe Aufklärer und Hanussen-Entlarver, wird es euch nicht endlich einmal selber zu dumm? Lest doch dieses Buch – ihr findet im vorstehenden Kapitel endlich einmal Material gegen mich. Und obgleich dieses Material doch wirklich nun schon seit mehr als fünfzehn Jahren vergessen und vergraben ist, obgleich es niemand mehr weiß außer mir, bin ich dumm genug, es euch zu übergeben. Hier habt ihr mein Geständnis: „Ich habe bei meiner ersten Séance versucht zu schwindeln."

Na, mehr kann ich doch wirklich nicht tun.

## Die Schmetterlinge

In Gorlice hatte ich noch ein interessantes Erlebnis. Dort lebte ein Geistlicher polnischer Nationalität, der wohl die größte Schmetterlingssammlung Europas besaß. Ein großer, schlanker, dunkelhaariger Mann, ein echter Pole. Als ihm der Kaiser für irgendeine Wohltätigkeitssache den Franz-Josephs-Orden verleihen wollte, richtete er ein Schreiben an die Kabinettskanzlei und bat, von dieser Auszeichnung Abstand zu nehmen. Er sei im Herzen kein Österreicher, sei Priester, und dies sei ihm Auszeichnung genug. Dieser gerade Mensch mußte eines Tages als Verräter an die Wand gestellt werden.

Als man ihm schon die Binde um die Augen legte und das Exekutionskarree um ihn herumstand, bat er, noch einen Augenblick zu warten.

Er nahm sich den Exekutionskommandanten bei Seite und übergab ihm die Kataloge seiner Sammlung. Dann bat er, noch einmal ins Haus zurückgehen zu dürfen. „Ich glaube", sagte er, „daß zwei Larvengruppen nicht, wie das hier im Verzeichnis steht, im Kasten Nummer neunundsechzig zu finden sind, sondern ein Regal höher. Das möchte ich korrigieren."

Fünf Minuten später kam er freudestrahlend herunter: „Es stimmt doch, sie sind an ihrem Platze."

Die Soldaten verfehlten nicht ihr Ziel, und trotzdem mußte die Salve wiederholt werden. Der starke Mann schwankte, griff mit den Händen nach den vorspringenden Steinen der Mauer und richtete sich wieder kerzengerade auf. Da ging ein Offizier hin, setzte ihm den Armeerevolver an die Stirn und drückte ab.

Die wertvolle Sammlung des Kaplans J. ist später in Flammen aufgegangen.

## Ich werde Telepath

Allmählich war ich mehr oder weniger der ungekrönte König von Gorlice geworden, denn der Bezirkshauptmann war mein Freund (ich lehrte ihn photographieren und Tennis spielen). Die Beamten und Bürger hielten mich teils für den Teufel und teils für einen vom Armeeoberkommando eingesetzten Spitzel, der die politisch Verdächtigen zu überwachen hätte. Wie die Leute auf den Gedanken kamen, ist mir bis heute unerklärlich, wahrscheinlich dadurch, daß mein Einfluß auf den Gouverneur von Gorlice ein so gewaltiger war, daß niemand an meinen wirklichen Zugführerrang glauben wollte. Tatsächlich machte ich mit dem Kaiserlichen Rat, was ich wollte. Dafür legte ich ihm auch eine Kaninchenzucht an.

Als alles so weit war, wurde mir's langweilig. Ich meldete mich an die Front, wurde verwundet und kam zum Bahnhofskommando in Krakau für leichten Dienst. Damals machte ich in Freundeskreisen kleine Experimentalversuche und fiel damit auf. Ich gab ein paar Vorträge im Offizierskasino und dann einen großen öffentlichen Abend im Krakauer Sokolsaal.

Das Arrangement dieses meines ersten telepathischen Abends habe ich faktisch ohne einen Pfennig Geld durchgeführt. Zuerst ging ich in eine Druckerei und ließ Eintrittskarten und Plakate drucken. Dann ging ich in eine Buchhandlung und übergab ihr den Vorverkauf jener Eintrittskarten, die mir der Drucker als Probeabdrucke ohne Bezahlung überließ. In das Schaufenster der Buchhandlung hängte ich die Korrekturfahne meines Plakates aus. Nachmittags waren die Eintrittskarten schon soweit verkauft, daß ich aus dem Erlös den Drucker bezahlen konnte. Um die Mitternachtsstunde zog ich mit einem riesigen Kleistertopf, einem Pinsel und einer Plakatrolle durch die Stadt. Ich war mein eigener Plakateur und verklebte ganz Krakau mit Ankündigungen, sogar die Denkmäler verschonte ich nicht. Vierzehn Tage später mußte ich zwei Kronen Strafe bezahlen. Das Plakatierungsinstitut hätte achtzig gekostet. So begann meine Karriere.

Ich war schrecklich erstaunt darüber, daß die Leute in meinen Vortrag kamen. Ich erinnere mich noch wie heute an den Tag, an dem ich um den Vorverkauf herumstrich, um zu sehen, ob Leute kommen Da erblickte mich der Buchhändler, der meine Karten vertrieb und rief mich herein. „Ich brauche Karten."

„Ich habe Ihnen doch zweihundert Stück gegeben."

„Die sind schon lange weg."

Ich grinste ihm mitten ins Gesicht.

„Machen Sie keine Witze mit mir, wer sollte denn schon auf mich neugierig sein?"

„Na, Sie werden ja Augen machen!"

Drei Tage später war der Sokolsaal bis auf den letzten Platz ausverkauft. Und niemals werde ich meine Verblüffung vergessen, als man mir nach Abzug aller Spesen drei blanke Tausendkronenscheine auf den Tisch legte. Soviel Geld auf einem Haufen hatte ich mein Lebtag nicht gesehen. Ich schüttelte immer den Kopf. „Ist das möglich, soviel Geld zu verdienen?"

Ich muß offen sagen, daß ich nie Lampenfieber hatte. Nicht etwa, weil ich von meiner Begabung so restlos durchdrungen war, sondern weil ich Frechheit genug besaß, mir aus der ganzen Angelegenheit einen Spaß zu machen. Gott, es war Krieg, und ich brauchte Geld. Das war alles für mich. Ich könnte mich ja heute auf das hohe Roß setzen und große Töne erzählen von innerer Berufung, von innerem Drang und andere Phrasen. Nichts dergleichen beseelte mich damals.

Der Beifall des Publikums war stark und ehrlich. Die Leute standen meiner seltsamen und andrerseits wieder natürlichen und ungezwungenen Art ratlos gegenüber. Sie zerbrachen sich viel mehr die Köpfe über mich als ich selbst.

Ich war noch immer Realist durch und durch und befreundete mich nur widerwillig und nach und nach mit dem Gedanken an meine Befähigung. So stiefmütterlich habe ich nichts im Leben behandelt wie die Telepathie und das Hellsehen. Vielleicht übrigens mit Recht. Wahrscheinlich war es die hellsichtige Vorahnung der Kämpfe, des Ärgers und der Gemeinheiten, die dieser Beruf mir seitdem gebracht hat, eine Warnung vor diesem Leben, das mir bevorstand.

Hochinteressant war die Stellung der Offiziere zu mir nach diesem Abend. Von Rechts wegen war ich doch eigentlich nur ein schäbiger Zugführer, der seinen Dienst zu tun hatte. Nicht von Rechts wegen aber war ich über Nacht ein in Krakau berühmter Telepath geworden, der gesellschaftliches Ansehen hatte, und mit dem man nicht einfach umspringen konnte wie mit jedem anderen. Es entstand eine Art Kompromiß zwischen mir und meinen Offizieren. Wir gingen einander teils aus dem Wege und teils zahlte ich den Champagner, der damals von uns gesoffen wurde.

Besonders bemüht um mich hat sich der bekannte Wiener Buchhändler Engel, damals Rittmeister und Redakteur der Krakauer Zeitung, später Conférencier und Schriftsteller. Ein hochanständiger, braver Mensch, dem ich vieles zu verdanken habe. Er war schrecklich dick und ging deshalb meistens in Zivil. Als ihn einst ein General bei der Inspektion fragte: „Herr Rittmeister, warum sind Sie in Zivilkleidung?", da gab der brave Kerl zur Antwort: „Exzellenz, wenn's mich in Uniform sehen, trifft Ihna der Schlag."

Es hatte sich bald herumgesprochen in der Armee, daß beim Krakauer Bahnhofskommando ein Zugführer sitzt, mit dem man Geschäfte machen kann.

Der Referent des Kriegsministeriums für den Witwen- und Waisenfonds war ein Hauptmann mit kanariengelben Aufschlägen. Seinen Namen habe ich leider Gottes vergessen, sonst würde ich dieses Ekel hier annageln. Vielleicht fällt er mir noch ein, dann bringe ich's im Nachtrag. Mit ihm und seinem Adlatus Michalski, Michel oder ähnlich, schloß ich einen Vertrag. Ich verpflichtete mich, dem österreichischen Witwen- und Waisenfonds einen Betrag von viertausend Goldkronen binnen sechs Wochen zu verschaffen. Dafür sollte ich einen sechswöchigen Urlaub erhalten zwecks Abhaltung von telepathischen Vorstellungen an verschiedenen Abschnitten der Front. Die viertausend Goldkronen waren im voraus zu erlegen.

Mit diesem Kontrakt in der Tasche reiste ich nach Krakau und suchte mir einen Geldgeber. Dann holte ich mir meine damalige Flamme, eine sehr hübsche junge Frau, deren Mann bei einem Eisenbahnerregiment als Zugführer diente, ließ mir einen offenen Marschbefehl erster Klasse für zwei Personen ausstellen und reiste nach Lublin, in der sicheren Erwartung, dort meinen Geldgeber und Impresario, der vorausreisen sollte, vorzufinden.

Als ich ankam, war das erste Wort des kanariengelben Hauptmanns: „Wo ist das Geld?"

Wir warteten auf das Geld und den Geldgeber zwei Tage. Der hatte sich's aber anders überlegt und war nicht gekommen.

Der Kanarienvogel wurde saugrob mit mir. Nach langem Hin und Her mußte ich mich verpflichten, diese viertausend Kronen aus den Erträgnissen der Tournee abzuliefern, und konnte endlich losziehen.

Es wurde ganz nett. Meine Freundin saß an der Kasse, und ich gab Vorstellungen. Einmal wurde uns zwar das Theater von einem russischen Flieger mitten im Vortrag demoliert, aber das schadete weiter nichts. Wir spielten eben ohne Dach weiter. Hie und da mußte man sich entlausen lassen, denn unsere glorreiche Armee war bekanntlich von oben bis unten lausig. Die sechs Wochen waren schnell vorbei, und mir fehlten an dem Betrag von viertausend Kronen zwei- oder dreihundert Kronen. Ich werde nie das Theater vergessen, das mir der Kanarienvogel machte wegen der zweihundert Kronen. Er wurde dienstlich, dieser Idiot.

Nun stand ich aber in Zivilkleidern vor ihm und gab meiner Meinung über sein Benehmen vollkommen hemmungslos Ausdruck. Was tat der Kerl? Er ließ mich in Uniform stecken, kommandierte mir „stillgestanden", und dann beflegelte er mich, da ich ja nun wehrlos war, wie ein Hausknecht. Und das alles zum Dank dafür, daß ich mit meiner Arbeit dem Witwen- und Waisenfonds von Österreich binnen sechs Wochen die für damalige Begriffe sehr hohe Summe von fast viertausend Goldkronen zugeführt hatte. Die Quittungen darüber habe ich noch heute.

## Geschichten um Wolfszahn

Nach diesem Intermezzo ließ ich mich wieder zum Bahnhofskommando transferieren.

Schwapp, schwapp, packte mich eine fliegende Musterungskommission, guckte sich meine Wunden an und erklärte mich wieder frontdiensttauglich.

Ich kam zu meinem Kader zurück.

Damals regierte in O. der berühmte Stationskommandant Generalmajor Borislav von Wolfszahn.

Er hatte nur ein Auge, aber damit sah er mehr als andere Leute mit beiden. Ein gefürchteter Kujon, hielt er die Festungsstadt in eiserner Disziplin.

Mit diesem Mann kam ich, was ja bei meiner Natur selbstverständlich ist, sehr bald in schwierige Meinungsverschiedenheiten. Er wollte aus mir durchaus einen Helden machen, und ich wollte durchaus Frieden schließen.

Borislav war ein Pedant. Er wackelte den ganzen Tag in der Stadt herum und suchte nach Opfern. Eines Tages erwischte er mich am Oberring mit offenem Mantel. „Ihr Mantel ist offen", schnauzte er mich an. Als ob ich das nicht selbst gesehen hätte.

Dann griff er in die Brusttasche und nahm eine Visitkarte heraus, kritzelte etwas drauf und tat's in ein Kuvert.

„Diesen Umschlag geben Sie sofort beim Stationskommando ab."

Kaum war Borislav außer Sicht, öffnete ich natürlich vorsichtig das Kuvert, und das war gut so. Auf der Visitkarte stand: „Reicher Dieses ist sofort in Arrest zu setzen und bis auf weiteres darin zu belassen."

Ich klebte den Umschlag wieder zu.

Da kam ein berghoch mit Holz beladener Leiterwagen an mir vorbei, dessen Kutscher mir höhnisch zurief: „Ja, ja, Ordnung muß sein, junger Mann, und Krieg ist Krieg."

Der Mann kam mir gerade recht. Ich griff in die Tasche und gab ihm eine Krone. Scheinbar auf seinen scherzhaften Ton gutwillig eingehend, sagte ich zu dem gemütlichen Zivilisten, der sich darüber freute, daß Krieg Krieg war: „Hier haben Sie eine Krone, lieber Freund, und geben Sie dafür diese Visitkarte im Stationskommando ab."

Was tut der Mensch nicht alles um eine Krone? Der erst so vorlaute Fuhrmann machte ein freundliches Gesicht, steckte das Geld ein und versprach, die Karte abzugeben.

Gegen Abend schaute ich einmal im Vorbeigehen in den Hof des Stationskommandos hinein. Dort stand hochbeladen die riesige Fuhre samt Pferden mitten auf dem Hof. Der Kutscher war selbtsredend eingesperrt worden, und ich glaube, daß ihm das gar nicht recht war. Als ich am nächsten Vormittag wieder vorbeikam, stand die Fuhre immer noch dort. Vielleicht steht sie heute noch dort. Ich weiß nicht, wie lange er für die Krone sitzen mußte, aber jedenfalls: „Ordnung muß sein, und Krieg ist Krieg." Wolfszahn tobte und bekam es mit der Stadtverwaltung zu tun. Ich aber ging ihm aus dem Wege.

Ein anderes Mal wettete ich mit drei Offizieren, ich würde den Alten hypnotisieren, trotzdem er nur ein Auge hatte. Tatsächlich ließ ich ihn sechs- oder siebenmal in der Drehtür des Kaffeehauses, in dem wir verkehrten, herumsausen, und als er endlich den Ausgang fand, war er so benommen von seinem Rundmarsch, daß er sich still und bescheiden an ein Ecktischchen setzte und bis zum Abend die Garnison in Ruhe ließ. Das war zu der Zeit, als ich mich mit der Wünschelrute zu beschäftigen begann.

Halb im Spiel, wie alles, das ich zeitlebens getan habe, fing ich die Bekanntschaft mit der Wünschelrute an. Ich setze voraus, daß heute schon jeder Mensch weiß, was eine Wünschelrute ist: ein gegabeltes Holz, Erle oder Weide, das in den Händen begabter Menschen überall dort zu zucken und zu zittern beginnt, auszuschlagen, wo unterhalb der Erdoberfläche Wasser, Kohle, Erze oder sonst alles das sich befindet, worauf sich der Rutengänger einstellen soll, das heißt das, worauf er mutet.

Der Streit um die Wünschelrute ist so alt wie das okkulte Problem. Es gibt viele Tausend Wasseradern, Petroleumbecken, Erz- und Kohlenlager, die nachweisbar durch Rutenmutung gefunden worden sind. In Abessinien gibt es besonders begnadete Kinder, die zur Verbrecherjagd förmlich abgerichtet werden. Ihr Instrument ist eine Gabelrute. Der Lebascha-Knabe ergreift die beiden Enden der Wünschelrute und läuft solange, bis er, Schaum vor dem Munde, vor einem Hause oder vor einer Person stehenbleibt. Dort hat die Rute ausgeschlagen. In neunundneunzig von hundert Fällen ist diese Person der gesuchte Verbrecher. Auch am Tobasee gibt es hellseherisch begabte Menschen, die mit der Wünschelrute Verbrecher finden.

Ich selbst habe während des Krieges und später sehr viele Mutungen positiv durchgeführt und bin heute felsenfest überzeugt von ihrer Wirkung. Nur glaube ich, daß bei der Wünschelrute es nicht darauf ankommt, irgendein besonderes Holz oder Metall in Anwendung zu bringen. Die Hauptsache ist wie immer die Begabung des Menschen, eine innere Kraft, die ihn leitet und die sich überall dort bemerkbar macht, wo er gesuchten oder gewünschten Dingen nahegekommen ist. Wie der Hund durch seinen uns unverständlichen Geruchssinn, wie manche Schmetterlinge durch ihr hundert Kilometer weit reichendes Spürgefühl (ich erinnere an den kleinen Buchweizenspinner) zu Wahrnehmungen kommen, die uns Menschen in der Regel verschlossen sind, so reagiert wahrscheinlich auch ein Komplex in uns lebhaft auf die verschiedenen Veränderungen des kosmischen Atomzerfalles. Überall, wo die Natur heftiger atmet, also in der Nähe von Zersetzungslagern, in der Nähe von großen

Wassermengen, Kohlen, Diamanten, Erzen, reagieren sensible Menschen darauf. Die Wünschelrute bedeutet also für einen über das Terrain laufenden Rutengänger nichts weiter als einen Zeiger an der Emanationsuhr seiner Persönlichkeit. Es ginge wahrscheinlich auch ohne Rute. Aber das biegsame Metall, der zitternde Weidenzweig bilden eine elastische Verlängerung der Armachsen und zeigen Erschütterungen in uns, die wir sonst vielleicht übersehen würden, deutlicher an.

Eines Nachmittags begann ich zu muten.

Eigentlich wollte ich mich nur wichtig machen, wollte etwas Geheimnisvolles tun, um die Neugierde der auf dem Truppenübungsplatz versammelten Kameraden zu reizen. Ich schnitt die Rute ab, nahm sie zwischen die Finger und lief einige Male um die drei Maschinengewehre herum, die unter meiner Bedienung standen. Dann blieb ich plötzlich stehen, zeigte auf einen Platz und sagte: „Hier ist Wasser."

Spaßhalber gruben wir nach. Der Brunnen steht heute noch. Er erfrischt mit seinem hellen, klaren Wasser die Truppen der tschechoslowakischen Armee, wenn sie dort ihre Übungen abhalten.

Wenn ich heute über diesen Vorfall nachdenke, so weiß ich: Es war bestimmt kein Zufall, daß ich zur Wünschelrute gegriffen hatte. Immer in meinem Leben manifestiert sich das Wunder, wenn ich es brauche, auf meinen Anruf. Ich war gelangweilt, man kümmerte sich nicht genug um mich und meine Eitelkeit, ich sollte ins Feld gehen, was ich nicht wollte, es mußte irgend etwas geschehen. Ich brauchte etwas, um die Aufmerksamkeit auf mich zu lenken, mir wieder einmal Respekt zu verschaffen und Freunde und Geld, und deshalb geschah etwas. Mitten unter Maschinengewehren. Das ist bestimmt nicht die würdige Umgebung für die Geburt einer großen Erkenntnis. Du lieber Gott, was heißt das? Es sind schon berühmte Dichter hinterm Heuschober gezeugt worden.

Kaum war der Brunnen da, stand ich auch schon wieder hoch im Kurs bei den Bürgern meiner Garnison, und das Feld der Ehre rückte in weite Entfernung. Vor allem gab ich eine Vorstellung im städtischen Redoutensaal zugunsten der

Witwen und Waisen. Der Reinertrag war cirka dreitausend Goldkronen, meine Belohnung ein schöner Regimentsbefehl, worin dem Herrn Zugführer, hochwohlgeboren, der innige Dank der Nation ausgesprochen wird. Dazu bekam ich eine silberne Zigarettendose im Werte von dreißig Kronen. Dafür konnte man sich nicht viel kaufen. Aber immerhin drehte sich in der kommenden Zeit das Tagesgespräch um mich, und ich hatte alles, was meiner Eitelkeit Vergnügen macht. Daß ich keinen Dienst tat, versteht sich für jeden vernünftigen Menschen wohl von selber. Ich mußte mich erholen, und ich erholte mich schrecklich langsam.

Von Zeit zu Zeit ging ich auf Erholungsreisen. Meine Geliebte, die Frau des Eisenbahners, machte ich zu meinem Impresario. Sie schloß für mich Gastspiele in der Monarchie ab. Ich verdiente ein Heidengeld, es war ein herrliches Leben. Die Kaserne sah ich in der Zeit nur von außen. Hie und da gab ich Gastspiele am Maschinengewehr. Es regnete Einladungen, und ich war sehr zufrieden.

Aber Wolfszahn sah mich scheel an.

Meistens erkannte er mich ja zum Glück nicht, denn ich hatte mir einen eleganten Gehpelz und einen schönen Zylinder zugelegt, trug weiße Glacéhandschuhe und ging mit hübschen Mädchen am Korso spazieren. Angst hatte er vor mir auch. Die Drehtür lag ihm noch in allen Gliedern. Eines Tages jedoch kam es zum Klappen.

Schuld daran war ein Vollbart.

Nie in meinem Leben konnte ich Vollbärte leiden. Diese Aversion teilte der General mit mir. Wenn der irgendwo einen Offizier mit einem Vollbart gesehen hatte, bekam er eine schreckliche Wut. Es soll vorgekommen sein, daß er den betreffenden Napoleon beim Spitzbart gepackt und geschrien hat: „Sie, die Matratze muß weg, Sie schaun ja aus wie der Rübezahl."

Nun ist es aber ein gewaltiger Unterschied, ob ein General Vollbärte an Offizieren nicht leiden kann oder ein schäbiger Zugführer. Ich war mal gut aufgelegt. Das kann doch vorkommen. Mir gegenüber saß ein Oberleutnant mit einem Vollbart. Dieser Offizier ist noch heute am Leben und hat eine Schnapsbrennerei in Troppau in Schlesien.

„Herr Oberleutnant", sagte ich zu ihm, „gestatten Sie mir gehorsamst eine Bemerkung. Lassen Sie den Bart, wenn Sie schlafen, über der Decke oder stecken Sie den Bart unter die Decke?"

So etwas darf man einen Oberleutnant nicht fragen, denn das ist eine gemeine Frage. Der gute Schnapsfabrikant aus Troppau konnte seit diesem Tag nämlich kein Auge mehr zutun. Kaum legte er sich ins Bett, fing er an, seinen Bart zu beobachten, unter der Decke oder über der Decke.

Einige Tage später wurde ich aus dem Kaffeehaus geholt. Ich sollte sofort in die Baracke kommen Es stünde etwas im Stationskommandobefehl. Ich ging sehr geschmeichelt hin, denn schließlich war es bestimmt eine Ehrung, ein Orden oder sonst etwas für meine Vorstellung zugunsten der österreichischen Witwen und Waisen. Diese Ehrung war aber meine Vorladung zum Stationskommandorapport.

Ein Stationskommandorapport vor dem General Borislav ist keine angenehme Sache. Vorgeführt wird man zu so einer Angelegenheit auf eine höchst noble und standesgemäße Weise durch den Regimentskommandanten selber. Bei so etwas kommt ein Oberst mit, ein Major, der Herr Kompagniekommandant, der Herr Zugkommandant, mit einem Wort, die ganze Familie muß antreten.

Das war mir sehr schmerzlich, weil mein Oberst mein Freund war. So gefürchtet er sonst war, mich hatte er sehr gerne, da ich seiner Frau Gemahlin jede Woche zweimal die Karten legte. Ich hatte da über dreihundert Systeme. Jedesmal ein anderes, weil ich von einem zum andern Mal vergaß, was ich das letzte Mal für eine Kombination ausspekuliert hatte. Kartenlesen ist nämlich das einzige, was ich nicht kann.

Mit meinem Kompagniekommandanten stand ich auf du und du, denn schließlich waren wir ja alle nur Menschen und Freunde einer guten Flasche Sekt. Blieb also nur noch der Generalmajor zu überwinden, und das war schwer.

„Sind Sie der Zugführer Steinschneider?" fragte er mich.

Komisch, daß beim Militär immer die dümmsten Fragen von den höchsten Stellen kommen. Da kein anderer Zugführer da war, mußte ich ihm das sagen.

„Herr General", sagte ich, „ich melde gehorsamst, daß ich der Zugführer Steinschneider bin und daß es meines Wissens innerhalb der kaiser- und königlichen Armee keinen zweiten Zugführer Steinschneider gibt."

„Halten Sie das Maul", sagte er zu mir.

Ist das nicht blöd? Wie soll ich ihm sagen, daß ich der Zugführer bin und gleichzeitig das Maul halten?

Ich beschloß, mich mit dem Mann weiter gar nicht einzulassen. Er hielt mir eine lange Rede, deren Inhalt ich nicht mehr so genau weiß, weil ich während des ganzen Sermons dauernd sein Glasauge betrachtete. Wie gut hat es doch dieser Mann, dachte ich mir, er hat ein Glasauge und sitzt hier als General in der Garnison.

Ich habe kein Glasauge und muß dauernd in den Krieg. „Haben Sie den Herrn Oberleutnant gefragt, ob er mit dem Bart schlafen geht?"

„Nein, Herr General, ich habe ihn gefragt, ob er den Bart über die Decke oder unter die Decke steckt, wenn er schläft."

„Und was geht Sie das an?"

Ja, was ging mich das wirklich an. „Das geht mich gar nichts an, Herr General. Es hat mich bloß interessiert, weil ich einen Onkel habe, der mir einmal erzählt hat, daß so etwas einen Menschen schrecklich nervös macht, wenn er da nicht eine ständige Einteilung dafür hat. Entweder man muß sein ganzes Leben lang mit dem Bart über der Decke schlafen oder umgekehrt. Sonst schläft man schlecht, Exzellenz."

Der General horchte auf: „Ich bin keine Exzellenz." Nun war ich in meinem Fahrwasser.

„Exzellenz", sagte ich, „sind bereits Exzellenz, es steht schon im neuen Verordnungsblatt, das übermorgen herauskommt."

„Woher wissen Sie das?"

„Gott, Exzellenz, man hat seine Beziehungen zu höheren Stellen."

Bei mir dachte ich aber: Die Hauptsache ist, daß er mir jetzt nichts tut. Bis übermorgen ist lange Zeit. Vielleicht geschieht ein Wunder, und er wird wirklich Exzellenz werden, der alte Schinder.

Nebenbei bemerkt, er ist tatsächlich Exzellenz geworden.

Die Strafe war milde. Strafweiser Transport einer Deserteurabteilung nach Albanien zur Front, dann Rückkehr, elf Tage verschärften Arrest und Abtransport zur Marschkompagnie aufs Feld der Ehre.

## Ich und die vierzig Räuber

Vor der Abreise ließ mich der Oberst rufen und sagte mir:

„Der General hat mich beauftragt, Ihnen die Mitteilung zu machen, daß er Ihnen für jeden Deserteur, den Sie auf diesem Marsch verlieren, drei Monate Festung gibt."

Ich rechnete schnell im Kopf aus: Vierzig mal drei Monate ist hundertzwanzig Monate, derweil ist der Krieg aus. Das einfachste wäre also, die ganze Gesellschaft im Meer von Durazzo zu ersäufen und dann in der Festung ein behagliches Leben zu führen. Ja, aber die Ehre. –

Ich nahm mir also die vierzig Verbrecher vor und hielt ihnen folgende Ansprache: „Meine Herren, Sie sind vierzig Haderlumpen, die genau so wie ich für den Krieg die nötige heldenmütige Begeisterung vermissen lassen. Infolgedessen sind Sie alle schon einige Male desertiert, und mir fällt die ehrenvolle Aufgabe zu, euch endlich auf das Feld der Ehre zu spedieren, das heißt zuerst auf ein Schiff nach Durazzo, von wo aus ihr höchstwahrscheinlich dann wieder als anständige Menschen Krieg führen könnt. Ich mache euch darauf aufmerksam, daß ich für jeden von euch drei Monate Festung bekomme, wenn ihr mir durchgeht. Der Transport dauert vielleicht vier Wochen. In diesen vier Wochen können wir uns ein gemütliches und angenehmes Leben machen. Wir kommen durch schöne Städte, Wien, Budapest, Fiume, und können uns überall großartig unterhalten. Wenn ihr mir versprecht, nicht durchzugehen, verspreche ich euch meinerseits, mich um euch überhaupt nicht zu kümmern und euch tun und machen zu lassen, was ihr wollt. Sollte ich aber bemerken, daß einer von euch die Absicht hat, zu seiner Mama nach Hause zu fahren, dann haue ich ihm eins über die Knochen und bezahle ihm das Leichenbegängnis aus meiner Tasche."

Darauf trat ein Hüne zu mir, Wenzel Spičan, der schon im Frieden mindestens fünfzehn Jahre schweren Kerkers aufgefaßt hatte, und sagte:

„Pane Zugführer, wir haben Ihnen alle gern, weil wir wissen, daß Sie auf den Krieg genau so scheißen wie wir. Ich wer' aufpassen." Dabei drehte er sich um und hob seine mächtige Pranke mit einer bezeichnenden Bewegung gegen die Genossen.

Tatsächlich ist mir auch nicht ein einziger durchgegangen, und die Reise war wirklich wunderschön, bis auf ein paar Kleinigkeiten.

Die erste Unannehmlichkeit hatte ich mit mir selber. In Lundenburg, das liegt auf der Strecke nach Wien, sollte ein Vortrag stattfinden, der schon angesetzt war und den ich unter allen Umständen abhalten mußte. Am Bahnhof zu Lundenburg begab ich mich in die Herrentoilette, entledigte mich meines strahlenden Waffenrockes und der Buchsen und warf mich in Zivil. Im Zylinder und Pelz trat ich vor meine vierzig Räuber hin und hielt an die erfreuten und geschmeichelten Genossen neuerlich eine Ansprache:

„Kinder", sagte ich, „der gute Onkel Zugführer muß in Lundenburg Geld verdienen. Hier habt ihr mein Gewehr, mein Bajonett und meine ärarischen Utensilien. Euer Kommandant ist für die nächsten vierundzwanzig Stunden der Genosse Wenzel Spičan, der mich vertritt. In Wien steigt ihr aus und wartet auf mich am Nordbahnhof solange, bis ich zurückkomme. Ich bringe Geld mit für die Reise und für Bier."

Darauf zog sich Spičan den Zugführer an, stieß einen greulichen Fluch aus und schwor mir ewige Treue.

Ich aber gab in Lundenburg meinen Vortrag und fuhr im Eilzug zweiter Klasse nach Wien.

Alle waren sie da, alle übergab mir Spičan, treu und redlich. Allerdings hatte er ein besonders Mittel gewählt, um sie beisammen zu halten. Sie waren so besoffen, daß sie kaum auf den Füßen stehen konnten, von einer Flucht gar nicht zu reden. Die meisten lagen im Wartesaal auf der Erde und schliefen wie die Rösser. Nur Spičan war nüchtern. Ehre seiner Person.

Die Tour ging im Viehwagen nach Albanien Ich selbst hatte mein Lager in einer Art Hängematte aufgeschlagen und kümmerte mich nicht weiter um meine Schützlinge. Das war eine schreckliche Bande.

Sie verkauften alles, was nicht niet- und nagelfest war. Ihre neuen ärarischen Schuhe tauschten sie gegen zerlumpte Fragmente aus und versoffen das Geld, das sie von den Bauern dafür bekamen. Sie verkauften die Munition, die Pistolen, ja sogar die Gewehre. Die beiden Sanitätsleute unserer Kolonne zerschnitten das gelbe Leder ihrer Packtaschen und eröffneten ein Geschäft mit Schuhsohlen auf den Bahnhöfen. Das alles ließ mich vollständig kalt. Ich hatte den Krieg nicht angefangen und schon vor einem Jahr Frieden geschlossen. Was ging das mich an.

Unsere Reise ging naturgemäß sehr langsam vonstatten, da wir ja mit einem Güterzug rollten und auf manchen Stationen achtundvierzig Stunden warten mußten. Um unser Essen bekümmerte sich überhaupt niemand.

Wir waren Selbstversorger. Spičan und Genossen holten sich das Menü aus den verschiedenen Güterzügen zusammen, und ich muß sagen, es gab eine recht reichhaltige Speisekarte. Sogar ein junges Schwein schleppten sie eines Tages herbei.

Am vierzehnten Tage unserer Reise fiel es mir auf, daß meine Kolonne so schrecklich dick geworden war. Sie alle hatten Bäuche wie die Brauer. Ich ging der Sache nach und befahl ihnen, sich auszuziehen. Das Geheimnis war bald gelöst. Jeder meiner Mannen hatte zwanzig bis dreißig Hemden an. Sie hatten einen ärarischen Wäschewagen geplündert und betrieben auf allen Stationen ein blühendes Herrenmanufakturgeschäft mit den Bauern, die sich aus den schönen Staatshemden Sonntagsanzüge machten.

In Fiume lächelte mir das Glück. Die Marschkompagnie, zu deren Ergänzung mein Deserteurzug bestimmt worden war, war noch nicht abgegangen, und ich konnte meine Freunde endlich dem dortigen Stabsfeldwebel Havliček übergeben.

Am nächsten Tage kam der Arme verzweifelt zu mir gelaufen. Die ganze Gesellschaft war ihm noch in derselben Nacht durchgegangen und hatte sich in alle vier Himmelsrichtungen zerstreut. Gott mit ihnen. –

Ich aber, ich hatte ungefähr zwei Wochen gewonnen und fuhr nach Wien. Dort gab ich meinen ersten großen öffentlichen Abend im großen Saale des Wiener Konzerthauses.

## Debüt in Wien

Mein erster Impresario war Joseph Koller, der Peppi. Über den Peppi müßte ich ein eigenes Buch schreiben, wollte ich ihm gerecht werden. So komisch war er, so lieb und so tüchtig.

Wir lernten uns in der Eisenbahn kennen, auf der Fahrt nach Wien. Neben mir saß ein Herr mit einem riesigen Sack Kartoffeln, die er in der Umgebung zusammengehamstert hatten, denn es war Not an Nahrungsmitteln. Die Passagiere beschwerten sich natürlich über den kleinen Mann und den großen Sack. Ich half ihm gegen die neidischen Fahrtgenossen, und so kamen wir ins Gespräch. Der Peppi Koller hatte eine feine Nase für eine gute Nummer.

„Mein lieber Freund", sagte er in seinem komischen Dialekt, halb wienerisch, halb jüdisch, „Sie sind ja blöd, wenn Sie da herumlungern mit Ihre Künste. Wir wollen in Wien zusammen einen Abend machen, und Sie werden amal sehen, was Peppi Koller kann."

Der Peppi war früher ein sehr guter Schauspieler gewesen und verstand etwas vom Geschäft. Zuerst führte er mich ins Wiener Konzerthaus. Als ich den riesigen, über zweitausend Menschen fassenden Saal sah, wurde ich bedenklich. Nicht etwa, weil ich Angst hatte, dieses Gefühl ist mir fremd, aber ich hatte so das Empfinden: „Wenn es hier gelingt, bist du ein gemachter Mann, gelingt es dir nicht, dann mußt du einpacken."

Der Saal wurde gemietet, er kostete ein Heidengeld. Schon in vier Tagen sollte der Abend sein, denn ich war ja schließlich noch ein wenig beim Militär und mußte in den

Krieg. Es wurden Expreßplakate bestellt, und am nächsten Tag schon las ich mit Stolz meinen Namen an den Säulen der Wiener Straßen.

Mein Name ist etwas zuviel gesagt, denn auf den Plakaten stand Erik Jan Hanussen, und das war doch eigentlich nicht mein Name.

Es wäre mir im Leben nie eingefallen, meinen bürgerlichen Namen zu verleugnen. Aber im Hintergrund dieses Vortrages stand drohend die Gestalt Borislavs, des Wolfszahns, und wenn der mich anstatt in Durazzo auf dem Sklavenschiff in Wien im Konzerthaus erwischt hätte, ich glaube, er hätte mich bei den Ohren vom Podium heruntergezogen! Als der Kontrakt mit dem Konzerthaus abgeschlossen war, sozusagen zwischen Tür und Angel, fiel mir das alles ein, und ich beschloß, mir ein Pseudonym zuzulegen. Nicht einen Moment dachte ich nach. Irgendwo auf den Plakaten hatte ich den Namen der Tänzerin Ronny Johannsson gelesen. Im nächsten Moment hieß ich Erik Jan Hanussen.

Was ist ein Name? Beim Friedhofskommando zu Gorlice hatte ich mich geübt, Namen zu erfinden.

Der große Abend kam. Er war ausverkauft bis auf das allerletzte Plätzchen; die Einnahme betrug viele Tausende, ein kleines Vermögen. Als ich vor dem Eingang dieses eleganten Prachtbaues mit der Trambahn eintrudelte, machte ich große Augen. Da standen in langer endloser Auffahrt die Luxuswagen der ganz großen Wiener Gesellschaft. Livrierte Diener stürzten an den Schlag und hoben in kostbare Mäntel gehüllte herrliche Frauen vom Tritt. Wohl zehn Minuten stand ich mitten im dichtgedrängten Spalier von Gaffern und schaute mit großen erstaunten Augen meiner eigenen Vorstellung zu. Fast hätte ich vergessen, daß ich da drinnen in den feenhaft erleuchteten Räumen auch etwas zu tun hatte.

Als ich mich endlich durch das dichte Menschengewirr bis zum Portal durchgearbeitet hatte, bemerkte ich auf einmal, daß ich in Uniform war. Da ich nur einen einzigen Anzug hatte und ihn mir nicht verdrücken wollte – er war frisch gebügelt –, trug ich ihn überm Arm.

Der Portier schnauzte mich an: „Schauen's, daß weiterkommen, der Eingang zur Galerie ist hinten, da sein nur die teuren Plätze."

„Entschuldigen Sie", sagte ich, „Herr Portier, was findet denn da für eine Vorstellung statt?"

Ich war meiner Sache nicht sicher und der festen Meinung, daß es da noch etwas anderes geben mußte als meinen Vortrag: vielleicht einen Hofball oder sonst etwas sehr Feines.

„Halten Sie Ihre Großmutter zum Narren", sagte der Portier, „da hängt ja vor Ihrer Nase das Plakat. Der Herr von Hanussen, der berühmte Telepathistiker, wird heute singen. Das weiß doch ganz Wien."

„So", sagte ich, „na, da können's mich ja reinlassen. Der Herr von Hanussen bin ich selber."

Da packte den Portier die Wut ob dieser Frechheit, und er schrie mich an: „Wenn's jetzt nicht gleich schauen, daß Sie weiterkommen, hol i' mein' Sohn, den Feldwebel, und der wird Ihna schon lernen, einen alten Invaliden zum Narren zu halten!"

Die Drohung mit dem Feldwebel wirkte, und während mein Premierenpublikum durch den Haupteingang hereinrauschte, mußte ich von hinten über die Galerie durch den dicht gefüllten Saal marschieren, immer meine Galakleidung über dem Arm. Dazu hatte ich mir noch selber einen Stehplatz lösen müssen zu meiner eigenen Vorstellung. Um nun in meine Garderobe zu kommen, mußte ich mindestens zwanzig Saaldiener in goldstrotzenden Livreen passieren, die mich alle fragten, was ich denn da zu suchen hätte. Ich war aber schon klüger geworden durch den Schaden von vorhin und sagte bescheiden:

„Bitt' schön, ich bin der Diener von Herrn Hanussen und bringe ihm seine Kleider in die Garderobe."

Auf diese Weise ist es mir an meiner Premiere endlich gelungen, zu mir selber zu kommen. Mein Freund Koller war natürlich nirgends zu sehen. Auch dem war die große Einnahme zu Kopf gestiegen, und er raste ganz zwecklos im Saal herum.

Mit merkwürdiger Ruhe und Gelassenheit verwandelte ich mich in der spiegelbedeckten Prachtgarderobe des Wiener Konzerthauses aus dem Zugführer der zweiten feldmäßigen Maschinengewehrkompagnie des Schützenregiments Nummer dreizehn in den Telepathen Erik Jan Hanussen aus Kopenhagen. Einen Moment kokettierte ich mit dem eitlen Gedanken, mich mit meinen Tapferkeitsmedaillen zu schmücken, die in breiter Reihe an der Bluse meines schäbigen Waffenrockes glänzten. Dann aber fiel mir ein, daß das vor diesem Publikum wenig gegolten hätte: Tapferkeit? – Hier brauchte ich etwas ganz anderes: Frechheit!

Peppi Koller stürzte herein: „Um Gottes willen, soeben ist das Kaiserhaus eingetroffen. Links in der ersten Loge sitzen sie. Der Erzherzog Leopold Salvator, die Erzherzogin Bianka Immakulata, Erzherzog Eugen und der Armeeoberkommandant Erzherzog Friedrich in eigener Person!"

„Wenn sie sich anständig benehmen, können sie ruhig dableiben", sagte ich und zog mir den Schlips in den Kragen.

Ich war ganz merkwürdig ruhig, wie immer, wenn es etwas gilt. Ich hatte sogar Zeit, mir meinen Impresario Koller näher anzusehen. Peppi sah sehr komisch aus. Der Frack zerdrückt, der Kragen verschwitzt – der kleine Mann war die Lebendigkeit selber.

Er gab mir gute Lehren: „Wann Sie rauskommen, Herr Amundsen, müssen's vor dem Hof und die ganzen Hoheiten z'erscht eine tiefe Verbeugung machen, und das Gesicht müssen Sie immer zu den kaiserlichen Hoheiten hinaufhalten. Daß Sie ihnen nicht mal um Gottes willen den Hintern zeigen."

„Herr Koller", sagte ich mit Würde, „vor allem heiße ich nicht Amundsen, sondern Hanussen."

Das muß ich mir aufschreiben", sagte Koller, „ich verdreh' diese schwedischen Namen immer durcheinander."

„Sagen Sie, Koller, wie schaut denn der Armeeoberkommandant aus, der Erzherzog Friedrich?"

„Sehr gemütlich, ein kleiner dicker Herr mit einem großen Bauch."

„Wissen Sie, Koller, vielleicht könnte er mir einen Stationszettel unterschreiben, ich hab' so das unangenehme Gefühl, daß mich beim Nachhausegehen die Militärpolizei schnappt."

In diesem Moment kam Konzertdirektor Kehlendorfer hereingestürzt: „Herr Hanussen, Sie können zufrieden sein. Was Wien an Rang und Namen zählt, ist da! Der Saal ist brechend voll. In den ersten vier Reihen am linken Flügel sitzt der ganze Generalstab in großer Uniform mit allen Orden. Hinter ihnen fast das gesamte Personal der beiden Hoftheater."

„Ist das Ballet auch dabei?" fragte ich außerordentlich interessiert.

„Herrliche Frauen sind da, Herr Hanussen, wenn Sie die sehen, werden Sie Mut bekommen, jetzt müssen wir anfangen."

Ein schrilles Glockenzeichen – und ich betrat das Podium.

Es war totenstill geworden.

Da stand auf der Bühne ein schmächtiger junger Mann, von dem riesigen Auditorium aus verschwindend klein anzusehen, aber absolut nicht beklommen. Der schaute neugierig auf den riesigen Haufen von Köpfen hinunter. Die da unten starrten wieder neugierig, aber reserviert und eisig kalt bis in die Knochen zu dem jungen Mann hinauf, der es fertig gebracht hatte, die Reichshaupt- und Residenzstadt da hereinzulocken und wahrscheinlich zum Besten zu halten.

Es herrschte eine absolut feindselige Stimmung.

Die Skepsis stand den Leuten an der Nase geschrieben, und die Abwehr mir gegenüber war so deutlich spürbar, daß man sie fast hätte mit einem Messer zerschneiden können.

Mein Programm war damals natürlich noch außerordentlich naiv und klein im Vergleich zu meinen heutigen Darbietungen, aber das Publikum war auch noch lange nicht so übersättigt wie heute. Es galt schon als Sensation, wenn einer einen Namen erraten oder eine Stecknadel finden konnte.

Ich begann zu arbeiten. Als ich die ersten Worte in den riesigen Saal klingen hörte, ruhig, sicher und vielleicht sogar zu selbstbewußt gesprochen – schließlich wußte ich ja, daß ich was konnte –, da war auch der letzte Rest von Nervosität verflogen.

„Ihr werdet schon klein werden, ihr Brüder da unten", das waren ungefähr meine Gedanken.

Ich begann mit der telepathischen Post. Ein Experiment, bei dem es bekanntermaßen gilt, einen verschlossenen Brief, dessen Inhalt der Name einer im Saale anwesenden Person bildet, an diese Person durch Telepathie zuzustellen. Damals arbeitete ich noch durchweg mit Handkontakt und dachte nicht an die Möglichkeit einer Kommunikation auf Distanz und ohne Berührung. Ein Diener verteilte Briefumschläge und Papiere. Die ersten zwei Briefe gelangen ausgezeichnet, trotzdem rührte sich keine Hand. Plötzlich sah ich einen galonierten Hofdiener auf mich zukommen, einen Brief in der Hand, direkt von der Hofloge herunter. „Ihre Kaiserliche und Königliche Hoheit wünschen, daß dieser Brief durch Telepathie an den darin verzeichneten Adressaten zugestellt wird."

Da stand ich mit meiner Weisheit. Ich konnte doch um alles in der Welt nicht in die Hofloge hinauflaufen, die Erzherzogin bei der Hand packen und wie die andern als Medium hinter mir herschleppen, so eine Hoheit kann man doch nicht anschreien: „Denken Sie scharf, Sie denken zu schlecht", oder „Hoheit, Sie sind kein Medium". Ein verwickelter Knoten! Ich hielt sozusagen das Ende meiner Karriere in meiner Hand. Wie immer im Leben, habe ich nicht lange gefackelt. Ich schlug den Knoten durch! Ich riß dem Bedienten mein Schicksalskuvert aus der Hand. Mit einem Satz sprang ich durch die Reihen von eins bis sechs. – Da – in der fünften Reihe blieb ich stehen. Ein kurzes Suchen, ein kurzes Tasten, – plötzlich spürte ich's in mir aufzucken, ein grelles Gefühl, und ich gab mit elegantem Schwung das Schreiben einem weißbärtigen Herrn in der Mitte der Reihe.

In diesem Moment tönte in die atemlose Stille des Saales die Stimme der jungen Kaisernichte, in größter Erregung und fast schrill vor Bewegung:

„Also das ist ja unerhört – es stimmt, Herr Hanussen, es stimmt!"

Der Brief war an Hofrat Professor Doktor Kerzl gerichtet gewesen, den Leibarzt des Kaisers.

In diesem Moment erhob sich ein derartiger Sturm tosenden Beifalls, wie er wohl in den eleganten Räumen des Wiener Konzerthauses recht selten gehört worden sein mag.

Der Bann war gebrochen. Das Publikum war außer sich, man lachte, schrie, winkte mit Tüchern, Frauen bekamen Weinkrämpfe. Ich war ein gemachter Mann. Alles, was ich an diesem Abend zeigte, war den Leuten recht. Mochte es nun gut oder schlecht sein, gelingen oder nicht gelingen, das war ganz gleich. Das Wiener Publikum hatte mich akzeptiert, und was das heißt in Wien, das weiß jeder Künstler. So feiern können einen Künstler nur die Wiener, so bedingungslos anerkennen nur die Leute von der Donau.

Einige Jahre später haben sie mich allerdings fallenlassen wie einen alten Handschuh – und das können auch wieder nur die Wiener.

Am nächsten Tage brachten die Zeitungen spaltenlange Berichte, und ich kaufte mir einen neuen Anzug. Lustig war es zum Schluß meines Abends geworden. Aufgeregt kam Koller zu mir gestürzt:

„Die Majestäten wollen dich sehen."

Aus lauter Aufregung duzte er mich, mich, einen kaiserlich und königlichen Zugführer. Ich kam in die Hofloge hinauf und wurde ins Gespräch gezogen. Koller war natürlich mit dabei.

Unten stand das versammelte Publikum und konnte sich nicht beruhigen. Die Köpfe nach oben, starrten sie den Vorgang in der Hofloge an. Über eine Stunde unterhielten sich die Herrschaften mit mir. Wir machten Experimente zusammen, diesmal nahm ich die Prinzessin schon ruhig bei der Hand. Es wurden Aufgaben gestellt. Zum Beispiel: Hanussen soll den dritten Knopf der Uniform des Erzherzogs Leopold Salvator berühren – ich irrte mich und schnitt ihn sogar ab – oder Hanussen soll das Taschentuch Ihrer Kaiserlichen Hoheit in das Täschchen des Flügeladjutanten stecken – und was so geistreiche Sachen mehr sind, die man bei Hof macht.

Koller sorgte auch in hohem Maße für Heiterkeit. Er machte den jungen Prinzessinnen Komplimente – der Flügeladjutant wurde grün und rot vor Entsetzen:

„Kaiserliche Hoheit", so sagte Koller zum Beispiel zur Erzherzogin Immakulata, „ich kenn' Sie schon, wie Sie noch ganz klein waren und mit dem Herrn Kaiser spazierengefahren sind. Damals waren Sie ein Mädi, heut' sind Sie ein Medium."

Er war so begeistert über seinen Witz, daß er sich vor Lachen ausschüttete und den Großmeister des Kapitels vom Salvatororden klatschend auf die Schenkel schlug. Herrlich war es anzuschauen, wie winzig klein alle die Generäle auf einmal wurden, die da herumstanden. Ich redete überhaupt nur mehr mit Leuten vom Herzog aufwärts und würdigte so einen schäbigen General nicht einmal eines Blickes. Zum Schluß wollte mich Leopold Salvator in seinem Wagen nach Hause bringen lassen. Ich lehnte aber ab, da ich mit Koller in ein kleines Gasthaus gehen wollte – „Zum Degen" –, um mein schon vorher abonniertes Nachtmahl zu essen.

Als Koller und ich aus dem Wiener Konzerthaus herauskamen, sah ich ganz erstaunt ein riesiges Polizeiaufgebot. Der Polizeipräsident von Wien war in schreckliche Aufregung geraten, denn so etwas war noch nicht vorgekommen, daß der Hof eine Stunde nach Schluß der Vorstellung sitzen bleibt. Was tut ein Polizeipräsident in solchem Fall? Er alarmiert die Polizei; als ob deshalb der Erzherzog auch nur eine einzige Minute früher weggehen würde, wenn er sich mit seinem Freund, dem Telepathen, unterhalten will. Am nächsten Tage wurde übrigens mein ganzes Vorleben von der Polizei durchforscht. Man muß doch schließlich wissen, wer der Kerl ist, mit dem sich der Hof eingelassen hat, es könnte doch auch ein Anarchist sein. Na, die werden ja schön gestaunt haben. –

Als wir in die Straßenbahn stiegen, da sprach Peppi Koller die denkwürdigen Worte:

„Ich weiß nicht, soll ich mir jetzt lieber den Franz-Josephs-Orden geben lassen oder a Konzession für a Kaffeehaus vom Leopold?"

## Berühmt

Wenn mich heute jemand fragen würde: „Von welcher Minute an merkten Sie es, daß Sie berühmt waren?", so könnte ich ihm faktisch Auskunft geben. Ich weiß es ganz genau.

Die Berühmtheit kam zu mir, als ich ein paar Würstchen mit Saft aß. Ich saß mit einem Bekannten im Wiener Stadtpark, einem großen Garten mit Restaurationsbetrieb, und aß, wie gesagt, ein paar Würstchen mit Goulaschtunke.

Dabei fiel mir auf, daß so viele Leute vor unserem Tisch stehenblieben und in der Richtung des Würstchens, das ich in der Hand hielt, neugierig hinschauten. Ich drehte mich um, nach links und nach rechts, da ich nicht wußte, was los war; schaute in die Höhe, ob nicht ein Aeroplan kommt, mit einem Wort, ich war harmlos wie eine Ölsardine und hatte keine Ahnung, daß ich – berühmt war.

Ich erinnere mich sogar genau, daß ich heimlich an mir heruntersah, ob nicht irgendein Toilettenfehler bei mir zu bemerken sei.

Da lösten sich aus der Gruppe zwei sehr hübsche junge Mädchen und ein Student und kamen respektvoll näher an mein Würstchen heran. Sie machten eine Verbeugung und baten mich – um ein Autogramm. Jetzt ging mir ein Licht auf.

„Aha", dachte ich, „du bist berühmt geworden". Ich tat sehr hoheitsvoll, machte ein Gesicht, als wäre mir das nichts Ungewohntes und schrieb mein erstes Autogramm Ich glaube, daß es drei Stunden gedauert hat, bis ich sämtlichen Spaziergängern des Stadtparkes meinen Namen aufgemalt hatte. Das schadete aber gar nichts, denn so übte ich mich wenigstens ein auf den neuen Namen.

Dann erhob ich mich und ging, meine Berühmtheit zu genießen. Überall, wo es viele Leute gab, ging ich spazieren und weidete mich daran, daß ich berühmt war. Ich empfand es direkt als eine Frechheit sondergleichen und eine persönliche Beleidigung, wenn sich einer nicht nach mir umdrehte. Das ging zwei Tage so, dann wurde mir mies vor meiner Berühmtheit, und dabei ist es bis heute geblieben.

Das alles änderte aber leider nichts an der Tatsache, daß ich eigentlich in Durazzo sein sollte, und ich mußte mich entschließen, nach der Garnison zurückzufahren, in die Arme meines Freundes Borislav. Elf Tage verschärften Arrest hatte ich ja auch noch abzusitzen. Ich zog wieder die Uniform an, nahm Abschied von Koller, der alles Mögliche zu unternehmen versprach, schulterte mein Gewehr, das ich so lange in der Garderobe des Nordbahnhofs zurückgelassen hatte, und reiste wieder in den Krieg.

Da war schon alles sehr schön vorbereitet, der Arrest war gefegt und gesäubert, es war für meine Bequemlichkeit außerordentlich gut im Rahmen des Dienstreglements gesorgt worden. Irgend etwas mußte doch durchgesikkert sein von meinem Wiener Erfolg. Ich verpflegte mich in einem nahegelegenen guten Restaurant mit Wein, Bier, Kuchen, mit Würsten und Schinken, sogar ein paar Flaschen Sekt nahm ich mir in die Einsamkeit mit. Damit ließ ich Borislav von Wolfszahn hochleben.

## Die Kabinettsorder

Mein Freund Peppi war mittlerweile nicht müßig gewesen. Er lief sich die Füße krumm in Wien, um einen Urlaub für mich zu bekommen, zur Abhaltung eines zweiten Abends. Selbstverständlich besuchte er auch meinen neuen Protektor, den Erzherzog Leopold Salvator. Der gute Erzherzog war aber sehr vorsichtig. Als er erfuhr, daß ich kein schwedischer Grande, sondern ein österreichischer Zugführer war, gab er Peppi den Rat, sich an meinen Feldwebel zu wenden. Im alten Österreich hatte ein richtiger Feldwebel mehr Gewalt als zehn Erzherzöge. Zum Abschied erlaubte er Koller, in den Wiener Blättern anzukündigen, daß Seine Kaiserliche Hoheit auch den zweiten Abend des Telepathen Hanussen besuchen würde.

Er reichte ihm leutselig die Hand: „Ich wünsche wirklich, daß es Ihnen gelingt, den Zugführer Hanussen für ein zweites Gastspiel freizubekommen. Auf Wiedersehen!"

Schnurstracks ging der gute Peppi zur nächsten Post und

gab folgendes Telegramm an mein Regimentskommando auf:

„Seine Kaiserliche und Königliche Hoheit, der Herr Erzherzog Leopold Salvator, geruhen zu wünschen, daß es dem Zugführer Steinschneider gelingt, einen Urlaub zu bekommen, um in Wien ein Gastspiel zu absolvieren Koller."

Und das war doch die reine Wahrheit.

Einfach „Koller" unterschrieb sich der gute Peppi, denn er wußte, daß das in Österreich genügt, um aus ihm sofort einen Generalmajor Koller oder einen Feldmarschall Koller oder sonst ein hohes Tier zu machen. Wenn jemand bloß „Koller" unterschreibt, so muß er etwas Besonderes sein.

Dieses Telegramm entfesselte in meiner Garnison einen wahren Orkan. Zitternd lief mein Oberst damit zum General; der wurde blaß und gab den Befehl, mich sofort nach Wien zu schicken, denn wenn ein Erzherzog wünscht, dann schweigen alle Geigen. Ja, aber der gute Hanussen war nicht zu finden. Der hatte sich selber über Sonntag Urlaub genommen und saß in Wien bei einem hübschen Mädchen.

Als ich zurückkam, stand die Garnison Kopf. Radfahrpatrouillen waren ausgeschickt worden, um mich zu suchen, Offizierspatrouillen streiften sämtliche Wirtshäuser, Kaffeehäuser und Bordelle der alten Bischofsstadt ab, um mich zu finden.

Am Montag kam ich endlich an mein Maschinengewehr geschlendert und meldete mich zum Dienst. Der Oberst fiel mir beinahe um den Hals. Vor Glück, daß ich nur schon da war, rannen ihm die Tränen in den Bart. Vor lauter Freude sagte er in der Verwirrung sogar „Herr Zugführer" zu mir. „Fahren Sie so schnell als möglich nach Wien, der Flügeladjutant Seiner Hoheit, Exzellenz Koller, hat Sie angefordert."

Aber ich schüttelte nur das Haupt.

„Herr Oberst", sagte ich bescheiden, aber sicher, „ich melde gehorsamst, daß ich nicht nach Wien fahren kann. Ich muß noch den zweiten Teil der Instruktion zur Behebung von Ladestockungen am österreichischen Maschinengewehr Modell schwarzlose Muster M. den neuen Rekruten beibringen. Bevor ich das nicht erledigt habe, läßt es mein militärisches Gewissen unter gar keinen Umständen zu, zu lockeren Vergnügungen nach Wien zu fahren."

Der Oberst raufte sich die Haare, und die ganze Kompagnie lief zusammen. Noch nie hat ein österreichischer Oberst so verzweifelt einen Unteroffizier angefleht, doch auf Urlaub zu gehen, wie das mein guter Oberst getan hat.

Ich ließ mich schließlich erweichen und fuhr nach Wien. Gott, was soll man machen. Wenn ein Erzherzog wünscht –

## K. u. k. Wünschelrute

Mannigfach und abwechslungsreich ist das Schicksal eines Hellsehers. Die militärische Dienstleistung machte mir nach meinen Erfolgen in Wien wirklich gar keine Freude mehr.

Wenig Freude mit mir hatte auch Borislav von Wolfszahn, weil ich dauernd unterwegs war, Vorstellungen gab, im Kaffeehaus saß, Liebeshändel hatte, kurz, weil ich alles, alles machte, nur nicht das, was ein österreichischer Zugführer machen soll: Instruktionsstunden, Gelenksübungen, kurz, die im Dienstreglement der österreichischen Armee, Abteilung eins, sub Unteroffiziere stehenden Obliegenheiten des Mannes.

Der Kerl muß an die Front. Das war das Morgengebet und die Abendandacht meines Generals.

Ich weiß es heute nicht mehr genau, was ich ausgefresssen hatte; irgendein grober Verstoß gegen die militärische Disziplin gab ihm den erwünschten Anlaß, mich in die Marschkompagnie einzuteilen. Schon hatte ich feldmäßige Montur gefaßt, war mit scharfen Patronen und Hundemarke versehen worden, als ein Telegramm eintraf:

„Es wird diensthöflich gebeten, den Zugführer Hanussen zwecks Abhaltung eines Gastspieles im Rahmen der Kaiser-Karl-Wohltätigkeitswoche nach Sarajewo zu instradieren.
Landesregierung Sarajewo."

Der General schlug mit der Faust auf den Tisch und schrie:

„Und wenn der Kriegsminister selber telegraphiert, dieser Mann geht an die Front. Ich brauche meine Unteroffiziere für das Maschinengewehr und nicht zum Theaterspielen."

Da kam ein zweites Telegramm:

„Es wird Ihnen hiermit angeordnet, Herrn Erik Jan Hanussen sofort durch offenen Befehl zweiter Klasse zur Karlwoche nach Sarajewo zu schicken.
Major Wiedering,
Flügeladjutant des Landeskommandanten."

Der General schlug abermals auf den Tisch, diesmal aber nur mehr mit der flachen Hand, und fauchte wie ein Tiger:
„Das ist doch unerhört, was man um den Kerl für Geschichten macht, aber das ist mir Wurst, und wenn ich in Pension gehe, der Mann muß an die Front."

Es kam ein drittes Telegramm:

„Ich befehle Ihnen, den Zugführer Hanussen sofort zu beurlauben und nach Sarajewo zu schicken.
Der Landesverteidigungsminister.
Czap."

General Schroiter bekam dieses Telegramm um vier Uhr nachmittags. Er las es erst von vorn nach hinten, und dann wieder von hinten nach vorn. Dann schüttelte er den Kopf. Er schüttelte ihn ungefähr vierzehn Tage oder drei Wochen. Es wurde mir berichtet, daß man ihn nur mehr kopfschüttelnd gesehen hat, überall, wo er ging und stand, in seinem Büro, in der Kaserne, am Korso. Man sah ihn nur immer den Kopf schütteln. Ich aber fuhr nach Sarajewo. Das war eine sehr amüsante und nette Garnison für mich. Lauter gute Freunde. Da war Rittmeister Baron Bechini, da war der Rittmeister Rosner, jetzt Direktor des Celly-de-Rheydt-Balletts, Klaviervirtuose Professor Kessisuglu, die Diseuse Trude Voigt, die Primaballerina des Wiener Hoftheaters, Cäcilia Cerry, Hofschauspieler Zeska, die Sängerin Gutheil-Schoder, kurz, es war eine urfidele Gesellschaft beisammen.

Es gefiel mir so gut, daß ich zu bleiben beschloß. Das war sehr leicht für mich. Meine beiden Vorträge brachten dem Karl-Fonds einen sehr hohen Reinertrag. Der Kriminal-chef von Bosnien und Herzegowina, Hofrat Homer, akqui-rierte mich sogleich für einen interessanten Raubmord, die Militärbehörden des außerordentlich wasserarmen Landes richteten dringende Eingaben an Exzellenz Sarkotitsch, den regierenden Landeskommandanten, um mich als Wünschel-rutengänger zu gewinnen. Jetzt aber schüttelte ich den Kopf. Entweder alles oder gar nichts, das war meine Devise. „Ich bin bereit", erklärte ich dem Flügeladjutanten Seiner Exzel-lenz, „alles zu machen: Wasser und Raubmörder zu suchen, Purzelbäume zu schlagen und meinethalben Geister erschei-nen zu lassen, aber nur unter einer Bedingung: Ich will Dau-erurlaub." Und ich bekam Dauerurlaub.

Der dienstliche Akt über diesen Urlaub ist hochinteressant und echt österreichisch. Das Stationskommando meiner Garni-son, also General Borislav, forderte mich nach drei Tagen zum Dienstantritt. Das war sein gutes Recht. Die Landesregierung von Bosnien und Herzegowina, vertreten durch Exzellenz Sar-kotitsch von Lowcen, kommandierenden General der vierten Armee, forderte mich vom Stationskommando ebenfalls dienst-lich an. Der General wollte mit mir Krieg führen, der Landes-kommandant Wasser suchen. Es herrschte ein Gereiß um mich wie um weiße Semmeln, und die waren damals sehr selten.

Ich saß im Kaffeehaus und spielte Poker oder las die Zeitung. Mein Borislav wurde dringlich.

Der Urlaub war abgelaufen, ich mußte heim. Der Lan-deskommandant wurde grob und telegraphierte:

„Erwünsche für Hanussen dreiwöchigen Urlaub."

Der General verweigerte den Urlaub, und das will etwas heißen, wenn man bedenkt, daß der Kommandierende von Bosnien nicht nur eine sehr hohe militärische Persönlichkeit war, weit, weit über dem Rang Wolfszahns, sondern sogar ein außerordentlich guter Freund Kaiser Karls.

Borislav hatte sich's aber geschworen, mich den Helden-tod sterben zu lassen, und verweigerte den Urlaub mit der

Begründung, daß ich bei der dritten Maschinengewehrkompagnie absolut unentbehrlich sei – zum Totschießen.

Während der Zeit saß ich im Kaffeehaus, spielte Poker, las die Zeitung und tat gar nichts.

Nun aber wurde die Exzellenz Sarkotitsch ernstlich böse und wandte sich direkt an den Kaiser. Ich weiß ja nicht, was für ein Telegramm mein guter General zum Schluß an den Kopf bekam, jedenfalls bekam ich drei Monate Enthebungsurlaub und Borislav einen Schlaganfall mit Erstickungserscheinungen.

Nun begann eine nette Zeit für mich. Offiziell war ich natürlich nichts mehr als ein gewöhnlicher Zugführer mit, ich glaube, dreißig Heller Tagesgage und dem Anspruch auf ärarische Verpflegung. Inoffiziell war ich der Chef eines Wünschelrutendepartements, ausgerüstet mit allen Vollmachten einer einflußreichen Standesperson im hohen Offiziersrang, Inhaber eines offenen Marschbefehls erster Klasse, Besitzer einer Legitimation des Chefs der Landeskriminalbehörde als Detektiv mit der Wünschelrute, den alle behördlichen und Zivilpersonen in jeder Weise zu unterstützen und zu respektieren hatten.

## Die Wasserkompagnie

Selbstverständlich hatte ich eine Braut. Das war ein außerordentlich liebes und gutes Mädchen. Sie hatte bloß einen schrecklichen Fehler, für den ich nichts konnte und sie auch nicht.

Sie war weibliche Hilfskraft im Militärkommando von Sarajewo. Das wäre ja nicht so schrecklich gewesen, aber es existierte ein strenger Erlaß, von Exzellenz Sarkotitsch herausgegeben, daß es bei schwerer Strafe allen Offizieren, Unteroffizieren und Mannschaftspersonen verboten sei, mit den weiblichen Hilfskräften, die den ärarischen Beständen angehörten, ein Techtelmechtel zu beginnen. Dieser Umstand sollte mir auch später zum Verhängnis werden.

Vorläufig aber bereisten wir beide Bosnien, Dalmatien und die Herzegowina in der ersten Klasse der staatlichen

Eisenbahn. Das war sehr lustig und angenehm und brachte auch viel Geld ein, denn dort, wo mich die Kommandanten als Wünschelrutengänger angefordert hatten, gab ich auch meine Vorstellungen. Ich machte die ganzen Inseln vor Dalmatien unsicher dabei.

Mein Stab bestand aus zwei Offizieren, einem Hauptmann und einem Leutnant An den Namen des Leutnants kann ich mich noch erinnern. Petritsch hat er geheißen und war ein Serbe. Dann hatte ich noch zwei Einjährige mit mir, einen Chemiker und einen ganzen Haufen Soldaten, sozusagen Stamm und Mannschaft des Wünschelrutendetachements der vierten Armee.

Ich fand eine ganze Menge Brunnen, und die Bevölkerung war mir außerordentlich dankbar dafür. Vorher mußten die Leute oft stundenlang zu den auf Anhöhen vereinzelt liegenden Zisternen pilgern und das Wasser in Ziegensäkken durch Tragtiere in die Dörfer transportieren. Aber auch dieses Wasser war meistens fast ungenießbar, da es sich um eine Mischung von Salzwasser und Süßwasser, sogenanntes Bonzatawasser, handelte. Daß ich dafür auch ein wenig Vorstellungen gab, war ja nur mein gutes Recht. Schließlich, von etwas leben muß doch der Mensch, wenn er eine Braut hat.

Wir kamen zum Beispiel nachmittags auf einer dieser gottverlassenen Inseln des dalmatinischen Meeres rund um Spalato an. Das erste war, daß wir Quartiere requirierten im Namen seiner Majestät. Dann nahmen zwei Mann ein riesiges Plakat und nagelten es auf eine Stange. Da wurde der staunenden Bevölkerung die Mitteilung gemacht, daß der berühmte Telepath und Wünschelrutengänger der vierten Armee heute abend um acht Uhr einen großen Vortrag mit Experimenten abzuhalten gedenke und daß es eigentlich die Pflicht jedes patriotischen Dalmatiners sei, diesen Vortrag zu besuchen. Die Leute dort sprachen nur kroatisch oder serbisch, eventuell auch italienisch. Conférencier war Leutnant Petritsch. Hie und da wurde die Vorstellung auch ausgeläutet. Es war riesig gemütlich. Am nächsten Tag, um vier Uhr früh, gingen wir auf die Wassersuche. Die Stellen, die ich als wasserhaltig bezeichnete, wurden sofort untersucht. Eine Nortonröhre wurde eingeschlagen, und der Brunnen war fertig. Hatten wir Wasser gefunden, dann war unser Auszug aus dem betreffenden Nest ein Triumph sondergleichen. Gab's zufälligerweise kein Wasser, und so etwas soll ja vorkommen, dann fluchte die Bevölkerung hinter uns drein wegen der Vorstellung, die ja kein Mensch verstanden hatte.

Meine Braut mußte kochen. Ich habe sie heute scharf im Verdacht, daß sie auch sonst für die Bedürfnisse meines Generalstabs sehr gut gesorgt hat. Aber was geht mich das heute an?

Manchesmal gab es Krach bei den verschiedenen militärischen Kommanden wegen der Standesfragen um meines Rangs willen. Da ich offiziell als Zugführer der kaiserlich und königlichen Armee geführt war, aber inoffiziell ein hohes Tier vorstellte, kam es oft zu lustigen Episoden.

Da war zum Beispiel der Major Richter in Mostar, Chef und Gebieter der Inselbauleitung. Ich sehe ihn noch vor mir, wie er in seinem Büro, einem ehemaligen Schulzimmer, hoch droben auf dem Katheder thronte und mich mit weit aufgerissenen Augen anstarrte, als ich in meiner phantastischen Aufmachung zu ihm kam und „Habe die Ehre, Herr Major" sagte. Er erhob sich von seinem Thron und fauchte mich giftig an:

„Was heißt, ‚habe die Ehre, Herr Major?' Sind Sie denn nicht Zugführer, und was haben Sie denn überhaupt für eine komische Uniform an?"

Ich stellte mich naiv, setzte mich bequem auf eine der Schulbänke und drehte mir in aller Seelenruhe eine Zigarette.

„Schauen Sie, Herr Major", sagte ich, „das ist so eine komische Geschichte mit mir. Freilich bin ich nur Zugführer, aber als Zugführer habe ich absolut nicht die Verpflichtung, die von Ihnen mit ärarischen Geldern durchgeführten, vollkommen zwecklosen Brunnenbohrungen auf ihren Wassergehalt zu untersuchen. Als Zugführer muß ich Gelenksübungen machen und Parademarsch klopfen. Als Wünschelrutengänger habe ich das nicht notwendig. Das kann man leider nicht im Parademarsch und abteilungsweise ausführen. Im übrigen, schauen Sie, Herr Major, hier haben

Sie meinen offenen Marschbefehl, Fahrkarte erster Klasse, und da drinnen steht klar und deutlich: ‚Es wird dem Herrn Erik Jan Hanussen hierdurch Auftrag und Vollmacht erteilt, im Namen des Armeeoberkommandanten, in den verschiedenen Inselbauleitungen Wasser zu suchen!' Ich bin also ein Herr für das Armeeoberkommando, und deshalb bin ich auch ein Herr für Sie, Herr Major. Jetzt gehe ich in mein Hotel und lege mich schlafen, weil ich müde bin. Wenn Sie etwas von mir wollen, kommen Sie zu mir. Hab' die Ehre, Herr Major."

Dann drehte ich mich um und ging meiner Wege.

Wie schön, wie schön wäre doch alles gewesen, wenn bloß der Generaloberst von Sarkotitsch nicht eines Tages dahintergekommen wäre, daß ich zum Wassersuchen außer der Wünschelrute noch eine weibliche Hilfskraft nötig hatte. Er schäumte vor Wut – und eines Tages kam ein Dienstzettel nach Spalato, und in diesem Dienstzettel hieß es:

„Der Zugführer Hermann Steinschneider hat sofort nach seiner Garnison einrückend gemacht zu werden, die ärarischen Gelder abzuführen und sich in feldmäßiger Uniform seinem Kader zu stellen."

Aus der schöne Traum, aus die schöne Liebe und aus die Höflichkeit. Man wurde wieder saugrob zu mir. Schnurstracks fuhr ich nach Sarajewo zurück via Mettelin. Am Weg gab ich noch einige Vorstellungen, denn ich dachte mir, wenn ich schon im Verschiß bin, so kommt es ja schließlich auf dasselbe heraus. Mein Freund, der Borislav, wird mich auch noch ein paar Tage später auffressen können, wenn er mich erwischt.

In Sarajewo angekommen, meldete ich mich marode. Da es noch nicht überall durchgesickert war, daß ich in Ungnade gefallen, wurde ich mit allen militärischen Ehren behandelt. Der gute Doktor Bergheim schrieb mir einen Krankenzettel. Diesem Befund zufolge war ich so krank, daß ich überhaupt schon tot war. Ich sollte zur Superarbitrierung. Da war aber noch eine mächtige Hürde zu überwinden, der Oberstabsarzt – fast hätte ich seinen Namen verraten, ich sag' ihn aber nicht. Diesen guten Mann hatte ich in guten Tagen leider schwer beleidigt.

Er und seine beiden Töchter wollten mir einmal beim Wassersuchen zuschauen, und ich bestellte sie für fünf Uhr früh auf den Friedhof von Sarajewo, wo der Oberst Stuchly durchaus einen Brunnen benötigte. Als ich aber um fünf Uhr früh aufstehen sollte, da goß es in Strömen. Deshalb drehte ich mich wieder um und schlief weiter.

Das hat mir der gute Oberstabsarzt nie vergessen können, daß er im strömenden Regen drei Stunden auf dem Friedhof herumstehen mußte, während ich im Bett lag. Noch weniger vergessen aber konnte er meine Antwort, die ich ihm gab:

„Herr Oberstabsarzt, es hat so geregnet, daß Wasser genug da war. Wozu braucht man da noch eine Wünschelrute?" –

Da kam aber die Nachricht vom Friedensangebot Bulgariens, und man nahm es nicht mehr so genau mit den Dingen. Von oben herunter war der Befehl ergangen, die Spitäler schleunigst zu räumen und die Leute möglichst auf Urlaub zu schicken.

Friedensluft wehte. Frieden, Frieden –

Mit einem der letzten Züge, die noch unter österreichischem Regime standen, fuhr ich nach Wien. Diejenigen, die später gefahren sind, konnten nur mehr in Viehwaggons fahren, und sogar die gute Exzellenz Sarkotitsch kam dritter Klasse Güterzug nach Wien getschundert, während ich noch die erste Klasse erwischt hatte. So gut hat es das Schicksal mit mir gemeint.


## Frieden

Gott sei Dank, es war Frieden.

Der Kampf mit General Borislav war gewonnen. Es ist ein heißes Wettrennen gewesen für mich, und ich weiß nicht, was passiert wäre, wenn der Krieg noch zwei Monate länger gedauert hätte. Ich glaube, der Alte hätte mich am Ende doch noch erwischt. Gott, es wäre mir bestimmt noch etwas anderes eingefallen, darüber aber wollen wir uns heute nicht mehr den Kopf zerbrechen. Der gute Frieden brachte bekanntermaßen verschiedene Annehmlichkeiten. Es gab keine Kohle, es gab kein Licht, die Theater mußten um fünf Uhr nachmittags ihre Pforten schließen, und es kam auch in Wien die große Revolution.

Sie war nicht schrecklich in der Kaiserstadt.

Bei schlechtem Wetter fand sie überhaupt nicht statt, nur wenn es sehr schön war, machten die Wiener Umsturz.

Direktor und Chef des Wiener Apollotheaters war Bernhard Ben Tiber, ein außerordentlich geschickter Geschäftsmann, der meine Zugkraft richtig erkannte. Für einen Pappenstiel engagierte er mich gleich auf drei Monate hintereinander und hatte brechend volle Häuser.

Wir waren damals eine lustige Stammtischgesellschaft in den Räumen des Café Westminster auf der Mariahilferstraße. Jede Nacht um zwölf Uhr trafen wir uns im Hinterzimmer dieses schönen Lokals und genossen heimlich gehamstertes Licht und Kohle. Da waren ein paar sehr prominente Burschen mit darunter: Hermann Leopoldi, Fritz Wiesenthal, Schiff, der damals noch Multimillionär war, und andere Wiener Leute von Rang. Hie und da war auch Ben Tiber dabei.

Man darf einem Toten die Wahrheit nachsagen. Er ist mir heute noch die beiden Flaschen Sekt schuldig, die er großmütig anläßlich seines Geburtstages für uns bestellt hatte.

Bei einem dieser Abende fuhr ich plötzlich in die Höhe und schrie: „Im nächsten Moment erschießt sich jemand im Nebenraum!"

Kaum hatte ich das gesagt, ertönte ein Knall. Ein Oberkellner hatte sich erschossen.

Ich verheiratete mich, wurde Ehemann und bekam einen Bauch.

In die Zeit meines Wiener Apollotheater-Gastspiels fallen auch viele kriminalistische Erfolge, von denen noch später in einem anderen Buch über mehrere Kriminalfälle die Rede sein soll. Nur ein einziger Fall gehört speziell in die Geschichte meines Lebens, denn er ist die Ursache meiner späteren Ausweisung aus Österreich und der erbitterten Feindschaft, die mir die Wiener Polizei seit Jahren entgegenbringt. Der Leser wird schon erraten haben, worum es sich handelt.

## Der Banknotendiebstahl in der österreichisch-ungarischen Staatsbanknotendruckerei

Um diese Angelegenheit geht der Streit der Meinungen nun schon seit Jahren, und das in einer Art und Weise, daß es wirklich einmal notwendig erscheint, aufgrund meines Beweismaterials hier öffentlich zu dokumentieren, daß ich es bin, dem die Aufklärung dieses Verbrechens restlos gelungen ist, daß ich es bin, dem die österreichisch-ungarische Staatsbank zu verdanken hat, daß sie die gestohlenen enormen Werte wieder zurückbekam und für den verarmten österreichischen Staat rettete. Das hat auch die österreichisch-ungarische Staatsbank niemals geleugnet, und das hat sich auch durch die unter Eid bei Gericht abgegebene Erklärung des Herrn Oberrevidenten Hlavinka bei meinem Leitmeritzer Prozeß herausgestellt. Die nackte Tatsache war die:

Eines Morgens im Winter neunzehnhundertneunzehn wurde ich durch einen Beamten der österreichisch-ungarischen Staatsbanknotendruckerei in deren Räume gebeten. Dort empfingen mich Oberrevident Hlavinka und Direktor Helebrant und teilten mir folgendes mit: Seit vielen Monaten wurden in der Druckerei der Staatsbank, also dort, wo das österreichische Geld hergestellt wird, große Beträge auf seltsame Weise gestohlen. Es handelte sich dabei vornehmlich um Tausendkronennoten.

Die Noten werden in der Weise gedruckt, daß je vier Stück auf einen Bogen zusammen lithographiert sind, so daß die Maschine immer vier Stück auf einmal abzieht. Jeder Bogen also ist viertausend Kronen wert. Ich versprach dem Direktor und dem Oberrevidenten, am nächsten Tag um zehn Uhr wiederzukommen. Die Herren fragten mich noch, ob ich irgendwelche polizeilichen Assistenten benötigen würde, und baten mich um die Erlaubnis, einige Kriminalbeamte zuzuziehen, wenigstens als Zuschauer, um die Polizei nicht vor den Kopf zu stoßen.

Darauf teilte ich den Herren meine Bedingungen mit: „Ich habe nichts dagegen, wenn Polizei im Hause anwesend ist, verbitte mir aber unter allen Umständen jede, auch die leiseste Einmischung eines amtlichen Organes in meine Tätigkeit." Das wurde mir ohne weiteres zugesagt.

Andern Tages erschien ich in den Räumen der Bank mit meinem Diener, der mich damals wie ein treuer Hund auf Schritt und Tritt begleitete. Daß dieser Diener zufällig ein Neger war und Ali hieß, ist ein Umstand, der mir später vielfach von der Polizei vorgeworfen wurde. Ich gebe gern zu, daß im allgemeinen die Anwesenheit eines Negers für okkulte kriminalistische Recherchen nicht dringend notwendig ist und bestimmt nach Operette aussieht. Andrerseits aber konnte ich der Wiener Polizei zuliebe aus meinem langjährigen treuen Begleiter nicht über Nacht einen Weißen machen oder ihn mit Kalk anstreichen, damit er den dort anwesenden behördlichen Organen besser gefiele.

Die von mir in den Räumen sofort vorgenommene Recherche dauerte ungefähr zwei Stunden. Um zehn Uhr war ich hingekommen, und um zwölf Uhr saß der gesuchte Banknotenräuber bereits hinter Schloß und Riegel. Um ein Uhr mittags wurde der größte Teil des gestohlenen Geldes an der von mir bezeichneten Stelle in einem Abzugsrohr im Kanal aufgefunden und der restliche Teil am Nachmittag in der Wohnung des Diebes, genauso wie ich es angegeben hatte.

Die ganze Recherche nahm ich nach meinem Lebaschasystem vor, sie war für mich wirklich sehr leicht. Ich schritt an der Seite der Direktoren durch die Arbeitssäle und sah den Leuten ins Gesicht. Es waren viele hundert Menschen, die alle mit dem Druck der Banknoten zu tun hatten.

Drucker, Lithographen, Retoucheure (jede Banknote muß genau untersucht werden auf Fehler), Packerinnen, dann die an der Schneidemaschine beschäftigten Leute und zum Schluß auch der gesamte Beamtenstab des Hauses sowie mehrere hundert Arbeitsmädchen. Man konnte ja nicht wissen, wo und in welchen Räumen der Dieb steckte, ob er überhaupt im Hause war, da die Banknoten auf vollkommen rätselhafte und unerklärliche Weise jeden Tag abhanden kamen. Nach ungefähr eineinhalbstündigem Suchen – ich ging mit fast geschlossenen Augen im Trancezustand sehr rasch durch die Säle – blieb ich im Vorraum zu den Tresorkammern stehen und holte mir zwei junge Leute heraus.

Das waren die Beamten, denen die Aufgabe zufiel, die bereits fertigen Werte auf kleinen Wagen zum Tresor zu schieben. Ich sah ihnen lange in die Augen und bezeichnete schließlich den einen als den Täter.

Ich ersuchte die Herren, ihm durch einen Polizeibeamten die Taschen durchsuchen zu lassen, da sich in seinen Kleidern Beweise finden würden. Gleichzeitig gab ich den Herren eine genaue Schilderung des Versteckes der Banknoten, und man begann dort zu suchen. Während dieses Vorganges befand sich meines Wissens kein Polizeibeamter in den Räumen. Als ich den Dieb bezeichnet hatte und auch das Versteck, tauchten, ungefähr eine Viertelstunde später, zwei Polizeibeamte auf. Ob sie schon früher dagewesen oder ob sie erst geholt worden waren, weiß ich nicht, und ich hatte auch kein Interesse daran, der Sache nachzugehen. Jedenfalls ordnete ich die Durchsuchung der Kleider des jungen Mannes an, und tatsächlich fanden sich in seinen Taschen lange weiße Papierstreifen, die mit der Schere abgeschnittenen Ränder der Banknotenbogen. Ich nahm mir den jungen Menschen vor und forderte ihn auf, in seinem eigenen Interesse ein Geständnis abzulegen, da ich ihn sonst sofort verhaften ließe. Er leugnete in großer Aufregung.

Es entspann sich folgender Dialog zwischen ihm und mir, an den ich mich noch heute genau erinnere:

„Wieso kommen Sie zu den Papierstreifen in Ihrer Tasche?"

Der junge Mann überlegte sich die Antwort nicht lange:

„Ich gehöre einem Verein an, und da machen wir aus diesen Streifen kleine Schleifen, die wir im Knopfloch tragen."

„Ich werde Ihnen schon andere Schleifen machen lassen", sagte ich darauf, „die werden Sie aber nicht im Knopfloch tragen. Halten Sie mich denn für so dumm, daß ich Ihnen das glauben soll? Ich kann Ihnen sogar sagen, wo die Banknotenbogen sind, von denen diese Schleifen stammen."

In diesem Moment mischte sich der bis dato nicht in Erscheinung getretene Polizeioberwachtmeister in mein Verhör und wollte auch etwas sagen.

„Herr Wachtmeister", sagte ich, „vorläufig bitte ich Sie, mich reden zu lassen. In fünf Minuten werden Sie hier eine Verhaftung vornehmen, dann können Sie sich so lange mit diesem jungen Mann unterhalten, wie Sie wollen."

Der Wachtmeister war sehr ungehalten, aber auf die Intervention der anwesenden Vorstandsbeamten der Bank zog er sich zurück. Ich blieb mit dem jungen Mann allein. Ich versuchte, ihn zu einem Geständnis zu bringen. Das war aber nicht möglich, trotzdem ich ihm versprach, ihn laufen zu lassen. Leider war der Junge nicht so vernünftig, mir das zu glauben, und ich mußte ihn wirklich schweren Herzens der Polizei übergeben und ihn in Haft setzen lassen.

Das ist mir immer wieder sehr schmerzlich, denn ich bin ja kein Büttel, und der Lauf der irdischen Gerechtigkeit geht mich persönlich nicht das geringste an. Immer wieder versuche ich, die von mir gefaßten verschiedenen Kleinverbrecher zu einem Geständnis zu bringen, weil ich sie dann unter Umständen durch meine Fürbitte bei ihren Vorgesetzten vor dem Gesetz retten und dem bürgerlichen Leben erhalten kann. Das gelingt leider aber unendlich selten.

Am nächsten Tag teilte mir die Leitung der Bank mit, daß sich die Gelder tatsächlich gefunden hätten und daß der Jüngling unter dem Druck der Polizeihaft und der in seiner Wohnung gefundenen Indizien gestanden habe. Er wurde eingesperrt. Ich bekam die ausgesetzte Prämie von 2000 Kronen und eine Extravergütung in gleicher Höhe, und die Sache war für mich erledigt. Das heißt, sie schien es zu sein, denn in Wirklichkeit hatte ich mir von dieser Stunde an den Haß der österreichischen Polizei, speziell die Mißgunst des Leiters ihrer Kriminalabteilung, Hofrats Schulz, zugezogen, und das sollte ich auch noch zu spüren bekommen.

Vorläufig geschah mir allerdings gar nichts. Ich stand hoch in der Gunst des Wiener Publikums, hatte eine Unmenge einflußreicher Freunde und war als geborener Wiener natürlich nicht zu fassen.

Selbstverständlich machte damals die Direktion des Apollotheaters mit dem Fall, der großes Aufsehen erregt hatte, Reklame. Sie ließ sogar den Dankbrief des Generalrates der Bank photographieren und mehrere Tage lang mittels Diapositivplatte in den Pausen des Programms auf die Leinwand des Theaters projizieren. Die Wiener Polizeidirektion hätte also damals wahrlich reichlich Gelegenheit gehabt, sich zu rühren. Warum hat sie damals, als ich in den verschiedensten Blättern den von mir gelösten Kriminalfall Interviewern gegenüber erörterte, mich nicht ausgewiesen? Erst einige Jahre später begründete sie diese Ausweisung wie folgt: Ich hätte das Ansehen der Wiener Polizeidirektion dadurch geschädigt, daß ich mir Erfolge krimineller Art anmaßte, die in Wirklichkeit der österreichischen Polizei gebührten.

Dazu bedurfte es aber erst des großen Breitbartskandales, den ich Jahre später in Wien gehabt habe und der mir die Gunst des Wiener Publikums für einige Zeit geraubt hat. Als mich die Wiener fallen ließen, als mich die Zeitungen Wochen hindurch vollkommen ungerechterweise angriffen, weil ich als einziger Mensch in Wien nicht glauben konnte, daß man eiserne Ketten mit den Zähnen zerbeißen kann, da erinnerte sich Hofrat Schulz an das Hühnchen, das wir miteinander zu rupfen hatten, und holte diesen Grund hervor, um mich auszuweisen aus der Stadt, in der ich geboren bin, in der ich in die Schule ging und in der ich fünfundzwanzig Jahre gelebt habe.

Der ganze Staatsbanknotenfall ist im Grunde reichlich uninteressant. Ich habe, weiß Gott, ganz andere Sachen herausgekitzelt als diese harmlose Spielerei und nichts davon hergemacht. Interessant wurde er nur durch das Geschrei der Wiener Polizei.

Selbstverständlich tauchte er auch in meinem Leitmeritzer Prozeß auf, und genau so selbstverständlich in einer Eingabe meines Schattens, der mich überall dorthin begleitet, wo es heiß um mich wird: des Doktors Helbig! Wie er mit seinem Vornamen heißt, weiß ich wirklich nicht. Ich weiß noch nicht einmal, ob der gute Mann sich mit „b" oder mit „w" schreibt. Es ist mir nicht wichtig genug, um im Konversationslexikon nachzusehen. Schließlich ist es ja auch möglich, daß er gar nicht drin steht.

Wenn ich mich nicht irre, lebt dieser Helbig in Potsdam und ist dort Landgerichtsdirektor. Ich muß aber annehmen: in Pension. Denn ich kann mir nicht gut vorstellen, daß ein preußischer Richter von Rang und Ansehen während seiner amtlichen Tätigkeit so viel Zeit erübrigt, um sich dauernd mit einem seiner Ansicht nach vollkommen bedeutungslosen Varietéartisten herumzuraufen. Meine Achtung und meine Ehrfurcht vor dem preußischen Richterstand ist eine so große, daß ich es unter keinen Umständen für möglich halte, daß ein aktiver hoher Beamter der Justizverwaltung nicht andere Sorgen haben sollte als mich. Ich könnte sonst, bei Gott, nicht an die immer wieder und immer wieder betonte schwere Überbürdung des Richterstandes glauben, die es mit sich bringt, daß oft recht große und entscheidungsschwere Prozesse auf lange Termine verschoben werden müssen, wenn die Richter noch so viel Zeit dazu aufbringen, in hundertfünfzig bis zweihundert Seiten langen Eingaben über einen armen Artisten loszuziehen, um ihn in einen Hellseherprozeß hineinzutunken. Ich habe, bei Gott, nicht einmal so viel Zeit, um über den Direktor Helbig mehr zu schreiben als das, was ich eben hier für meine Freunde notgedrungen festhalten mußte. Ich verspreche aber den nun schon ungeduldigen Lesern feierlichst, daß das alles sein wird, für jetzt und für ewige Zeiten, und daß ich sie mit dem Herrn Direktor Helbig aus Potsdam nicht mehr langweilen werde.


## Orientreise

Herrliche, märchenhafte schöne Zeit meiner Reise durch das Land der Träume, durch den Orient! Wo soll ich anfangen, wie soll ich's beginnen? Wie soll ich die Feder führen und ihren trägen Gang dem brausenden Flug der sich überstürzenden Träume anpassen, die für mich mit dem Begriff „Orient" auftauchen?

Von Kreta bis zum Persischen Golf, von Korfu bis Bagdad – Athen, Smyrna, Syros, Jerusalem, Alexandrien, Beirut, Cypros und dann weiter hinauf, immer weiter, bis das gelobte Land aufsteigt vor den geblendeten Augen: Indien, Indien – dort, wo die Mystik zu Hause ist. –

Na ja, ich sehe schon, das muß ein ganzes Buch für sich werden, und es bleibt mir nichts anderes übrig, jetzt, da ich mein Leben überblicke, als mitten hineinzugreifen in die Fülle der tausendfach schillernden Episoden und irgendeine oder die andere als Kostprobe dir hier vorzusetzen, lieber Freund, zum Dank, daß du mir bis hierher gefolgt bist.

Diese Reise war seltsam genug in Szene gesetzt worden.

Ein reicher Großindustrieller aus Wien konnte nicht schlucken.

Der Arzt nennt das „Globus hystericus".

Der arme Kerl saß vor seiner reichgedeckten Tafel und brachte keinen Bissen herunter aus Angst vor dem Ersticken. Ich behandelte ihn mit Suggestion und siehe da, es ging. Solange ich bei ihm war, konnte er wunderbar schlucken.

Dieser Mann hatte einen sehr reichen Geschäftsfreund namens Hans Hauser, König von Maffersdorf, so genannt, weil dieses kleine Dorf in der Nähe Wiens buchstäblich ein paar Jahre hindurch nur von dem fürstlichen Haushalt Hausers gelebt hat. Der Hansel war ein wirklich netter Kerl und verdiente viel Geld, denn er war Großeinkäufer der österreichisch-ungarischen Tabakregie und versorgte diesen sympathischen Staat mit den nötigen Tabaken aus Xantos, Kawala und Drama. Ansonst war er ein ungemein fideler Bursche, der das Geld mit beiden Händen zum Fenster hinauswarf und Frauen genauso verehrte wie meine Wenigkeit. Dafür ist er heute auch pleite. Bis ich so weit bin, werde ich mich melden.

Hansel Hauser und der von mir vorher genannte Wiener Großkaufmann waren gute Geschäftsfreunde und hatten miteinander schon manchen Batzen verdient. Damals führte Griechenland den Krieg mit der Türkei und brauchte Gewehre, Packtaschen, Sattelzeug und Eisenbahnen, kurz, den ganzen Dreck, den wir glücklicherweise knapp vorher losgeworden waren. Hans war ein schlauer Bursche. Er kaufte den gesamten Restbestand der österreichisch-ungarischen Monarchie vom Krieg auf und hatte für eine Bagatelle eine Menge schöner, und für so ein kleines Land wie Griechenland noch außerordentlich guter, brauchbarer Heldenausrüstungen. Wir hatten sogar Lokomotiven und Schienen zu verkaufen. Mit diesen Sachen wollte der Hauser den griechischen Kriegsminister einseifen. Diese beiden Herren hatten nun mit mir ihre besonderen Pläne, und deshalb sollte ich die Reise nach Griechenland mitmachen. Der Generaldirektor brauchte mich, um das schlucken zu können, was er verdiente, und der Hauser benötigte mich, um das verdienen zu können, was er schlucken wollte, und das war sehr viel.

Der Hans war ein sehr guter Geldverdiener und Geldausgeber, aber von Okkultismus hatte er keine Ahnung. Ich wurde also mitgenommen, um den griechischen Kriegsminister zu hypnotisieren. Ich sollte nichts anderes machen, als den Sitzungen beiwohnen und hypnotische Injektionen geben, solange, bis wir unseren ganzen österreichischen Bowel an die Griechen verkauft hatten.

Mir selbst war es vollständig gleichgültig, wie ich in die Welt hinauskam. Meine Absicht war, im Orient Vorträge zu halten und möglichst gratis einmal in diese Gegend zu kommen. Ich war gerade nicht gut bei Kasse. Da kam mir der Antrag der beiden reichen Schlucker sehr zurecht.

Wir nahmen eine riesige Musterkollektion mit. Hans Hauser suchte aus seinen Bergen von Kriegsbeständen ein paar nette Sachen als Muster heraus, hübsche Bajonettchen, sehr wenig benutzt, wunderschöne Lederriemen, einen Prunksattel für mindestens einen Feldmarschall und was da mehr der hübschen Andenken waren.

In Athen ging's los. Weiß der Kuckuck, wie es kam, aber die Griechen waren absolut nicht scharf auf unsere österreichischen Monturen. Ich hypnotisierte mit mindestens 200 PS wie ein Maybach-Motor drauflos; es ging nicht recht. Hatte ich durch die Seereise zu wenig Kraft in mir, oder langweilte mich die Angelegenheit im Grunde meines

Herzens zu sehr? Was gingen mich alle die alten Ledersättel des Herrn Hauser an? Ich war ein freier Künstler und nach Athen gekommen, um die Akropolis zu sehen, um das Meer zu umarmen und nicht, um mich mit Kriegsministern über staubige Wickelgamaschen zu unterhalten. Ich hypnotisierte also außerordentlich schlampig und mit wenig innerem Interesse. Dazu kam noch, daß Athen eine sehr lustige Stadt ist und sehr schöne Mädchen hat. Ich glaube, ich verhypnotisierte meinen ganzen Vorrat an eine kleine Hellenin, so daß für den Kriegsminister nichts mehr übrigblieb.

Wir wohnten im Hotel Angleterre bei einem netten Ehepaar aus Böhmen. Das Hotel war das schönste und vornehmste in der Stadt, und die beste Gesellschaft verkehrte in seinen Räumen. Hans Hauser hatte ungemein viel Geld. Aber das ganze Geld – und er warf es mit vollen Händen zum Fenster hinaus – nützte ihm gar nichts. Wir saßen vollkommen unbeachtet und ignoriert von der vornehmen Gesellschaft Athens an unserem Tisch und waren trotz der Moneten Hansels für die Leute Luft. Mochte Hans auch zehn Flaschen Sekt bestellen, mochte er noch so sehr die Musik mit Banknoten traktieren, es ließ die Hautevolee kalt, kein Mensch schaute uns an, und die schönen Frauen gingen an unserem Tisch vorbei, als ob wir Luft wären. Das war mir zuviel, und ich beschloß, diesem Zustand ein Ende zu machen. Als ich sah, daß der ganze Reichtum noch nicht einmal für zehn Pfennig Respekt und gesellschaftliche Stellung herzaubern konnte, versuchte ich's mit anderen Mitteln. Anlaß zu diesem Entschluß wurde ein Angebot meines Freundes Hans. Er verliebte sich nämlich in eine wunderschöne Armenierin und schmachtete sie von früh bis abends an. Er schickte ihr kostbare Blumenkörbe; sie schickte sie zurück. Er ließ ein Brillantkreuz für sie anfertigen; sie schickte es zurück. Mir tat der arme Hans direkt leid, und ich faßte den Entschluß, ihm zu helfen.

„Hans", sagte ich, „was bekomme ich von Ihnen, wenn ich die Armenierin in Sie verliebt mache?"

Er offerierte mir freibleibend ein Automobil mit Anlasser und elektrischer Beleuchtung. Ich schlug ein. Am selben Abend schon ließ ich meine Waffen spielen, und die wirkten wesentlich schneller als das dicke Geldkuvert Hausers. Ich ging zu irgendeiner Dame heran und bat sie, mir für eine Sekunde ihre Hand zu zeigen. Ich hätte als Chiromant Interesse daran und möchte ihr aus der Form ihrer so überaus interessanten Hand das Schicksal deuten. Welche Frau sagt da nein!

In zehn Minuten drängte sich das ganze Lokal um mich und sah mir gespannt zu. In weiteren fünfzehn Minuten hatte ich ein telepathisches Suchexperiment an den Mann gebracht, und nach einer halben Stunde drehte sich das Hotel Angleterre nur um einen einzigen Punkt – und der war ich. Aus allen Hotels kamen sie zusammengelaufen, telefonisch herbeigerufen, die Spitzen der Athener Gesellschaft, und sahen mit erstaunten Augen meinen Künsten zu.

Nun war ich so weit. Jetzt konnte ich mit der Hypnose beginnen. Ich schritt auf die schöne Armenierin zu und erbat sie mir als Medium. Sie folgte mir willig.

Drei Striche über die Stirn, drei Striche über den wunderschönen, schlanken Leib, ein tiefer Blick aus ihren brennenden Augen, und siehe da, hier funktionierte die hypnotische Injektion promptest.

Wäre diese Frau der Kriegsminister gewesen, ich glaube, wir hätten ihm ganz Österreich verkaufen können. Abseits und vollkommen unbeachtet, kein Mensch kümmerte sich um ihn und seine dicke Brieftasche, saß Hansel und sah mit erstaunten Augen, daß es noch etwas anderes gibt als Geld und Tausendfrancscheine.

Am nächsten Tag war ich in Athen ein berühmter Mann und wurde von Journalisten überlaufen.

Da das Sattelgeschäft überhaupt nicht ging, beschloß ich, einen Vortrag zu halten, und mietete zu diesem Zweck das riesige Dymotikontheater von Athen.

Die Premiere brachte eine Einnahme von fast vierzigtausend Drachmen und somit die Spesen der ganzen Reise. Manchmal ist die Kunst doch wertvoller als „Ramschware" aus Kriegsbeständen.

Und so kam es, wie es kommen mußte. Die Lederreste Altösterreichs blieben liegen, aber meine Darbietungen gingen weg wie die warmen Semmeln. Dem ersten Abend im Dymotikontheater von Athen folgten sechs oder sieben weitere Abende, darunter auch zwei im königlichen Theater, und alle waren ausverkauft. Die griechischen Zeitungen befaßten sich in großen Berichten mit meiner Sache und mir, es wurden sogar einige Bücher veröffentlicht darüber, und die große Revue spielte ein „Hanussentheaterstück", das sehr lustig war. Zum Schluß fuhr unser Großkapitalist nach Wien zurück, und ich bezahlte von meinem Verdienst dem Herrn Generaldirektor meine Reisespesen, um von niemandem abhängig zu sein.

Auch die Sache mit der schönen Armenierin klappte vorzüglich. Allerdings überlegte ich mir's im letzten Augenblick anders: Was ist schon so ein Automobil mit elektrischer Beleuchtung und Anlasser gegen einen einzigen Kuß einer schönen Frau?

Wie, ich sollte meine entzückende Beute einem Tabakhändler aus Wien verschachern, das wäre gelacht.

Ich habe also auf das Automobil des Herrn Hans Hauser gepfiffen und behielt mir die Armenierin selber. Wer muß denn schließlich Auto fahren. Ich ging zu Fuß, aber mit ihr.


## Auf Reisen

Ich war also frei, mein eigener Herr, war niemandem etwas schuldig und ging von Athen über Saloniki nach Konstantinopel.

In Saloniki hatte eben ein schreckliches Feuer gewütet. Die halbe Stadt war eingeäschert, aber für Okkultismus herrschte ein ungemein großes Interesse.

Ich gab im Theater des Herrn Moses Avramikos vierzehn Vorträge, und sie waren alle ausverkauft. Ich hatte eine schöne Summe von Drachmen in der Tasche und lebte, wie es mir gefiel.

Herrliches Saloniki! Nachmittags so um vier Uhr, wenn die Sonne recht prall aufs Meer schien, ging ich zum Fischmarkt. Das ist der seltsamste, geheimnisvollste Fischmarkt auf der ganzen großen Welt, der Fischmarkt von Saloniki.

Denn er ist in eine Passage eingebaut und führt direkt von einer engen Straße zum Meer. Die Fischhändler kannten mich schon alle und freuten sich, wenn ich kam, denn ich war ein Großabnehmer von Krabben, Polypen und Muscheln, die ich direkt vom Meer bezog. Der Fischmarkt mündete in eine kleine Bucht, in welche die Fischkutter direkt einliefen und wo sie ihre Ware an die Stände der griechischen und türkischen Verkäufer ablieferten.

Mitten in das bunte Leben der schreienden, feilschenden und lachenden Gesellschaft von Orientalen hinein ließ ich mir ein Tischchen stellen und einen Stuhl, ungefähr zehn Schritte ins Meer hinaus auf den Sand. Dann zog ich mir die Schuhe aus, krempelte die Hosen in die Höhe und setzte mich an mein meerumspültes Tischchen. Ich wählte lang und wie ein König die herrlichen Früchte des Meeres, die sie mir auf großen Schüsseln zur Auswahl brachten. Hatte ich meine Wahl getroffen, dann gingen meine Delikatessen noch vor meinen Augen sofort ins goldgelbe Olivenöl, prasselten fünf Minuten, und dann begann ich zu essen. Ich aß und aß die wundervollen Delikatessen der Levante so lange, bis ich nicht weiter konnte und bis ich einen Bauch hatte, so dick wie der Padischah selber. Dann ließ ich mir eine Nargileh bringen, gefüllt mit feinstem persischen Tabak, ein Schüsselchen mit Kohle, lehnte mich zurück und sog den Duft der persischen Blumenfelder durch die Nase und durch die Lunge und träumte – träumte, bis der Mond, der wundervolle, blutrote levantinische Mond am Ende des Meeres auftauchte und die türkischen Frauen zum Markt kamen. Dann kamen auch die Hamals von ihrer schweren Arbeit, um Fische zu essen, und erzählten sich Geschichten, und ich saß mitten unter ihnen als ihr Freund, mittendrin, wie ein König über sie, und hörte zu.

Strahlend kam mein Freund Hamid und brachte den weißen Rezina. O Gott, ist das ein Wein, so stark wie Burgunder und so bitter wie Lakmus. Das ist ein Getränk, das man in der Levante gegen den Durst trinken muß, denn das Wasser ist schal und ungesund. Mit Baumharz wird dieser Wein dick versetzt, und wenn man die Flasche vor sich hat, dann duftet es in die Nacht hinein wie nach Weihrauch und

Zypressen. Lange braucht der Europäer, bis er sich an den Rezina gewöhnt, aber wenn es einmal so weit ist, dann kann er nichts anderes mehr trinken. Dazu aß ich frische Oliven direkt vom Strauch, gelb und grün wie das wundervolle Gold alter Bronze an den Kunstwerken der Renaissance. Dann kam Kaffee, der herrliche türkische Kaffee, direkt am Stein gemahlen mit dem köstlichen Kaffeesatz und dick mit Zucker angemacht. Er ist so stark, der Kaffee der Türken, daß, wer ihn trinkt, berauscht wird. Aber es ist ein merkwürdiger Rausch, ein seltsamer Rausch, der aus diesem Getränk kommt. Wie Haschisch, wie Opium, nein, nein, das läßt sich nicht erklären, das ist wieder etwas ganz anderes. Dieser Kaffee ist schuld daran, daß der Orientale so wundervolle Lieder hat und so wundervolle Märchen, die man nicht nacherzählen kann, die sich nicht übersetzen lassen, die man aber auch versteht, wenn man die Lippen der Erzähler betrachtet, ohne die Sprache zu kennen.

Dazu gab's in längeren Pausen immer ein Gläschen Dusiko, den Anisschnaps. Diesen Schnaps hat Mohammed nur deshalb verboten, weil er ganz bestimmt den ganzen Dusiko auf der Welt allein austrinken wollte, so gut ist er, so fein und so aromatisch. Was kam denn dann noch alles? Du lieber Gott, was dann noch kam, das war ein kleines bißchen Haschisch. Nein, nein, bitte ein Kügelchen nur, erbsengroß, in den Tabak gemischt. – Haschisch – Dann schloß ich die Augen und lauschte dem Rhythmus des Meeres, den Erzählungen und Liedern der Orientalen, dem Murmeln der Handelnden ... Das alles trank mein Ohr unbewußt wie eine ferne, große Melodie, eine Symphonie voll fremder Akkorde. Ich träumte – Ruhig lag das Leben vor mir, ich hatte keine Sorgen, für mich waren alle Fragen gelöst.

Kef nennt das der Orientale. Kef, das Sichloslösen von der Wirklichkeit, das Alleinsein mit seiner Seele mitten unter den andern. Das war mein Tag und meine Nacht. Wer wird mich darum nicht beneiden?

Saloniki hatte noch zwei Merkwürdigkeiten: den Bettler Moschul und ein Denkmal, das ich die Göttin des Grammophons getauft habe.

Als nämlich der König Konstantin von Griechenland Saloniki besuchen wollte, mußte man ihm in der Eile ein Denkmal errichten. Man stellte vor einem großen Kaffeehaus eine riesige Gipsbüste auf. Das war die Göttin Fortuna. Sie hielt in der linken Hand einen Grammophontrichter, aus dem sie wahrscheinlich das Glück über die Häupter der Griechen ausstreuen sollte.

Unter dem Denkmal hatte Moschul sein Bett aufgeschlagen. Er war dort nicht wegzubringen. Denn Moschul war Kriegsinvalide, und es fehlten ihm beide Beine; dafür hatte er Holzstelzen, mit denen er sich, wenn er es wollte, sehr rasch fortbewegen konnte. Ich saß mit Moschul sehr gern zusammen, weil er so unglaublich die Polizei ärgerte. Es war für mich jeden Abend immer wieder ein neuer Born des Genusses, dem Dialog zwischen Moschul, dem Bettler, und den beiden Polizisten beizuwohnen, die ihn von der Göttin des Glücks mit Gewalt ins Massenquartier abschieben wollten. Um das zu erreichen, mußten sie ihn meistens hintragen. Nun hatte aber Moschul mit mir einen Vertrag, laut dessen ich verpflichtet war, ihm täglich aus dem gegenüberliegenden besten Kaffeehaus der Stadt Saloniki das Nachtmahl besorgen zu lassen. Solange er also Gast war und dort sein Abendbrot verzehrte, konnte ihn die Polizei nicht wegschaffen. Was er nicht verzehrte von seinem Nachtmahl, das hob er sich auf zum Frühstück. Als Speisekammer diente ihm das Füllhorn der Fortuna.

Punkt zehn Uhr abends war ich da, und ich wußte, daß mein Moschul auf mich wartete. So wichtig konnte mir gar kein Geschäft sein, um zu spät zu Moschul zu kommen. Er war auch sehr ungehalten, wenn ich mich verspätete, und sehr ungnädig. Dann setzte ich mich zu ihm auf die Erde, wir aßen Abendbrot und warteten auf die Polizei. Um elf Uhr trudelte sie ein, und es begann die Vorstellung.

„Moschul", sagte der Polizist Spilios, zuerst mit sanfter Stimme, „erhebe dich und geh nach Haus." Moschul legte den Kopf auf die linke Seite und blinzelte von unten herauf zum Polizisten. Auch er war noch geduldig und zum Frieden bereit, deshalb sagte er freundlich: „Sage mir, du zerzauster Gockelhahn von Nachtwächter, wohin soll ich denn gehen, wenn ich nach Haus gehen soll?"

Noch bezwang sich der Polizist vor mir, trotzdem der „Nachtwächter" schon sehr saß. „Geh ins Massenquartier, Moschul."

„Sooo –?" In Moschul begann es zu kochen. „Ins Massenquartier soll ich gehen?" Und dann mit gleisnerischer Freundlichkeit: „Und warum, du Nachgeburt eines ungekämmten Säuglings, warum gehst du nicht ins Massenquartier?"

„Weil ich arbeiten muß, du Tagedieb."

„So arbeite und laß mich in Frieden, ich geh nicht ins Quartier."

„So geh zu den Schwestern der Heilsarmee."

Das war das Stichwort. Wie von einer Tarantel gebissen fuhr Moschul auf und ergriff eines seiner neben ihm liegenden Holzbeine. „Flieh von mir, ich sage dir, fliehe, sonst wird deine Familie schon morgen deine Pension verfressen, du bunter Schatten einer traurigen Eule. Ich soll zur Heilsarmee und fromme Lieder singen, wo ich vor Schnaps so stinke, daß sie mich acht Tage nicht herauslassen werden. Warum gehst du nicht zur Heilsarmee, du ausgenommener Hammel, und luderst die ganze Nacht in Kleinasien herum? Ich bleibe hier."

„Du wirst gehen, du Schwein, sage ich dir."

„Ich werde gehen? Sieh einer an, den Propheten. Mit was werde ich denn gehen, wo mir doch beide Beine fehlen? Bist du denn der liebe Gott, daß du mich gehen machen kannst? Wie soll ich denn gehen ohne Beine, du Kretin?"

„Nimm deine Stelzen, du Hund."

„Und warum nimmst du sie nicht und gehst damit, du Gespenst?"

„Habe ich nicht meine eigenen Beine zum Gehen?"

„Da du sie hast, so geh damit hin in Frieden. Ich habe

keine, und darum muß ich hier bleiben, bis mich Allah zu sich nimmt."

Damit warf Moschul seine Stelzen mit kräftigem Schwung weit hinter sich, so daß sie klappernd aufs Pflaster fielen. Der Polizist pfiff. Es kam Verstärkung, und Moschul wurde so wie alle Tage auf einen Handkarren geladen, um ins Massenquartier transportiert zu werden.

Triumphierend drehte er sich nach seinem Erbfeind, dem Polizisten Spilios, um, der atemlos mit den herbeigeholten Stelzen herangelaufen kam, und sagte: „Siehst du, du Trost meiner Augen, du kannst mich nicht gehend machen. Aber ich, ich hab's fertig gebracht, daß du trotz deiner gesunden Beine mit zwei Stelzen hinter mir herlaufen mußt ..."

Das waren so meine Sorgen. Andere hatte ich keine ...


## Tomaten in Smyrna

In Konstantinopel erreichte mich der Dalles. Wie immer im Leben ließ ich es bis auf den letzten Knopf ankommen, bevor ich mich entschloß, zu arbeiten. Nun war gerade Konstantinopel der ungünstigste Ort, um mit meinen Sachen zu reüssieren. Die Stadt steckte voller Russen, Flüchtlinge, die dort auf alle möglichen und unmöglichen Ideen kamen, um ihren Unterhalt zu finden, und die Leute so lange zum Besten hielten mit allen möglichen Versprechungen, bis sie ihnen überhaupt nichts mehr glaubten und fast gar keine Veranstaltungen mehr besuchten. Dabei war jeder zweite Russe Fürst oder zumindest Obergeneral. So viele hohe Persönlichkeiten hat es im ganzen Zarenreich bestimmt nicht gegeben, wie dort in einer einzigen Straße herumstanden. Ich gebe sehr gern zu, daß unter den Flüchtlingen Konstantinopels auch wirkliche Fürsten waren, den größten Teil wird es aber sicher billiger gegeben haben.

Ich gab meine Vorträge im sogenannten Lehmann-Theater und erlebte eine Pleite, die so groß war, daß ich zum Schluß mit einem einzigen türkischen Pfund auf der Straße stand. Weiß der Kuckuck, wieso ich gerade in Konstantinopel immer Pleite gehen mußte. Ich fahr' auch nie mehr hin.

Mit meinem Pfund in der Tasche mietete ich einen Platz auf einem Frachtdampfer ordinärster Sorte und fuhr nach Smyrna. Wenn ich von dieser Stadt spreche, beginnen meine Augen zu glänzen, und es wird mir warm ums Herz. Smyrna machte alles wieder gut, was Konstantinopel verschuldet hatte. Schon die Lage dieser Stadt – sie ist leider vor ein paar Jahren abgebrannt – macht sie zur Perle des Orients.

Es gibt eigentlich nur eine einzige wirkliche Straße, und das ist der Kai. Da liegen alle Lokale, eins neben dem andern. Mitten auf diesem Kai stand ich nach meiner Ankunft mit meinem riesigen Koffer voll Plakaten und Papieren, mit buchstäblich einem Piaster in der Tasche, ohne zu wissen, wohin in der Welt. Nach langem Suchen entschied ich mich endlich für ein miserables Zimmer ohne Fenster in einer recht verrufenen Kneipe. Dann verkaufte ich für zwei syrische Pfunde – damals ungefähr drei Mark – meinen goldenen Bleistift, ein Geschenk Onkel Hausers, und begann das Geschäft.

Smyrna hat ein wunderschönes Theater, das ein Grieche, der eine deutsche Frau heiratete, für teures Geld erbaut hat. Ein sehr feiner Kerl, dieser Grieche, wie überhaupt alle Griechen. Ich weiß wirklich nicht, wieso die Griechen einen so schlechten Ruf haben. Man hält sie für geriebene und unehrliche Menschen; ein Sprichwort sagt: „Zehn Griechen machen erst einen Armenier und zehn Armenier einen Juden." Ich habe während meiner ganzen griechischen Tournee niemals auch nur eine Zeile Kontrakt mit einem Griechen gemacht, sondern alles nur durch Handschlag. Ich bin nie betrogen worden und habe nirgends in der Welt anständigere und höflichere Menschen gefunden als unter den so verrufenen Levantinern.

Eine Stunde später trat ich in das Büro des Herrn Direktor Castriotis. Als ein mit schäbiger Eleganz gekleideter junger Mann, der sich als Generalimpresario und Manager des berühmten Telepathen Diatros, zu deutsch Doktor, Erik Jan Hanussen vorstellte. Der Impresario hatte ein flottes, kleines Bärtchen und eine Fliege am Kinn. Kein Mensch konnte in diesem Mann den Herrn Telepathen Erik Jan selber erkennen, der, noblesse oblige, seinen eigenen Impresario machen mußte.

Der Handel war bald geschlossen. Ich mietete das Theater für zwei Abende gegen eine prozentuale Abgabe an den Direktor.

Die nächste Aufgabe war schwieriger, ich mußte Plakate beschaffen. Mit Geld ist das keine Kunst, aber ohne Geld ist das auch in Griechenland genauso schwer wie in der ganzen Welt. Der Drucker, ein hochanständiger Kerl, fertigte den Druck ohne weiteres an und schickte die Plakate dem ihm bekannten Direktor Castriotis um sechs Uhr abends. Der Direktor übergab sie dem Impresario und die Rechnung dazu. Der Impresario steckte die Rechnung nonchalant ein, nahm seine Plakate unter den Arm und ging von dannen. Für vierzehn Piaster besorgte ich mir Kleister und einen Pinsel für weitere fünf Piaster; und während die Einwohner von Smyrna schliefen, verklebte ich die ganze Stadt eigenhändig mit den Anzeigen meines großartigen Gastspiels. Als ich fertig war, erwischte mich ein griechischer Polizist und fragte mich nach meinem Namen. Ich stellte mich ihm als Direktor Franz Müller aus Berlin vor und bat ihn, das Strafmandat an die Adresse dieses Herrn ruhig ins erste Hotel der Stadt zu senden.

Dabei kam es zu einer kleinen Auseinandersetzung, denn ich hatte keine Zeit, und der Konstabler wollte mich zur Feststellung meiner Identität zur Wache führen. Kurz entschlossen stülpte ich ihm den Kleistertopf über den Deetz und lief davon.

Der nächste Tag fand mich ohne einen Pfennig Geld in der Tasche. Ich war so hungrig, daß mir der Kohldampf bei den Nasenlöchern herauskam, und dabei mußte ich mich verstecken, da mich ja der Polizist bestimmt noch suchte. Ich schlenderte den Kai entlang. Vor einem kleinen Gemüseladen saß ein Türke mit untergeschlagenen Beinen und hielt seine Mittagsmahlzeit. Er hatte eine große Schüssel voll roter Tomaten vor sich stehen, dazu einen Laib weißes Brot, Salz, Pfeffer, Käse und saftige Zwiebeln. Nie in meinem Leben habe ich gern Tomaten gegessen, ja ich muß sogar sagen, daß ich bis zu jener Stunde eine schreckliche Aversion gegen diese Früchte hatte. Aber als ich nun mit leerem Magen vor der großen Schüssel stand und dem Türken zusah, da lief

mir das Wasser im Munde zusammen. Mit einem Schnapp-
messer, Taschenfeitel sagen wir in Österreich, schnitt er große Scheiben weißes Brot zurecht und bestreute sie mit Salz.
Dann nahm er eine Tomate in die Hand, wischte sie an seinem Rockzipfel appetitlich ab, betrachtete sie mit lüsternen
Augen und schnitt die saftige Frucht in drei große Scheiben.
Jetzt nahm er Zwiebeln, junge Zwiebeln, hackte sie fein mit
seinem Messer und belegte seine Tomatenscheiben damit.
Dazu gab's noch Pfeffer und Salz. Dann schob er den so
zubereiteten, safttriefenden herrlichen Bissen über seinen
riesigen Vollbart in die Klappe und schmatzte so behaglich,
daß man's bestimmt bis zum Bosporus gehört hat.

Ich stand dabei und machte Stielaugen, und der Magen
drehte sich mir im Leibe herum vor Hunger und Begehr-
lichkeit nach den einst so verlästerten Tomaten. Aus meinem Bauch knurrte es schrecklich.

Der Türke muß wohl etwas bemerkt haben, denn er
sah mich freundlich an, und obgleich es ja einen furchtbar
großen Standesunterschied gibt zwischen dem Europäer –
Ewropicos – und einem simplen muselmanischen Gemüsehändler, lud er mich ein, neben ihm Platz zu nehmen.

„Willst du essen, greif zu, o Freund."

Das brauchte er mir nicht zweimal zu sagen. Ich setzte mich neben ihn, schnappte eine Tomate und noch eine
und noch eine, schnitt eine Scheibe weißen Brotes nach
der andern herunter, bespickte die Früchte mit Zwiebeln
und Käse und das Brot mit Pfeffer und Salz. So saßen wir
nebeneinander und hielten schmatzend und uns freundlich
angrinsend eine herrliche Mahlzeit. Seit der Zeit esse ich
Tomaten leidenschaftlich gern.

Nachher gab es Kaffee, und wir kamen ins Gespräch. Ich
erzählte dem Türken, daß ich der Impresario des berühmten Hellsehers Hanussen sei. Er nickte mit dem Kopf und
meinte, er habe von El Sah'r reden gehört und würde ihn
sich gern einmal ansehen.

El Sah'r, der Zauberer, der Magier, das war der Name,
unter dem mich viele Jahre hindurch der Orient gekannt
hat. Ich gab meinem Freund selbstverständlich eine Freikar-
te und besuchte ihn noch sehr oft, aber immer in der Mas-

ke des Impresarios Müller, denn ich konnte es doch nicht einem so berühmten Telepathen zumuten, in Smyrna tagelang vor seinem Vortrag herumzulaufen. Meister Hanussen saß selbstverständlich in Loutraki, dem vornehmen Badeort Griechenlands, bei Freunden und fand es gar nicht der Mühe wert, früher nach Smyrna zu kommen als ein oder zwei Stunden vor der Vorstellung.

Der Tag des Vortrags kam. Das Theater war ausverkauft bis aufs Dach. Ich saß bis zur letzten Minute an meiner Kasse. Der Direktor war schon ganz aufgeregt.

„Wann kommt denn endlich Meister Hanussen? Und mit welchem Schiff kommt er denn eigentlich?"

„Beruhigen Sie sich, Herr Direktor, der kommt sicher."

„Ja, es kommt aber doch gar kein Schiff an und auch kein Zug? Der letzte Zug ist doch schon nachmittags gekommen."

„Ein so großer Zauberer wie dieser Mann braucht keinen Zug und kein Schiff", sagte ich gelassen, „passen Sie auf, auf einmal wird er dastehen."

„Na, da bin ich aber neugierig", meinte der Direktor. Das Publikum begann schon ungeduldig zu trampeln, als ich mich endlich entschloß, mit meiner gefüllten Kasse abzuziehen und die Verwandlung vorzunehmen. Ich ging in die Garderobe, zog mir meinen dunklen Anzug an, kämmte das gescheitelte Haar wieder glatt zurück und steckte Schnurrbart und Spitzbärtchen in die Hosentasche Dann nahm ich mir einen Mantel um die Schultern und stürzte aufgeregt aus meiner Garderobe hervor.

„Wo ist der Direktor", brüllte ich, „und wo ist überhaupt Herr Müller? Das ist doch wirklich unglaublich, mich hier einfach sitzenzulassen und sich mir nicht vorzustellen."

Mein Geschrei lockte natürlich sofort den Direktor samt seiner ganzen Familie an. Ganz erschrocken entschuldigte er sich bei mir, daß er meine Anwesenheit nicht bemerkt hätte. Er machte eine tiefe Verbeugung um die andere und geleitete mich zur Bühne.

„Ich werde sofort Ihren Herrn Impresario suchen, Meister Hanussen", meinte er entschuldigend.

Ich möchte ja gern wissen, ob er ihn gefunden hat.

Der Vortrag endete mit einem sehr großen Erfolg, und ich setzte gleich drei weitere Vorträge an. Kaum war der Vortrag aus, verwandelte sich Hanussen wieder in den Impresario Müller und ging nach vorn. Der Direktor stürzte mir ganz aufgeregt entgegen.

„Herr Müller, ich suche Sie schon wie eine Stecknadel, Ihr Chef ist außer sich, daß Sie nicht da sind, gehen Sie gleich zu ihm hin und entschuldigen Sie sich. Wissen Sie, Herr Müller, Sie sind ja ein reizender Mensch, und mit Ihnen kann man sehr gut auskommen, aber der Herr Hanussen scheint ein sehr unangenehmer und reizbarer Herr zu sein.“

„Gott“, meinte ich, „es ist wirklich besser, Sie gehen ihm aus dem Weg.“

„Ja, wir möchten ihn aber für heute abend furchtbar gern einladen, und speziell meine Tochter Greta interessiert sich schrecklich für ihn.“

Als ich das hörte, verwandelte ich mich wieder in Hanussen zurück, denn die Tochter Greta war ein sehr hübsches Mädchen.

Ich schickte meinen Impresario auf Reisen, ich hatte ja wieder die Tasche voller Geld, und spazierte nunmehr ohne Verkleidung in Smyrna herum. Es war wunderschön. Ich besuchte selbstverständlich auch meinen Freund, den Gemüsehändler. Er war außer sich vor Freude, als er mich sah, und beschwor mich, ich möchte ihm doch sagen, wann sein guter Freund, der Müller Effendi, wieder nach Smyrna käme.

„Nie in meinem Leben“, so sagte er mir, „werde ich diesen feinen Mann vergessen. Da, schau'n Sie her, an dieser Stelle saß dieser reiche und berühmte Mensch neben mir, wie wenn er ein Gemüsehändler wäre, und beehrte meine Tomaten und war gnädig genug, mein Weißbrot zu essen. Grüßen Sie ihn von mir, und sagen Sie ihm, daß er hier in Smyrna seinen besten Freund sitzen hat.“

Ich war so gerührt, daß ich beschloß, mich noch einmal in die andere Haut zu werfen. Tückischer Zufall: Ich fand den Schnurrbart nicht mehr und auch nicht die Fliege. Irgendwo mußte ich sie liegengelassen haben, und so kam der gute Tomateneffendi nie mehr dazu, mit seinem Freund Müller zusammenzusitzen und Tomaten zu essen.

## Tyri und Psomy

Tyri heißt Käse und Psomy heißt Brot. Und wegen Tyri und Psomy wollte mich die Besatzung der „Isminia" vor Kreta ins Meer schmeißen, weil sie mich für den Teufel hielten. Ich will das mal der Reihe nach erzählen.

In Xantos kam eines Tages ein sehr netter alter Herr in mein Zimmer und stellte sich vor meinem großen Schrankkoffer auf. Er besah sich diesen Koffer von allen Seiten, von hinten und von vorn, und nickte beifällig mit dem Kopfe.

„Der wäre richtig", meinte er und lächelte mich an. Ich lächelte ihn auch an und bat ihn, Platz zu nehmen.

Er setzte sich mir gegenüber und sah mir lange und tief in die Augen.

„Sagen Sie, Meister Hanussen, was verdienen Sie im Jahr?"

„Aha", dachte ich, „das ist der Steuerkommissar."

Ich machte ein sehr trauriges Gesicht und schüttelte nur den Kopf.

„Mein lieber Herr", sagte ich, „die ganze Zauberei ist am Hund."

„Weil Sie dumm sind", sagte er zu mir „Weil Sie sehr dumm sind."

„Das muß doch nicht der Steuerkommissar sein", dachte ich mir.

„Wissen Sie, wer ich bin?"

Hatte der Mann meine Gedanken erraten? „Sie werden mir das schon sagen", meinte ich gelassen.

Der Mann zog eine dicke Zigarre heraus, steckte sie umständlich an und blies mir den Rauch ins Gesicht. „Wie Sie mich da sehen, bin ich der berühmteste Haschisch-Schmuggler von ganz Griechenland. Schon mein Urgroßvater schmuggelte den Haschisch nach Ägypten, und meine ganze Familie ist davon reich geworden. Schauen Sie, so ein Okka Haschisch kostet hier auf der Insel Xantos fünfzig schäbige Drachmen. Ein paar Seemeilen weiter über die Grenze, und der Okka Haschisch bringt fünfzig Pfund."

„Das ist ein sehr gutes Geschäft", sagte ich.

„Nicht wahr", meinte er.

„Soviel ich aber weiß, kann man auch eingesperrt werden, wenn sie einen erwischen dabei?"

„O ja", meinte er gelassen, „auf Haschisch-Schmuggel setzt die englische Regierung in Ägypten mindestens drei Jahre Gefängnis. Das zweitemal kann man sechs bis sieben Jahre ausfassen, wenn sie einen nicht vorher erschießen. Aber wie Sie sehen, leben wir alle noch, sogar mein Urgroßvater."

„Ich gratuliere Ihnen von Herzen, mein Herr", sagte ich, „daß Ihnen das so gut gelungen ist, aber was habe ich mit Ihrem Haschisch zu tun?"

„Das werden Sie gleich erfahren. Sie wollen doch, wie ich gehört habe, mit der Operettendirektion Ihres Freundes Apostoles Contoratos nach Alexandrien. Ich glaube, dort hat die Athener Operette ein sechswöchiges Gastspiel, und Sie selbst wollen Vorträge halten."

„Das stimmt", sagte ich.

„Na, sehen Sie", meinte mein seltsamer Gast, „hier haben Sie Ihren schönen Schrankkoffer. In diesen schönen Koffer gehen für zweitausend Pfund Haschisch hinein. Wenn man's richtig macht, sogar für dreitausend Pfund."

„Aha", sagte ich, „und da meinen Sie, ich soll –"

„Nur ruhig", meinte der Bürger von Xantos, „Sie brauchen gar keine Angst zu haben, und ich werde es Ihnen auch vorrechnen, warum Sie keine zu haben brauchen. Die Operettengesellschaft Ihres Freundes nimmt mindestens dreihundert Koffer mit, Kostüme, Dekorationen, Bücher und Privatgepäck der sechzig Mitglieder, die sie hat. Schau'n Sie, Kirie Hanussen, welcher Zollbeamte kann alle diese Koffer untersuchen? Sie stellen einfach Ihren Schrankkoffer zu den anderen dreihundert Koffern dazu und kümmern sich überhaupt nicht mehr um das Ding. Bei der Zollrevision in Alexandrien gehen Sie einfach weg. Öffnet man Ihren Koffer, so weiß kein Mensch, daß er Ihnen gehört hat. Öffnet man ihn nicht, so ist dieser Koffer im Augenblick, wo Sie ihn auf ägyptischem Boden haben, dreitausend Pfund wert, also bestimmt mehr, als Sie in zehn Jahren Ihrer ganzen Geisterseherei im Orient verdienen können. Ich gebe Ihnen für Ihr Risiko siebzig Prozent des Reinverdienstes. Rechnen Sie nach! Dreihundert Koffer sind da, die Möglichkeit, daß gerade Ihr Koffer geöffnet wird, verhält sich schlechtestenfalls wie eins zu hundert. Sie verdienen also mit einem Risiko von einem Prozent eine für Ihre Verhältnisse enorme Summe."

„Und wenn sie mich erwischen?"

„Aber warum sollten denn gerade Sie erwischt werden? Schauen Sie, in was haben wir alles schon Haschisch geschmuggelt. Wir lieferten Schokolade, die mit Haschisch gefüllt war, Gewehre an die Regierung, in deren Schäften und Patronen Haschisch war, ja sogar Klaviere haben wir nach Ägypten befördert und Särge, alles, alles voller Haschisch. Der Ägypter zahlt jeden Preis für das verbotene Rauschgift, und hier bei uns wächst es wild auf den Wiesen und kostet gar nichts. Überlegen Sie sich's bis morgen, Kali speras – auf Wiedersehen!"

Ich blieb einen Moment recht nachdenklich zurück. Die dreitausend Pfund gingen mir im Kopf herum. Dreitausend Pfund! Wie lange und wie schön konnte ich für dieses Geld faulenzen. Alles, was mein Herz damals begehrte, konnte ich mir kaufen, ein Motorrad, ein paar neue Schuhe, eine schöne goldene Uhr, eine Schreibmaschine, eine große Büchse Kaviar, alles, alles, was ich mir so durcheinander gewünscht hatte in der Zeit, als ich mich auf der Wanderschaft befand. Dann aber sagte ich mir: „Wenn sie dich auch nicht erwischen, so haftet doch für das Gepäck der Direktor Contoratos. Der würde schöne Augen machen." Ich mußte lachen, und damit war die Sache für mich erledigt.

Wir benutzten zur Überfahrt von Athen nach Alexandrien den griechischen Transportdampfer „Isminia", eine Nußschale von fünftausend Tons. An diese verdammte Schachtel werde ich denken, solange ich lebe. Vor Kreta setzte der Sturm ein mit Windstärke dreizehn, und so hielt er an Stunde um Stunde, Tag um Tag, Nacht für Nacht, bis wir vollgeschlagen waren mit Wasser und die Menschen – Schauspieler sind ja nie allzu mutig – auf den Knien lagen und alle Heiligen anriefen. Das Schiff schien verloren.

In dieser Situation bekam ich schrecklichen Hunger. Das geht mir übrigens im Leben immer so. Immer dann, wenn es kritisch wird, bekomme ich auf einmal Hunger. Ich wandte mich an den Steward. Er war schrecklich seekrank, der Arme, wie übrigens fast alle an Bord, und schleppte sich mühselig zu mir herein in das kleine Rauchzimmerchen, wo wir lagen. „Steward", sagte ich von meinem Sofa aus, „ich bin hungrig."

Er riß entsetzt die Augen auf.

„Was sind Sie?"

„Ich bin hungrig und möchte essen. Was gibt's zu essen?"

Der Grieche schlug ein Kreuz und sagte:

„Sie wollen essen? Ich habe nichts, höchstens Tyri und Psomy, Brot und Käse."

„Steward", sagte ich, vorläufig noch ganz milde, „was sind das für Sachen? Ich will speisen und nicht Brot und Käse essen."

„Ja, aber um Gottes willen, mein Herr", schluchzte der Steward, „die Küche steht doch voller Wasser, und wir alle erwarten unsere letzte Minute, und da wollen Sie essen?"

Da richtete ich mich von meinem Sofa auf und sprach: „Ob Sie Ihre letzte Minute erwarten, das ist Ihre reine Privatangelegenheit. Aber selbst dann bin ich bis zu dieser letzten Minute, und solange eine Planke dieses Schiffes noch existiert, Passagier der ersten Klasse und habe Anspruch auf standesgemäße Verpflegung. Mit Brot und Käse können Sie die Bauern im Zwischendeck füttern."

„Ja, aber das Schiff geht doch unter!"

„Das ist möglich. Aber vorläufig ist es noch nicht untergegangen, und ich sehe gar nicht ein, warum ich mit leerem Magen untergehen soll, wenn ich jetzt Hunger habe und noch einmal die Gelegenheit, essen zu können. Ich bin hungrig, und das hat nichts mit dem Untergang des Schiffes zu tun. Ich kann nichts dafür, daß ich trotzdem hungrig bin, und da ich meine Schiffskarte bezahlt habe, so steht mir auch das Recht zu, noch so viel zu essen, um nicht mit leerem Magen ersaufen zu müssen."

Der Steward wurde weiß wie die Wand. Er streckte die Hände beschwörend zum Himmel und dann gegen mich.

„Du lieber Gott", sagte er, „so eine Lästerung ist noch nicht dagewesen, jetzt weiß ich, warum wir untergehen müssen. Du bist der Teufel selbst. Geh', Satanas, selbst in die Kombüse, und hole dir deinen Teufelsfraß."

Diesen schrecklichen Fluch des Kellners begleitete, kaum, daß er ihn ausgesprochen hatte, ein derartiger Donnerschlag, daß das Boot bis zum Kiel erzitterte und sich dreimal achtern um sich selber drehte. Die ganze Gesellschaft, so seekrank sie war, war aufgesprungen und starrte mich entsetzt an. In ihren Augen lag Grauen und aufsteigende Wut. Griechen sind sehr fromm, und ich war für sie an und für sich schon anrüchig durch mein spukhaftes Gewerbe.

Ich bin nun aber mal ein Dickkopf, und ich hatte mich in den Gedanken an das schöne Essen schon viel zu sehr festgebissen, um nachzugeben. Ich stand also auf und suchte mir den Weg nach der Kombüse des Schiffes. Es war pechfinstere Nacht, nur durchleuchtet von zuckenden Blitzen im wahnsinnigen Sturm. Ich stolperte mehr, als ich ging, nach vorwärts über Taue und abgebrochene Balken, über stöhnende Menschen aller Klassen. Nur ein kleiner Hund begleitete mich, ein kleiner Spitz, den man in dem Wirrwarr rings um uns herum vergessen hatte und der wahrscheinlich vernünftigerweise auch hungrig war, so wie ich. Ich kletterte aber immer weiter, bis ich tatsächlich in der Küche war. Dort stand das Wasser bis an den Rand der Regale. Aber ich wollte essen, und nun, da ich es mir in den Kopf gesetzt hatte, erst recht. Ich nahm einen Arm voll Konserven und kletterte wieder in das Rauchzimmer zurück. Dort öffnete ich meinen Raub und verzehrte heißhungrig und wie ein kleiner Junge, der nun seinen Willen hat, was mir in die Hände gefallen war, bis auf den letzten Bissen. Ich aß durcheinander grüne Erbsen und Speck, kalifornische Früchte, Milch; wie's gerade kam, verfraß ich restlos die mir gebührende Mittagsmahlzeit erster Klasse, auf die ich nun schon tagelang umsonst gewartet hatte.

Männer und Frauen, Matrosen, Passagiere und die Mitglieder der Theatergesellschaft umstanden mich mit drohenden Augen. Sie rotteten sich zusammen und besprachen etwas.

In diesem Moment kam mein Freund Apostoles Contoratos auf mich zu und ergriff meine Hand.

Heiser vor Aufregung raunte er mir ins Ohr:

„Sie wollen dich über Bord schmeißen! Sie behaupten, daß deine Gottlosigkeit die Schuld an dem Sturm trägt. Irgendein Kerl hat ihnen eingeredet, daß sich das Meer sofort beruhigen werde, wenn du über Bord bist."

Dann ging er und ließ mich stehen. Da stand ich nun allein inmitten einer blöden und abergläubischen Gesellschaft von Levantinern, schutzlos und ohne Waffen. Niemand war bei mir, nur der kleine Spitz, der meine Mahlzeit geteilt hatte. Dieses vernünftige Tier sagte sich wahrscheinlich auch, so wie ich es mir gesagt hatte, daß ein voller Magen viel eher den Strapazen gewachsen ist, wenn es gilt, sich schwimmend zu retten, und daß bestimmt nichts Gottloses darin liegt, zu essen, bevor man über Bord geht. Das alles aber änderte nichts an meiner wirklich gefährlichen Situation. Ich mußte etwas tun.

Kurz entschlossen näherte ich mich der Gesellschaft. Alle wichen scheu zurück vor mir. Darauf baute ich meinen Plan. Ich nahm eine drohende Haltung an und sah diesen Eseln und Narren in die Gesichter.

„Ihr wollt mich über Bord schmeißen und glaubt, damit euer Schicksal zu verbessern?

Einer trat vor.

„Du bist gottlos und mußt geopfert werden."

„Schön", sagte ich, „das sehe ich vollkommen ein, aber im Augenblick, wo ihr mich über Bord werft, zerschmettert ein Blitz dieses Schiff. Versucht es, und ihr werdet mich kennenlernen."

„Du bist mit dem Teufel im Bunde, und nur weil du an Bord kamst, müssen wir sterben."

„Vielleicht ist das wahr, was du sagst, aber auch wenn ich über Bord gehe, habt ihr gar nichts davon."

„Das wollen wir sehen", schrien einige und machten Miene, mich anzupacken. Die Situation war kritisch. Einmal über Bord, war ich verloren.

In meiner Kabine lagen mein Browning und die Patronen. Ich mußte Zeit gewinnen und hinunterkommen. Deshalb rief ich:

„Einen Augenblick, ihr könnt mich ja in einer halben Stunde noch immer über Bord gehen lassen; wenn ihr mich aber jetzt nicht anrührt, dann verspreche ich euch, daß in längstens dreißig Minuten der Sturm zu Ende ist und das Meer ruhig wird. Rührt ihr mich aber an, so seid ihr alle verloren."

In diesem Moment krachte ein Blitz vor uns ins Meer und verlieh meinen theatralischen Worten den effektvollen Abschluß. Die Leute zogen sich zurück, und ihr Wortführer brachte mir nach kurzer Beratung den Bescheid: Ich bekam eine halbe Stunde Zeit, um das Wetter zu ändern.

Diese halbe Stunde werde ich nie vergessen. Ich ging, so schnell ich konnte, in meine Koje und nahm den Revolver. Billig sollten sie mich nicht haben, diese Idioten. Aber siehe da, wie im Zaubermärchen glättete sich plötzlich die See, der Donner verrollte, die Blitze wurden immer ferner, und das Gewitter, das fast vier Tage lang ununterbrochen über uns niedergegangen war, verzog sich in einen andern Winkel wie ein geprügelter Köter.

Wie stand ich da? Ich mußte geradezu hell auflachen ob all der Verehrung, die mich nun plötzlich umgab.

Ich aber nahm den kleinen Hund auf den Arm und streichelte dieses einzige vernünftige Geschöpf in dieser dummen Welt.


Als wir in Alexandrien ankamen, machte ich, daß ich schleunigst loskam von der griechischen Operette.

In wenigen Minuten waren die Zollformalitäten für uns erledigt, und ich ging ins Kaffeehaus. Da blieb ich plötzlich mitten am Weg stehen. Mir fiel etwas ein: Da stand ja mein großer Koffer vor mir, unberührt und unbesehen, kein Aas hatte sich um ihn gekümmert. Da stand er, treu und brav. Aber leider waren keine dreitausend englische Pfunde drin, sondern nur meine alten Klamotten, und die waren, weiß Gott, bedeutend weniger wert. Ist es nicht oft saudumm im Leben?

## Seeflöhe zum Schwindeln

In Alexandrien gibt es die herrlichste Straße der Welt. Sie glauben vielleicht, daß ich die Hauptstraße meine. Wie kann man mich so verkennen.

Die herrlichste Straße der Welt heißt Rue bourse ancienne und ist ein enges Gäßchen, kaum drei Schritte breit. Aber da draußen, da gibt's die schönsten, die besten Unterhaltungen auf dieser Erde. Da hat man alles, was man will, wenn man nicht gerade auf five o'clocks und Tangotees versessen ist, die gibt's dort nicht, denn die Matrosen, die dort herumsitzen, tanzen einen ganz anderen Schritt, und ihre Huren sind auf Tango auch nicht versessen. Nein, nein, das gibt's alles nicht, was sich die feinen Leute als Amüsement vorstellen, in der Rue bourse ancienne. Aber dafür kann man nirgends in der Welt so wundervolle Raufereien haben wie in diesem bescheidenen Gäßchen.

Diese herrlichen Schlägereien gibt's alle fünf Minuten. Man ist absolut nicht gezwungen, daran teilzunehmen, wenn man nicht will, und ich muß sagen, daß ich auch nicht bei jeder Rauferei dabei war. Hie und da machte ich kleine Kostproben mit, aber immer raufen, das tut ein vornehmer Mensch nicht.

In diesem Gäßchen gibt es echtes Bayrisches Bock und die größten Strydia des Orients. Strydia, das sind Seeflöhe, Krevetten, Scampi nennt sie der Italiener; in großen Körben werden sie dort von arabischen Händlern herumgetragen. Zwischen den Stuhlreihen der auf der Straße sitzenden fröhlichen Gesellschaft von Menschen. Denn in der Rue bourse ancienne klebt einer auf dem andern.

Nun esse ich gar nicht gern Strydia, so ohne weiteres, es würde mir gar nicht einfallen, an einem weiß gedeckten Tisch, serviert auf einer silbernen Schüssel, Strydia zu essen. Nee, da schmecken sie wie Pomade! Strydia muß man sich erst verdienen, und das macht man so:

Der Händler kommt zum Tisch und stellt einem den Korb vor die Nase. Nun sagt man „grad" oder „ungrad" und spuckt in die Hände. Dann greift man kräftig mit beiden Händen in den Korb hinein und packt so viel Strydia, wie man fassen kann. Den ganzen Pack legt man dann vor sich hin auf den Tisch und beginnt zu zählen, Strydia um Strydia.

Hat man „grad" gesagt und man erwischt zufällig dreiundsiebzig Strydia, dann muß man die ganzen Strydia bezahlen. Sie kosten einen Piaster courant. Aber wenn man ein Glückspilz ist und hat „ungrad" gesagt, dann kostet die ganze herrliche Strydia nicht einen roten Pfennig, und der Händler macht ein langes Gesicht.

Nun hatte ich verschiedene Händler, ehrliche und unehrliche. Der ehrliche Händler läßt es darauf ankommen, der unehrliche Händler korrigiert das Glück. Er hat in der hohlen Hand sehr geschickt eine Strydia verborgen. Dieses Tierchen legt er je nach Bedarf beim Zählen dazu, wenn's nicht aufgeht, und geht es auf, dann läßt er's in der Hand verborgen. Diese Lumpen waren mir die liebsten. Denn ich hatte auch eine Strydia in der Hand verborgen. Der Händler wußte genauso von meiner Strydia, wie ich von seiner Strydia wußte. Wir beide wußten, daß wir alle beide Gauner waren und uns gegenseitig betrügen wollten. Es kam also jetzt im wesentlichen nicht mehr darauf an, das Glück zu korrigieren, nein, Sieger blieb der, der schneller war und schneller zählen konnte. Meistens blieb ich der Sieger, denn ich hatte außer meiner Strydia noch ein Hilfsmittel. Das verrate ich aber hier unter gar keinen Umständen, denn sonst würden alle meine Leser, wenn sie mal nach Alexandrien kommen, die Strydiahändler bescheißen, und das darf im Interesse der Moral absolut nicht sein. Ich werde also mein Geheimnis mit ins Grab nehmen. Wenn Sie mir aber versprechen, es wirklich nicht praktisch anzuwenden, dann will ich's Ihnen trotzdem verraten.

Ich hatte mir in meiner Wohnung eins dieser roten Schaltierchen sehr sauber vollständig ausgeschält, so daß es wie ein Deckel ganz genau auf ein anderes unausgehöhltes Schaltierchen paßte. Je nach Bedarf nahm ich nun den Deckel ab, oder ich ließ ihn drauf auf meiner Strydia. So hatte ich immer einen oder zwei Seeflöhe zum Schwindeln. Es waren herrliche Stunden.

## Maki Backson

In Alexandrien lernte ich auch eine der wichtigsten Figuren meines Lebens kennen: Maki Backson, den Impresario. Maki (sprich Mecki) hieß eigentlich mit seinem richtigen Namen Max Bock und war aus Galizien. Er ist das niederträchtigste, schlaueste und amüsanteste Mistviech gewesen, das mich je im Leben grün geärgert hat. Ich verdanke ihm wirklich frohe Stunden! Stellen Sie sich einen langen, mageren, aber außerordentlich kräftigen Burschen vor, der mit seinen wasserblauen Augen so treuherzig in die Welt schaut, als ob der große verfressene Mund unterhalb einer nadelspitzen Nase nicht bis fünf zählen könnte. Stellen Sie sich schlohgelbe Haare mit zwei riesigen abstehenden Ohrwascheln vor, nie gekämmt und nie in Ordnung, dazu einen Rock, an dem immer die Knöpfe fehlen, und ein Paar Hosen, die so bodenscheu sind, daß man unter ihnen bis zu den Strumpfhaltern sehen kann, die aber in diesem Fall gar nicht notwendig sind, weil Maki Backson keine Strümpfe trägt, sondern Fußlappen. Dieser Maki war ein grundgescheiter Kerl und einer der lustigsten Burschen meines Lebens. Man konnte mit ihm machen, was man wollte, er sprach zwölf oder vierzehn Sprachen, mit einem Wort, man konnte mit ihm Pferde stehlen gehen.

Maki war ein Weltenbummler comme il faut. Er hatte sämtliche Berufe hinter sich, die ein Mensch haben kann, vom Millionär angefangen bis zum Stiefelputzer herunter. Als ich ihn kennenlernte, war er Pächter der englischen Offizierskantine des Barackenlagers von Alexandrien und stand vor der Pleite, wie gewöhnlich in seinem Leben. Maki war, wie er mir versicherte, schon viele Jahre mein Anhänger gewesen, er kannte mich aus den Zeitungen und wartete sehnsüchtig auf meinen Vortrag, um mich endlich persönlich kennenzulernen. Im strömenden Regen sehe ich ihn noch auf mich zukommen, ein riesiges Nahrungsmittelpaket unter dem Arm, das er mir zum Geschenk machte.

„Alles aus meiner Kantine gestohlen." Das war die Begrüßung, mit der er sich bei mir einführte.

„Nehmen Sie mich mit", flehte er mich an, „ich halt's hier nicht mehr aus in dieser Stadt, ich bin ein Vagabund und muß wieder reisen. Machen Sie aus mir Ihren Stiefelputzer, Ihren Kammerdiener oder Ihren Impresario, ich bin zu allem zu gebrauchen, nur mitkommen möchte ich mit Ihnen."

Was lag mir daran? Ich war zwar bis dato immer einschichtig durch die Welt gegondelt, aber der Kerl gefiel mir, und warum sollte ich's nicht auch einmal mit einem Leibfuchs versuchen, der mir, das sah ich sofort, bestimmt nicht zur Last fallen würde.

Maki war in Bezug auf seine Vergangenheit nicht besonders gesprächig. Es gab da bestimmte dunkle Punkte, von denen er nicht gern redete, aber nach und nach holte ich doch manches aus ihm heraus. Die Gespräche, die wir führten, waren immer sehr humoristisch. „Maki", fragte ich ihn zum Beispiel, „was für ein Geschäft hatten Sie im Jahre neunzehnhundertneunzehn?"

Maki dachte nach: „Im Jahre neunzehnhundertneunzehn? Da hatte ich eine Eisenbahn."

„Wo ging denn die hin, Maki?"

„Von Tel Aviv nach Benha. Die Eisenbahn gehörte ja eigentlich nicht ganz mir, sondern der englischen Regierung. Ich war nur beteiligt daran mit fünf Prozent."

„Wie haben Sie denn das gemacht, Maki?"

„Ja, das war eigentlich sehr einfach. Ich war der einzige Mensch, der die drei Landessprachen Palästinas sprach: Arabisch, Hebräisch und Jiddisch. Als nun die Bahn von Tel Aviv nach Benha verlegt wurde, da suchten sie nach einem Kassierer, der sich mit der Bevölkerung verständigen kann. Da meldete ich mich und wurde ein Kassierer in dieser verdammten Bretterbude, die die Engländer als Bahnhof hingestellt hatten."

„Na schön, Maki, aber dann waren Sie doch nicht beteiligt an der Bahn?"

Maki lächelte überlegen. „Ja, ich war ja auch nur stiller Teilhaber, sozusagen verschwiegener Teilhaber der englischen Regierung."

„Wie haben Sie denn das gemacht?"

„Gott, ich ließ mir auf jede Karte, die sich die Bevölkerung gelöst hat, einen Aufschlag von fünf Piastern bezahlen. Ich rundete die Summe immer nach oben ab. Da gab es verschiedene Tarife. Die Araber zahlten am wenigsten, denn die hatten meistens ein gutes Gewissen und keine Angst. Aber die Juden mußten bezahlen."

„Warum grade die Juden?"

Maki lachte. „Ja, schaun Sie, ein Jud' hat immer ein schlechtes Gewissen in der Gegend, er handelt, er schachert, er schmuggelt, mit einem Wort, er wehrt sich nicht. Ich war beteiligt an der Bahn."

„Und wie lange hat das gedauert?"

„Gott, wenn's noch zwei Jahre gedauert hätte, hätte ich mich selbständig gemacht und eine eigene Bahn eröffnet. Drei Waggons hatte ich schon auf die Seite gebracht. Aber dann erwischten sie mich, und ich ging in Pension."

„Wohin denn?"

Maki kratzte sich am Hinterkopf und meinte zögernd: „Das war eigentlich keine richtige Pension, es war mehr eine geschlossene Gesellschaft, aber es waren sehr nette Menschen dort."

Eines Tages saßen Maki und ich in Damaskus. Wir langweilten uns fürchterlich. Es war ungefähr drei Uhr nachts – in diesen Gegenden schläft man bei Tag der Hitze wegen –, wir saßen vor einer kleinen Nargileh und tranken den herrlichen türkischen Cava.

„Maki", sagte ich, „mir ist langweilig, mach' etwas, damit ich lachen kann."

Da kam ein arabischer Straßenhändler vorbei mit seinem Handkarren und bot uns Paprikaschoten und Eier an. So eine echte arabische Paprikaschote schmeckt ausgezeichnet. Wenn man daran gewöhnt ist, ist man auch imstande, sie zu genießen. Wehe aber, wenn sich ein Fremder verleiten ließe, in die lange grüne Wurst hineinzubeißen. Er bekommt sicher den Veitstanz und kann wochenlang keinen Bissen mehr schlucken, so sehr brennen die Biester. Maki und ich verzehrten je eine Schote und zogen furchtbare Gesichter. Der Händler lachte uns aus.

„Warum lachst du?" fragte Maki. „Du Ausgeburt einer verkümmerten Mutter, warum lachst du zwei weiße Herren, zwei Effendis aus Europa, aus? Du alter Hammel, du lachst, weil uns deine verdammten Paprika im Hals brennen."

Der Händler grinste.

„Malesch Effendum, aber meine Paprika sind süß wie Honig, sie brennen gar nicht. Seht her!" Und er nahm eine Paprika, bei deren bloßem Anblick mir schon die Tränen in die Augen traten, und verzehrte sie mit sichtlichem Behagen. Sie brannte ihn aber trotzdem, das sahen wir ganz genau.

In Makis Gehirn reifte ein niederträchtiger Gedanke. Gleisnerisch, freundlich fragte er den Händler: „Sag' mir Bruder, wieviel solcher Paprika bist du imstande zu essen, wenn ich dir für jede Paprika einen Piaster gebe?"

Der Händler überlegte, dann fragte er:

„Mit Brot oder ohne Brot?"

„Ohne Brot, du Schatten eines Muslims. Ich gebe dir für jeden Paprika, den du frißt, einen Piaster auf deinen Kasten."

Der Händler begann Paprika zu essen, er aß einen, drei, fünf, sechs Paprika, und vor jedem Paprika legte ihm Maki einen verführerischen Piaster vor die Nase. Dem armen Teufel brach der Schweiß aus allen Poren. Er wurde grün und blau im Gesicht, aus den Augen rann ihm das Wasser, aber ein Piaster ist viel Geld für einen armen arabischen Straßenhändler, und so aß er immer weiter. Wieviel er gegessen hat, weiß ich nicht. Ich kann mich nur daran erinnern, daß er um die fünfzigste Paprika herum plötzlich ein mörderisches Geheul ausstieß. Dann begann er zu tanzen von einem Bein auf das andere, er hüpfte von links nach rechts, er sprang über seinen Wagen und wieder zurück, kurz, er führte einen Tanz auf, gegen den die Tänze der heiligen Derwische vom Stein Mekka direkt Zeitlupenaufnahmen sind. Dann spie er uns beide im weiten Bogen an und schrie:

„Scaian, illah Scaian, ihr Teufelsgesichter aus Europa, die Hölle mag euch verschlingen in ihren Schlund und euch dort festhalten, eine Million Jahre und noch einen Ramadan dazu. Und zur Strafe sollt ihr dort die ganze Zeit Paprika fressen, so wie ich es getan habe, Paprika, Paprika, und nie sollt ihr aufhören dürfen!" Dann nahm er seinen Karren und lief davon, als ob wir tatsächlich der Teufel und sein Kompagnon gewesen wären.

Wenn Maki als mein Impresario mit den Arabern Geschäfte machte, so war das immer sehr komisch. Er sprach fließend sämtliche Dialekte des Landes und verstand es glänzend, zu handeln. Zu so einem Abschluß gehört eine Unmenge Geduld. Um dort ein Lokal zu mieten bei einem der Kinotheater- oder Saalinhaber, brauchte man zwei bis drei Tage. Es geht nicht an, daß man vielleicht hinkommt, sich einem Mann vorstellt und einfach sagt:

„Herr, wir brauchen Ihren Saal. Was kostet er, und wann kann ich ihn haben?"

Weit gefehlt. Zuerst wird Kaffee gemacht, dann sitzt man sich ungefähr zwei Stunden stumm gegenüber und trinkt ein Täßchen nach dem andern. Nach zwei Stunden erkundigt man sich nach den Geschäften und führt Gespräche über die Güte und Allmacht Gottes. Dann spricht man über das Wetter und geht wieder nach Hause. Am nächsten Tag kommt man wieder hin. Jetzt ist man seinem Ziel schon näher. Man beginnt von den eigenen Interessen zu erzählen, läßt hin und wieder ein Wort fallen von dem, was man selber hier treibt, man lobt das Haus des Saalbesitzers und fragt ihn so nebenbei, ob dieser herrliche Saal nicht auch einmal zu vermieten wäre. Fürs erste schüttelt der Händler nur den Kopf, später verlangt er aus besonderer Gefälligkeit und besonderer Güte einen unverschämten Preis. Ungefähr das Zwanzigfache dessen, was er schließlich bekommen wird. Man handelt und nennt eine Summe. Der Kontrahent ist entsetzt.

„Nehmt meinen Saal umsonst, aber verlangt nicht, daß meine ganze Familie zugrunde gehe."

Wehe, wenn man ihn wirklich umsonst nehmen wollte. Am dritten Tag endlich kommt das Geschäft zustande; unter Weinen und Wehklagen, unter tausend Beschwörungen, daß er jetzt ruiniert sei und daß er nie mehr ein anständiges Mittagessen genießen werde, bekommt man den Saal. Wehe, wenn man da nicht gute Nerven hat. Man geht in die Luft, man explodiert, man wird in vierzehn Tagen leberleidend.

Aber mein Maki, der hatte die Geduld weg.

Maki machte sogar den Orientalen nervös durch seine Ruhe. Wer sich mit ihm zu einem Handel zusammensetzte, war bestimmt von vornherein gut bedient. Maki blieb immer Sieger. Wir hatten ja schließlich Zeit.

In Damaskus hat es dieser Mensch doch tatsächlich fertiggebracht, mir einen Vortrag im Palaste des Vizekönigs selber zu managen, und der Vizekönig mußte für uns im ganzen Lande die Reklame machen.

Dabei war er mir grundehrlich und treu ergeben. Ich wußte es ihm aber auch zu danken. Das Geschäft ging schlecht und recht. Vier Wochen hatten wir Geld und lebten herrlich und in Freuden. Dann kam wieder die Pleite. In manchen Gegenden Arabiens hatte man gar kein Interesse für meine Kunst. Überhaupt ist der Araber der schwierigste Mensch in bezug auf derartige Sachen. Er ist vor allem absolut nicht zu hypnotisieren und lacht einem ins Gesicht, wenn man es versucht. Ich sprach die Landessprache wirklich ausgezeichnet, aber es ist mir nie gelungen, einen waschechten Araber in Tieftrance zu versetzen. Ein telepathisches Experiment mit ihm durchzuführen oder ein Hellsehexperiment, ist eine Kunst sondergleichen. Schon deshalb, weil er nicht will und einem dauernd Fallen stellt. Er gibt falsche Daten an und legt Hindernisse in den Weg, wo er nur kann. Er will nicht, daß es gelingt, und überdies ist seine ganze Denkungsart so kreuz und quer und so voller „Drehs", daß man sich in ihm nicht auskennt. Wenn mir heute bei einem Vortrag in Europa so irgendein Überkluger kommt und mich hineinlegen will, dann muß ich nur mitleidig lächeln.

„Mensch", denke ich mir, „Baby, Säugling, mit mir willst du fertigwerden?"

Ich habe in Arabien praktiziert, und was mir auch bei uns passieren könnte, ist Kinderspiel gegen eine Vorstellung in Tanta, Mazura oder Aleppo.

Gerade in Aleppo zum Beispiel, da war der Besitzer des Theaters, in dem ich meinen Vortrag hielt, am Reinverdienst mit der Hälfte beteiligt. Er hätte also das größte Interesse daran haben müssen, einen möglichst guten Vortrag zu bekommen und mich nicht zu stören. Weit gefehlt. Der Herr Besitzer selber war mein größter Gegner. Als ich ihm das vorhielt, da meinte er:

„Was ist Geld, Effendi, und was Verdienst? Ich will dir auf deinen Schwindel kommen, und das ist mir mehr wert als die ganze Einnahme."

Zum Schluß waren Maki und ich so ausgemistet, daß ich mich entschließen mußte, mich vorläufig von ihm zu trennen. Das Reisegeld langte nur für einen, und ich wollte nach Palästina.

Ich ließ also Maki in Kairo zurück und versprach ihm, mich in kurzer Zeit wieder bei ihm zu melden. Nach Palästina konnte er sowieso nicht mit, da er dort noch wegen seiner Position als Eisenbahnbesitzer von den Engländern gesucht wurde und infolgedessen allen Grund hatte, dort nicht aufzutauchen und nicht mit seiner einstigen eigenen Eisenbahn zu fahren.

Ich kam in Tel Aviv ohne einen Pfennig an. Damals war Tel Aviv, die Stadt der Zionisten, noch eine große Sandwüste mit ein paar Häusern darauf, nicht wie heute ein reinlicher und großstädtisch anmutender Platz von fünfzigtausend Einwohnern. Es gab dauernd Kämpfe zwischen Arabern und Juden, aber auch Kämpfe zwischen jüdischen Kolonisten und Pfadfindern, den sogenannte Chaluzzen. In dieser Stadt quartierte ich mich in einer Pension ein, Hotel Herzlia. Es war ja sehr schön dort, aber ich hatte schreckliche Angst, daß man mir die Rechnung präsentieren würde. Immer dachte ich, der Kellner schaut mich so scheel an, jetzt bringt er die Rechnung. Was doch die Einbildung macht.

Als ich das diesem Kellner später erzählte, da sah er mich groß an und meinte ehrlich erstaunt:

„Ich habe nicht einen Moment daran gedacht, Ihnen die Rechnung zu bringen. Im Gegenteil, ich hielt Sie für den zahlungskräftigsten Gast unseres Hotels."

In Tel Aviv gab es damals noch keine richtige Druckerei, und ich mußte mir die Plakate selber malen, auf Hebräisch natürlich, denn das ist dort die Landessprache. Sogar die arabischen Dienstboten sprechen entweder Hebräisch oder Jiddisch. Es ist urkomisch, wenn man einen pechschwarzen Nubier perfekt jiddeln hört.

Mein Vortrag fand im Herzlia-Gymnasium statt, dessen Direktor der heute sehr berühmte Zionist Professor Mosessohn ist. Als ich den Saal mietete, natürlich ohne Anzahlung, mußte ich mich verpflichten, den Vortrag in hebräischer Sprache zu halten. Tag und Nacht saß ich und studierte Hebräisch. Es ging ganz gut, da ich Arabisch konnte. Der Vortrag war glänzend besucht, und ich hatte wieder Geld in Hülle und Fülle. Nur nach dem Vortrage meinte Herr Professor Mosessohn zu mir:

„Ihr Hebräisch in Ehren, Herr Professor, aber das nächste Mal sprechen Sie in Gottes Namen lieber deutsch. Sie blamieren sonst die ganze Innung."

Durch das ganze Land bin ich gezogen, Jerusalem, Jaffa, Haifa, die Kolonien, Sychron Jakow, Rischon le Zion, Betachtikwa. Überall gab ich Vorstellungen. Einen Haufen Geld konnte man da verdienen, aber man konnte es auch ausgeben, denn die Chaluzzen sind eine lustige Gesellschaft, und ich war in ihrem großen Zeltlager ein gern gesehener Gast. Fünftausend Menschen lagen damals vor Tel Aviv, um das Land zu kolonisieren. Jünglinge und Mädchen, Greise und Großmütter, sie waren aus allen Teilen der Welt zusammengekommen, ihren Idealen, ihren Zielen folgend, zur Bebauung der heimatlichen Erde. Es ging den Leuten miserabel, sie mußten für wenige Piaster schwer arbeiten. Ich sah Künstler und Doktoren, Ingenieure und Lehrer am Wegrande sitzen und Steine klopfen, den Weg zu bereiten für die Straße, die nach der Heimat führt.

Lustige Burschen waren darunter und lustige Mädels. Da war zum Beispiel ein gewisser Eppstein, heute Direktor der Palästinensischen Großbank in Jerusalem, und ein gewisser Ruttenberg, heute Generaldirektor des Landeselektrizitätswerkes von Palästina, das er selbst erbaut hat und das heute fast ganz Palästina mit Strom versorgt. Da war Architekt Holzer, der heute drüben die großen Kaufhäuser baut.

Eppstein war ein lieber Kerl, aber er hatte eine üble Angewohnheit. Er nahm nie den Hut vom Kopf herunter, und das muß man auch in Palästinä machen, außer in der Synagoge. Dort gilt's als Unanständigkeit. Wir beschlossen, das dem Eppstein abzugewöhnen. Der Ruttenberg nahm sich ihn geheimnisvoll beiseite.

„Du, hör' mal, Eppstein, der Hanussen hat beschlossen, dich zu hypnotisieren. Er ärgert sich, daß du nie den Hut herunternimmst, und er will ein Experiment mit dir machen."

„Was für ein Experiment?"

„Er will dir das Grüßen beibringen."

„Da bin ich neugierig, wie er das machen will."

„Durch Hypnose! Solange du den Hut auf dem Kopf hast, wirst du nichts mehr hören können. Wenn du mir folgst, nimmst du ihn herunter in der Nähe des Hanussen."

„Na, das möchte ich sehen", meinte Eppstein und setzte sich seinen Tschakko fest über die Ohren.

Wir andern aber weihten die ganze Stadt in unseren Plan ein.

Wo Eppstein hinkam, wurde jede Rede unterbrochen, und man bewegte nur die Lippen, ohne wirklich zu sprechen. Eppstein konnte also wohl die Bewegung unserer Lippen sehen, aber er hörte kein Wort, weil wir ja selber kein Wort hörten. Das ging viele Tage so. Ganz Tel Aviv spielte mit. Kaum aber nahm er den Hut herunter, sprachen wir alle wieder normal weiter. Der gute Eppstein ging wie im Traum umher und schüttelte den Kopf.

Die Pointe kommt aber erst. Zum Schluß erzählten wir ihm den ganzen Spaß. Er aber glaubte es nun nicht mehr. Die Suggestion saß so fest bei ihm, daß er tatsächlich mit dem Hut auf dem Kopf nichts mehr hören konnte. Als ich später in Palästina war, traf ich Eppstein wieder. Er ging noch immer ohne Hut herum und bildete sich ein, mit dem Hut auf dem Kopf nichts hören zu können.

Mit tausend Pfund in der Tasche kam ich nach Kairo zurück. Mein erster Weg war, Maki zu suchen. Ich fand ihn in einer furchtbaren Verfassung. Maki war Ausrufer geworden in einer russischen Kegelbude. Kaum sah er mich, stürzte er auf mich zu.

„Gott sei Dank, daß du da bist! Ich weiß nicht, wo ich heute nacht schlafen werde."

„Maki", sagte ich und machte ein ernstes Gesicht, „leider bin ich total pleite, auch ich weiß nicht, wo ich heute nacht mein Haupt hinlegen soll. Ich habe noch kein Nachtmahl gegessen."

„So", sagt Maki, „das werden wir gleich haben. Ich verkaufe meine Weste, dafür bekommen wir ein sehr anständiges Abendbrot."

Und er ging hin und verkaufte einem Russen seine Weste für einen Schilling. Dann setzten wir uns nieder und bestellten Kartoffelpuffer.

„Weißt du, Maki", sagte ich nach dem ersten Bissen, „das schmeckt mir nicht, ich werde was anderes bestellen."

Dann ließ ich auftischen. Das Beste und Schönste, was es in der Bude gab. Makis Augen wurden immer größer. „Du hast recht", sagte er mir, „auf diese Weise kommen wir wenigstens zu einem Quartier. Sechs Wochen kriegen wir bestimmt für das Nachtmahl."

„Na, warte einen Moment", sagte ich, „vielleicht reicht's noch zur Zeche."

Da nahm ich meine dicke Brieftasche heraus, legte sie vor mich auf den Tisch hin und begann zu zählen. Einhundert, zweihundert, dreihundert, immer mehr und mehr legte ich auf den Tisch. Maki starrte wie hypnotisiert auf die schönen blauen englischen Banknoten. Dann aber erholte er sich ziemlich rasch. Er nahm einen Schilling, kaufte sich seine Weste zurück und machte seinem Brotherrn einen furchtbaren Krawall.

„Lange genug habe ich mich von dir triezen lassen, du russischer Windhund", schrie er, „ruf' dir in deiner Bude von heute ab selber aus!"

Damit verließen wir das Lokal.

## Der auferstandene Hammel

Innerhalb des Mittelländischen Meeres gibt es die großen und die kleinen Zykladen, und innerhalb der kleinen Zykladen liegen Rhodos und Kos. Auf der Insel Kos war ich vierzehn Tage König und auf Rhodos acht Tage Spion. Die Bevölkerung von Kos besteht aus fünfzehnhundert Seelen. Dabei sind schon die Esel und Maultiere mitgerechnet. Mitten auf Kos steht die sogenannte Sokrateseiche, ein uralter Baum, unter dessen Schatten einst Sokrates gesessen haben soll. Dann gibt es auf Kos noch das Aesklapeon, ein antikes Spital, in welchem Aeskulap selbst Ordinarius war. Später wurde das Aesklapeon eine türkische Festung, und jetzt ist es die Kaserne der italienischen Besatzung. Türken und Griechen leben dort in friedlichem Nebeneinander. Das Ganze beherrscht ein italienischer Feldwebel und zwei Soldaten. Alle vierzehn Tage legt ein Schiff an und bringt die Post.

Zwischen den weißen Marmorbüsten einer längst vergangenen Kultur hielt ich im Mondenschein einer wunderschönen Juninacht meinen okkultistischen Experimentalvortrag.

Die Stunden, die ich auf Kos verlebte, sind mir unvergeßlich. Nirgends in der ganzen Welt bin ich so gut verstanden worden wie von der Einwohnerschaft dieser seltsamen kleinen Insel. Unter der riesigen Sokrateseiche sitzend, tranken wir Kaffee und rauchten Pfeife. Der Herr Doktor, der Herr Apotheker, der alte italienische Feldwebel und die Bevölkerung, die des Abends vom Berg herunterkam.

Mein kleines Reisegrammophon war die Sensation des Landes. Für die guten Menschen war ich ein berühmter Zauberer, der irgendwie in der Verkleidung eines Menschen auf die Erde gestiegen war und den man in allen Ehren zu behandeln hat. Da war auf Kos ein griechischer Dichter. Seinen Namen habe ich vergessen, ein alter Sonderling, der sein ganzes Leben lang noch mit keinem Schritt von der Insel hinausgekommen war. Er dichtete mich an in einem Gedicht, das, ich glaube, dreitausend Strophen hatte, jeden Tag kamen neue dazu.

Ich hatte auch eine Liebe in Kos. Ein türkisches Mädchen, das für die Einwohner des Städtchens sämtliche Liebesdienste besorgte, die sonst in Großstädten durch ganze Straßenzüge besorgt werden müssen. Solange ich in Kos weilte, war Laila aber sakrosankt, dem Fremdling reserviert. Nur Maki war pietätlos genug, hinter meinem Rücken ebenfalls die Freuden an Laila Hanuma zu genießen.

Ewig werde ich mich erinnern an die spiritistische Séance, die wir inmitten der Trümmer des alten Aeskulaptempels veranstalteten. Es war wunderbar und heilig schön.

Nirgends im Leben sind mir die Beschwörungen so gelungen wie damals beim Aeskulap zu Kos. Die ganze klassische Antike meldete sich, wir sahen Materialisationen von unglaublicher Schärfe und Schönheit.

Von Kos ging es nach Rhodos. Dort wollten die Italiener mich nicht debarkieren lassen, weil sie mich für einen griechischen Spion hielten. Rhodos war damals ein riesiges Waffenlager der italienischen Armee. Von dort aus versorgten sie die Türken mit Munition. Wieso man mich für einen Spion hielt, ist mir heute noch schleierhaft. Als man uns endlich doch an Land ließ, erklärte mir der italienische Stationskommandant, daß ich dauernd bewacht werde und es mir ja nicht einfallen lassen solle, zu photographieren oder zu vermessen. „Mein lieber Herr", sagte ich, „ich habe gar nicht die Absicht, mich um den griechisch-türkischen Krieg zu bekümmern. Ich will hier Geld verdienen und einen Vortrag halten, sonst gar nichts."

„Wer's glaubt, wird selig", sagte der Herr General. „Aber immerhin, tun Sie, was Sie nicht lassen können. Wenn Sie etwas Verdächtiges machen, werden Sie erschossen."

Mein Vortrag sollte im Hotel Bellavista stattfinden, und zwar im Garten des Hotels. Ein schönes Hotel. Es hatte im ganzen fünf Zimmer, und jeden Tag gab es zum Frühstück, zum Nachtmahl und dazwischen Hammelbraten-Jaraz.

Für meinen Vortrag brauchte ich Stühle, denn im Hotel gab es nur zehn Stück. Ich ging deshalb den Berg hinunter ins Türkenviertel von Rhodos und schloß mit dem dortigen Kavedju einen Vertrag. Ich verpflichtete mich, per Sessel einen Piaster zu zahlen und bekam dafür zweihundert türkische Kaffeehaus-Stühlchen zur Vorstellung geliehen. Nachmittags kam ein riesiger Leiterwagen den Berg hinauf, von zwei Ochsen gezogen, und brachte die Stühle. Der Preis war natürlich unverschämt, aber ich machte mir vorläufig kein Kopfzerbrechen darüber, denn die Vorstellung war ausverkauft. Spaßigerweise saßen in der ersten Reihe in voller Parade der General und sein ganzer Stab, weiß behandschuht und im Schmucke aller ihrer Orden. Man tat mir alle Ehre an, ich war doch ein Spion.

Am nächsten Tag kam der Kavedju seine Stühle abholen und die Piaster einkassieren. Zweihundert Piaster. Nun versuchte ich zu handeln. „Schau", sagte ich, „ich bin ein großer Zauberer, und du mußt dich mit mir gut stellen."

Er lächelte freundlich. „Effendi, das mag alles ganz richtig sein, du bist bestimmt ein großer Zauberer, unleugbar, was liegt dir also an zweihundert Piastern, zaubere sie auf den Tisch und handle nicht. Das ist deiner unwürdig."

Was sollte ich machen? Ich mußte bezahlen. Aber ich war wütend.

„Gut", sagte ich, „da hast du dein Geld, aber wenn dir in den nächsten Wochen alle deine Hammel krepieren und der Blitz in dein Haus einschlägt und ein Unwetter dein Maisfeld vernichtet, dann erinnere dich an mich und die zweihundert Piaster, die du mir abgenommen hast, du Schuft."

Er grüßte freundlich und ging.

Aber was tut Gott? Ich sollte meine Drohung sehr zu bereuen haben. Am nächsten Tag zeitig morgens erwachten wir in unserem Zimmer durch einen schrecklichen Lärm vor dem Hotel. Maki stand auf und guckte zum Fenster hinaus. Was war das? Da standen Kopf an Kopf ein paar hundert Türken, die aus der unteren Stadt heraufgekommen waren. Sie trugen Knüppel und Dreschflügel, einige hatten sogar verrostete Flinten mitgebracht. Im selben Moment stürzte auch schon der Wirt, ein Italiener, schreckensbleich zu uns herauf. „Stehen Sie sofort auf, die Türken wollen Sie holen."

„Was wollen denn die Türken von mir?"

„Es ist etwas Schreckliches geschehen. Heute nacht sind dem Mann, von dem Sie die Stühle geborgt haben, zwei Hammel krepiert. Er behauptet, daß Sie sie ihm verzaubert hätten."

Das war ja eine schöne Situation. Die Leute wollten mich verprügeln. Sie wollten mein Leben. Hier galt es, rasch zu handeln, denn von der italienischen Regierung war keinerlei Hilfe zu erwarten. Die hätte sich höchstens gefreut über mein Ende.

Was also tun?

Ich trat auf den Balkon und zeigte mich dem versammelten Publikum von Rhodos. Kaum erblickte mich die

Meute, begann ein furchtbares Geschrei. Sie erhoben drohend die Dreschflügel und Heugabeln gegen mich, und der, der sich zum Wortführer machte, war mein Kavedju von gestern.

Er trat vor: „Gib mir meine zwei Hammel wieder."

„Lieber Freund", sagte ich, „was habe ich, ein ehrsamer Deutscher, mit deinen beiden Hammeln zu tun?"

„Du hast sie verzaubert, und sie sind krepiert, genauso, wie du es mir gestern prophezeit hast. Schaff' die Hammel her, oder du verläßt diese Insel nicht mehr lebend."

Ich mußte unwillkürlich an mein Zauberdebüt an Bord der „Isminia" denken; daß ich doch dauernd in Ungelegenheiten kam durch den Aberglauben der Menschen! Was aber nutzten mir alle philosophischen Betrachtungen, hier mußte ich rasch handeln, sonst hatte ich zu gewärtigen, daß sie mir sämtliche Rippen einschlugen und dem armen Hotelier das Hotel demolierten.

„Nun gut", sagte ich, „ihr Leute, ich habe euch bewiesen, daß ich ein Zauberer bin. Gewiß, ich kann Hammel tot und lebendig machen, ganz wie es mir beliebt. Ich kann euch alle zum Scheitan schicken. Ich gebe zu, daß ich den Tod deiner beiden Hammel verschuldet habe. Ich habe sie verzaubert sozusagen als Kostprobe, und ich werde alle deine Hammel und überhaupt alle Hammel der Insel, und wenn es mir paßt, sämtliche Hammel der ganzen Welt ausrotten, so daß es überhaupt keine mehr gibt. Wenn du aber bereit bist, mir von meinen zweihundert Piastern, die ich dir für deine wackligen Rohrsessel bezahlt habe, hundert Piaster zurückzugeben, so will ich den Bann von euch nehmen und einen der beiden Hammel lebendig machen."

Diese Rede wirkte ausgezeichnet. Die versammelten Türken bildeten einen Kreis um ihren Wortführer und hielten eine Beratung ab, bei der es sehr lebhaft zuging. Die eine Gruppe war einstimmig dafür, mein Angebot anzunehmen und den Hammel lebendig zu machen, die andere Gruppe war mehr dafür, es abzulehnen und mich totzumachen. Aber die Neugierde siegte. Nach einer Viertelstunde kam eine Abordnung zu mir. Auf ihren Schultern trugen sie einen alten Bock und legten ihn unter meinen Balkon.

„Mach' ihn lebendig, Effendi, und du bekommst dreißig Piaster zurück."

Ich gab Maki einen Wink. Gott sei Dank, er und ich verstanden uns ausgezeichnet. Er nahm den Hammel bei den Beinen und schleppte ihn nach rückwärts hinter das Haus. Im Stalle unseres Wirtes befanden sich Hammel in Hülle und Fülle, und ich wußte nun ganz genau, daß Maki einen lebendigen Hammel, der dem verreckten Tier ähnlich sah, herbeischaffen würde. Ich konnte mich auf ihn verlassen. Tatsächlich sah ich ein paar Minuten später meinen Freund mit dem Wirt debattieren und in der Richtung des Hammelstalles verschwinden. Dann begann der Zauber. Zuerst nahm ich die dreißig Piaster, dann gab mir Maki einen Wink. Er nahm den toten Hammel bei den Beinen, versenkte ihn feierlich in eine große Düngergrube, eine Art unbenutzter und verschlammter Zisterne, die im Hof war. Hinter der Düngergrube befand sich dichtes Gestrüpp, und hinter dem dichten Gestrüpp sahen meine Augen schon den lebenden Hammel, den Maki dort beim Schwanz festhielt. (Wenn das Biest bloß nicht zu blöken anfängt, dachte ich. Aber Maki hält ihm bestimmt die Schnauze zu.) Ich sprach einen furchtbaren Zauberspruch über den versenkten Hammel, dann befahl ich den Kaffern, mir Stroh zu bringen. Nach kurzer Zeit brannte der große Strohhaufen lichterloh und entwickelte eine dichte Rauchwolke, hinter deren Deckung Maki den Hammel heranbrachte. Und das Wunder der Wiedergeburt geschah:

Als sich der Rauch teilte, stand vor den erstaunten Augen der Türken ein wunderschöner, nagelneuer Hammel, der dem verstorbenen so ähnlich sah wie ein Ei dem andern. Sogar die schwarzen Flecke hatte Maki mit schwarzer Schminke aus meinem Detektivkasten fabelhaft auf die Stirn gemalt. Die Türken waren außer sich vor Begeisterung und brachten mir große Ovationen dar. Als sie abgezogen waren, blieb nur einer zurück, und das war der Kavedju selber.

„Herr", sagte er, „du bist wirklich ein Zauberer. Du hast sogar einen Hammel lebendig gemacht, der schon acht Tage tot war! Hier hast du noch zwanzig Piaster dafür. Gott segne dich, Effendi."

Was alles habe ich mit Maki erlebt! Darüber müßte ich wirklich einmal ein Buch schreiben.

Einmal ging uns in Tripolis das Geld aus. Tripolis ist nun nicht etwa die große italienische Kolonie, sondern ein kleines Nest in Arabien. Dort zog die Telepathie gar nicht. Da kam ich auf einen alten Trick und produzierte mich als der Mann, den kein Mensch vom Boden heben kann. Das ist eine höchst einfache Angelegenheit. Wenn sich jemand nämlich stark nach vorn überneigt, so ist kein Mensch imstande, ihn aufzuheben, wenn er im Moment des Hebens sein Schwergewicht in der Richtung des Hubes zu verlegen weiß. Mit dieser Sache hatten wir ein ausverkauftes Haus. Ich hatte tausend Pfund Belohnung ausgesetzt für den starken Mann, der es fertig brächte, mich auch nur einen Zoll vom Boden zu heben. „Sicher ist sicher", sagte sich Maki, der immer sehr vorsichtig war, und nagelte in das Podium des Wirtshauses, in welchem wir unsere Kunst zeigten, zwei dicke Ösen ein und in meine Absätze zwei Haken. In diese Ösen zog ich meine Haken hinein, und es ging ausgezeichnet. Es wäre auch weiter ausgezeichnet gegangen, wenn das verdammte Podium nicht so morsche Bretter gehabt hätte. Aber da kam ein Kerl, groß wie Goliath und stark wie ein Ochse. Er packte mich um die Hüften, machte ruck, und im nächsten Moment schwebte ich mindestens einen Meter hoch in den Lüften und unter mir das ganze Theaterpodium mit allem, was drum und dran war. Ich sah aus wie ein Skimeister, der von der Teufelsschanze springt.

So schnell wie aus Tripolis sind wir noch nirgends herausgekommen. Das war Maki.

In Beirut verliebte ich mich in die Tochter eines türkischen Handelsmannes. Den Verkehr zwischen Mirjam und mir vermittelte ein Araber aus dem Hause ihres Vaters. Er hieß Abdul el Naim Hamid und bezog dafür eine sehr schöne Wochenrente. Unverschämt wie alle Araber nun einmal sind, streikte Abdul eines Tages und verlangte das Doppelte. Schon wollte ich bezahlen, als Maki dazwischentrat.

„Für das Geld", sagte Maki, „mache ich dir den Araber viel besser." Und tatsächlich strich er sich, ich glaube mit Teerfarbe, an, zog einen Haik über den Bauch, setzte sich einen Turban auf und spielte Abdul. Die Sache hatte nur einen Fehler. Man erwischte ihn und sperrte ihn als Einbrecher ins Loch. So treu war Maki, daß er sich lieber in den Käfig setzen ließ, als daß er den wirklichen Zusammenhang verraten hätte.

Mit Hilfe von zwanzig Pfund holte ich ihn wieder heraus.

„Siehst du, Maki", sagte ich dann, „man soll immer bei der echten Ware bleiben. Die Imitation kostet einen zum Schluß bedeutend mehr als das Original!"

Eines Tages verliebte er sich leider selber. Er beschloß, sich in irgendeinem Nest, wo, weiß ich nicht mehr, niederzulassen, seine Liebe zu heiraten und ein anständiger Mensch zu werden. Zwei Jahre später kam er vollkommen zerlumpt bei mir in Berlin an. Doch davon später.


## Der Eisenkönig

Alles nimmt ein Ende. Ich mußte leider wieder einmal nach Hause. Ich war kreuz und quer durch den Orient gekommen und hatte ihn ausgekostet bis auf den letzten Tropfen. Ich hatte das Mangobaumwunder gesehen und den berühmten Seiltrick, ich war bei Fakiren und Derwischen in der Lehre. Wie soll ich das alles hier erzählen, da es doch Bände füllen würde?

Eines schönen Tages war ich wieder in Wien. Ich kam mitten in die Inflation hinein und nahm ein Engagement im Wiener Ronacher-Theater an. Zu gleicher Zeit mit mir war Sigmund Breitbart, der Eisenkönig, engagiert. Aus diesem Zusammentreffen ergab sich jener gewaltige Skandal, der die Öffentlichkeit vor acht Jahren in so hohem Maße beschäftigt hat. Hier soll er einmal so geschildert werden, wie er sich tatsächlich zutrug.

Bekanntlich nannte sich Sigmund Breitbart den stärksten Mann der Welt. Seine Produktionen waren auch fabelhaft. Er bog dicke Eisenstangen zu Spiralen, schlug Nägel mit der flachen Hand in starke Bohlen; er legte sich unter ein mächtiges Brett, das er mit vielen zentnerschweren Steinen beladen ließ, oder mit entblößtem Rücken auf ein mit Nägeln bespicktes Brett, nahm einen Amboß auf die Brust und ließ darauf herumhämmern, er zerriß Ketten mit den Fäusten, ja er ging sogar so weit, Ketten zwischen den Zähnen zu zerbeißen, als wären sie Salzbrezeln. Nie im Leben hätte dieser Breitbart es mit mir zu tun bekommen, wenn mich nicht seine maßlose Empfindlichkeit immer wieder herausgefordert hätte. Ich hatte damals einen sehr großen Erfolg als Artist und gönnte es Breitbart von Herzen, daß seine Produktionen von den Wienern bejubelt wurden.

Der Direktor des Ronacher-Theaters war der ehemalige Rittmeister Rosner, mit dem ich in Sarajewo zusammen gedient hatte. Mit Rosner unterhielt ich mich einmal über die Leistungen Breitbarts. Ich belustigte mich über die Harmlosigkeit des Wiener Publikums, das sich einreden ließ, ein Mensch könne mit seinen Zähnen dicke Eisenketten zerbeißen. Ich kannte die Tricks seiner Kunst, soweit sie nicht auf wirklicher Kraft beruhten, aus meiner Artistenzeit her. So wußte ich ganz genau, daß man sich ohne weiteres auf so ein Nagelbrett legen kann und daß man ohne weiteres ein großes Brett mit Steinen auf die Brust zu nehmen imstande ist, wenn man nur weiß, wie man sich zu legen hat und die Balance zu halten versteht. Ein solches Nagelbrett ist ja mit vielen Hunderten von Nägeln bespickt. Jeder einzelne dieser vielen Nägel trägt nur ein ganz winziges Teilchen des Gewichts, und so ist es bei der dichten Zusammenstellung der Nagelspitzen unmöglich, daß einer dieser Nägel in den Rücken eindringt. Ein Wunder wäre die Leistung nur, wenn man sich mit dem Rücken auf ein Brett legen würde, das im ganzen fünf, sechs oder zehn Nägel hat. In diesem Fall würden sich die Nägel sofort ins Fleisch einbohren. Genauso ist es mit dem sogenannten Steinbrett. Jeder nur halbwegs kräftige Mensch ist in der Lage, ein solches Brett auf Brust und Knien zu halten, wenn er unter dem Rücken einen festen Schemel hat, der seinen Rücken stützt. Starke Männer können sogar den Schemel entbehren und als Stütze ihren Arm und die Knie benutzen.

Ebenso ist es beispielsweise mit dem sich Überfahrenlassen durch ein Auto, was von Athleten gezeigt wird.

Kein Mensch kann sich natürlich, ohne Schaden zu nehmen, von einem Auto in rascher Fahrt überfahren lassen. Wenn man aber durch einen kleinen schrägen Tritt das Auto mit der einen Radseite schräg hinüber fahren läßt, so kann sich unter die andere Radseite ruhig ein Mensch bäuchlings hinlegen. Es wird ihm nicht allzu weh tun, da ja das ganze Gewicht auf der anderen Seite liegt. Auch das Eisendrehen ist selbstverständlich eine Kraftleistung, wenn man starkes Eisen dazu nimmt, aber mit schwächeren Eisenstangen ist es keine Kunst, ein Millimeter spielt da oft schon eine Rolle. Unlängst sah ich in Wiesbaden im Korsokabarett ein fünfjähriges Kind, das alle diese großartigen Tricks zeigte, all diese Tricks, die seinerzeit Wien auf den Kopf gestellt haben und mir die Ungunst der Wiener nur deshalb einbrachten, weil ich mich weigerte, sie als echte und reelle Kunstleistungen anzuerkennen.

Dieses Gespräch zwischen dem Direktor Rosner und mir veranlaßte Breitbart – Gott gebe ihm die ewige Ruhe, er ist heute tot, er starb an einem vergifteten Nagel –, mir feindselig zu kommen. Er war ein Hüne, und es war bestimmt nicht angenehm, mit ihm ins Handgemenge zu geraten. Eines Tages versetzte er mir einen heftigen Stoß, und die Feindseligkeiten waren eröffnet.

Ich wurde interviewt und gab meiner Meinung unverhohlen Ausdruck, daß es lächerlich sei, wenn ein Mensch von sich behauptet: „Ich kann mit dem Schmelz meiner Zähne fünf Millimeter dicke Eisenketten zerbeißen." Das mußte ein Trick sein. Ich wußte den Trick nicht und folgte nur meinem Menschenverstand, wenn ich diese Behauptung aufstellte. Man kann unmöglich mit dem Härtegrad null den Härtegrad drei zermalmen. Aber ganz Wien stand auf der Seite Sigmund Breitbarts. „Er beißt Ketten", das war die Parole, „und Hanussen ist eben nur neidisch."

Als ob ich in meinem ganzen Leben zu meinen Erfolgen es nötig gehabt hätte, Ketten zu beißen! Heute weiß ich genau, wie die Kettenbeißerei vor sich gegangen ist. Es war ein ungemein einfacher Bluff wie vieles in diesem Leben, was wirksam ist. Die Ketten, die dazu verwendet werden, sind sogenannte Viktorketten. Das sind Knotenketten, die man durch Ineinanderschachteln der einzelnen Glieder zum Knebel dreht und mittels Hebelwirkung ohne weiteres sprengen kann Ich habe im Ullstein-Verlag in Berlin fast den ganzen Redaktionsstab Ketten reißen lassen. Das Beißen der Ketten ist dann nichts weiter als ein Geschicklichkeitstrick. Das vorher blitzschnell abgedrehte Kettenglied wird einfach in den Mund gesteckt, und nun kommt es nur darauf an, möglichst intensiv das Beißen zu markieren. Zieht man die Kette zwischen den Zähnen hervor, so genügt eine kleine Drehung nach rechts, und die eine Seite des Achtergliedes fällt auseinander. Das weiß ich also heute, und diese Erkenntnis hat mich viele schmerzliche und böse Erfahrungen gekostet, so wertlos sie im Grunde ist. Der ganze Quatsch war wirklich nicht wert, daß ich soviel durchmachen mußte, daß ich es mir deswegen mit ganz Wien verdorben habe und schließlich sogar deshalb aus der Stadt, in der ich geboren bin, ausgewiesen wurde! Schuld daran war wieder einmal meine Dickköpfigkeit und Zähigkeit, mit der ich ganz unnötigerweise daran festhielt, die Dummheit zu bekämpfen; mit der ich eine große Stadt vor der Lächerlichkeit zu bewahren versuchte.

Die lustige Pointe dieser Angelegenheit war übrigens eine Wette, die von einigen meiner Freunde und mir im Café Payer einige Tage vorher eingegangen worden war.

## Das Rezept zur Berühmtheit

An einem schönen Sonnabend, einige Wochen vor dem großen Breitbart-Krach, saßen wir, das heißt ich, ein bekannter Wiener Journalist, zwei Schauspieler und der Regisseur eines Theaters, im Café Payer zusammen und diskutierten über das Berühmtwerden. Der Schauspieler war der Ansicht, daß es furchtbar schwer sei, sich heutzutage noch einen Namen zu machen, und die andern stimmten ihm bei.

„Ihr seid vollständig falsch unterrichtet", meinte ich in dem allgemeinen Streit, „nichts leichter, als berühmt zu werden. Man muß nur wissen, wie man es anzupacken hat."

„Du hast leicht reden", sagte der Journalist. „Du hast es ja gut gehabt, du kamst in eine Zeit hinein, in der das Interesse für den Okkultismus durch den Krieg ungemein groß war. Jeder hatte einen Toten zu beklagen, die Zukunft lag grau vor uns, und die bange Sehnsucht nach einem Blick hinter die Schleier des Kommenden machte die Leute aufnahmefähig für deinen Kram. Heute würde es dir auch schwerfallen, berühmt zu werden."

„Nein", sagte ich, „es würde mir heute genauso leicht fallen wie damals, und das will ich euch auch beweisen. Ich wette mit euch um zehn Paar Würstchen, von denen wir fünf jetzt sofort verzehren werden, sowie um fünf Glas Bier und sechs Brötchen, du frißt ja zwei, du verhungerter Komödiant. Ich wette also mit euch um diesen Einsatz, daß ich jetzt vor die Tür gehe und den nächsten Menschen, der mir entgegenkommt, binnen drei Tagen so berühmt mache, daß die ganze Welt von ihm sprechen wird."

Diese Wette wurde natürlich angenommen. „Bedingung ist", sagte der Journalist, „daß es keine schon prominente Persönlichkeit sein darf, wie zum Beispiel unser Schauspieler."

„Bedingung ist", sagte ich, „daß es gar keine Bedingung gibt. Der erste Mensch oder überhaupt das erste Wesen, das uns jetzt, wenn wir durch die Drehtür dieses Kaffeehauses kommen, entgegenkommt, hat durch mich berühmt zu werden."

„Ja", meinte der Regisseur, „das ist furchtbar einfach, du brauchst ja nur den Betreffenden umzubringen oder ihn zu veranlassen, ein Verbrechen zu begehen, und dann ist er sofort berühmt."

„Nein, nein, lieber Freund", sagte ich, „das alles geht nicht. Ich mache die nächstbeste Person, die mir über den Weg läuft, künstlerisch berühmt. Ich nehme irgend etwas mit ihr vor und verpflichte mich, daß von diesem ‚irgend etwas' in den nächsten Tagen die ganze Welt spricht. Also her mit den Würstchen und her mit dem Bier."

Wir alle gingen vor die Tür hinaus, an der Spitze unseres Zuges der Journalist, denn er war der maßgebende Dirigent des Konzertes, das hier gespielt werden sollte. Er war verantwortlich für den Einlauf der Berühmtheit. Das Café Payer ist das offizielle Filmkaffeehaus von Wien. Es liegt nahe der Ecke Gumpendorfstraße-Getreidemarkt, gegenüber befindet sich die Wiener Sezession, rechter Hand das Theatercafé Dobner und gerade vorwärts das Café Museum und der Weg zur Ringstraße. Das erste Individuum, das uns begegnete, war der Hund des Cafétiers. Einen Moment schwankte der Regisseur, und ich sah ihm an, daß er nicht abgeneigt war, mir den Hund anzuhängen. Schon war der Plan fertig: Aus diesem Köter hätte ich einen rechnenden Hund gemacht. Das kannte ich vom Zirkus her ausgezeichnet. Aber die andern waren dagegen. Die nächste Person war ein betrunkener Dienstmann. Als ich auf ihn zutrat und ihm erklärte, daß ich aus ihm eine Berühmtheit machen wolle, nahm er Reißaus und lief, was ihn seine Beine trugen. Wahrscheinlich war er schon berühmt genug und hatte mich für einen Detektiv gehalten. Dann kam ein Hökerweib. Der Regisseur näherte sich ihr und rief voller Emphase aus:

„Das ist sie, die wir suchen. Bleiben Sie stehen, wir werden aus Ihnen gleich eine Weltberühmtheit machen."

Darauf holte das Hökerweib mit der linken Hand aus und gab dem guten Arthur eine solche Maulschelle mitten ins Gesicht, daß wir alle entsetzt auseinanderstoben und uns schrecklich freuten.

„Was glauben Sie denn, Sie blöder Kerl, ich bin eine ehrsame Bürgersfrau und net dazu da, Ihren Gelüsten zu dienen! Sie Schändling!"

Das mit den „Gelüsten" hat mich fürwahr überrascht. Es begann zu regnen.

„Haha", rief der Schauspieler, „den Regen, den mußt du uns berühmt machen."

„Meine Herren", sagte ich, „auch das kann man tun. Aber der Regen ist eine Naturerscheinung, die ist berühmt seit der Sintflut. Er gehört also zu den Prominenten, und die sind vom Vertrag ausgeschlossen."

Da trippelte plötzlich aus dem Café Dobner heraus ein recht hübsches großes Mädelchen, spannte den Regenschirm auf und drehte sich nach einer Freundin um.

„Die soll es sein", riefen wir unisono.

Ich trat auf sie zu und stellte mich ihr vor, indem ich sagte:
„Mein Fräulein, gestatten Sie, daß ich mich Ihnen vorstelle. Mein Name ist: Schicksal – ich komme direkt aus der vierten Dimension zu Ihnen. Binnen acht Tagen wird ganz Wien von Ihnen sprechen."

„Vorläufig ist mir ein warmes Abendmahl lieber", meinte die junge Dame.

„Dazu laden wir Sie ein, mein Fräulein."

Aus diesem Mädchen wurde später die berühmte Wiener Eisenkönigin Martha Farra, die Konkurrentin des Kraftmenschen Breitbart und das Medium Erik Jan Hanussens.

Viele Monate hindurch sprach die ganze Welt von ihren Leistungen. Sie, die vorher ein armes Schneidermädchen war, wurde der Star von Paris, Madrid, New York und Philadelphia. Ihre Gage betrug zuletzt tausend Dollar die Woche. Der Preis ihrer Berühmtheit war fünf Paar Würstel, fünf Glas Bier und fünf, pardon, sechs Brötchen.

Dieses Mädel richtete ich in meiner Wohnung zur Konkurrentin des Sigmund Breitbart ab. Ich legte ein Brett über meine Badewanne und zeigte ihr den Trick, mit der Faust Nägel einzuschlagen. Ich zeigte, wie man den Nagel mit einem starken Lappen umwindet, ihn im rechten Winkel, den Kopf fest auf das Tuch gepreßt, an das Brett setzt, wie man dann mit einem kurzen, wuchtigen Schlag darauf loshaut und der Nagel, durch die lange Armachse wie von einem Hammer getrieben, wuchtig durch das Brett geht. Sie war sehr mutig und couragiert, die schlanke Martha, und mir sehr ergeben. Es genügte vollkommen, daß ich ihr fest in die Augen sah, und sie bekam für ein Weib geradezu erstaunliche Kräfte. Ihr Wille war es, der mithalf bei all den für eine Frau doch recht schwierigen Produktionen, und der Wille ist stärker als Eisen.

Das Studium dauerte netto fünf Tage. Am sechsten Tag betrat ich das Büro des Direktors Ben Tiber vom Wiener Apollotheater und fragte ihn rund heraus:

„Welche Gage bezahlen Sie, wenn ich Ihnen ein junges achtzehnjähriges Mädchen vorstelle, die sämtliche Kraftkunststücke des Athleten Sigmund Breitbart nachzumachen imstande ist?"

Der gute Ben Tiber fiel fast von seinem Sessel. „Wollen Sie mich zum Narren halten?"

Statt jeder Antwort gab ich einen Wink durch die Türe. Zwei Männer schleppten Eisenstangen, Nägel, Brett, Amboß und Ketten herein. Zum Schluß kam meine junge Attraktion. In zehn Minuten gab ich der jungen Wienerin den Namen Martha Farra.

Martha war ihr wirklicher Vorname, den Zunamen nahm ich von Ferrum (Eisen).

Zwei Tage darauf gaben wir schon die Pressevorstellung.

Breitbart tobte und schwor Rache. Leider ist ihm diese Rache auch gelungen; ich wurde einige Wochen später ausgewiesen.

Das Apollotheater war am ersten Abend ausverkauft wie noch nie vorher. Den Saal erfüllte die kommende Sensation mit einer geradezu fieberhaften Spannung. Ich sah durch das Guckloch hinaus und bemerkte sofort, daß die ersten zehn Reihen durchwegs von Angehörigen der Breitbartpartei besetzt waren. Das Ronacher-Theater hatte sich's was kosten lassen und die ersten Reihen restlos aufgekauft.

Ich sah die Gefahr und wußte, daß es Skandal geben würde, und zwar einen Skandal, wie ihn Wien in einem Theater noch nicht erlebt hatte. Das vorhergehende Programm des Apollotheaters ging an den Leuten vorbei, als ob es gar nicht da wäre. Alles wartete auf die Sensation. Um es kurz zu machen, es kam so, wie ich es mir gedacht hatte. Kaum war das arme Mädel auf der Bühne, da ging's los. Noch bevor sie das Geringste zeigen konnte, wurde sie von den gemieteten Rowdies beflegelt und verängstigt. Als ich eine Überwachungskommission verlangte, schwangen sich dreißig baumlange Kerle auf die Bühne. Und nun geschah das Gemeinste, was ich je erlebt habe:

Man vertauschte die reellen Eisen, welche ich den Leuten in die Hand gab, mit heimlich mitgebrachten dünnen und ausgeglühten Blechstäben und bog sie vor den Augen der Zuschauer wie Papier in Spiralen. Die gebluften Zuschauer sollten glauben, daß dies die Eisen der Martha Farra seien; riesige Kerle schlugen mit ihren Fäusten auf das Nägelbrett, und trotzdem sie sich durch die Wucht des Hiebes die Fingerspitzen blutig ritzten, schrien sie:

„Das sind keine Nägel, das sind Pappendeckel."

Einer von den Kerlen hob in ungeheurer Anstrengung einen der riesigen Felsblöcke in die Höhe. Ihn traf die Strafe Gottes. Er hob sich einen Bruch dabei und ließ den Block auf seine Füße fallen. Er mußte weggeführt werden. Es war ein Tohuwabohu sondergleichen.

In all dem Lärm stand ich immer isoliert. In meine Nähe wagte sich keiner dieser Kavaliere. Daß es mir trotzdem gelungen ist, Ruhe zu schaffen und daß es trotzdem gelang, Martha Farra ein vom Publikum untersuchtes, vollkommen reelles und kräftiges Stück Eisen biegen zu lassen, ist ein Verdienst meiner Nerven, auf das ich noch heute stolz bin.

Die denkwürdige Vorstellung endete spät in der Nacht. Als sich der Vorhang gesenkt hatte, fiel Martha Farra, die bis dahin tapfer neben mir ausgehalten hatte, in Ohnmacht. Auch mir wurde es einen Moment schwarz vor den Augen. Von draußen tönte das Geheul der Zuschauermenge, die sich auf der Straße blutige Schlachten lieferte.

Breitbartpartei und Hanussenanhänger. Berittene Polizei mußte einschreiten, um die Kämpfenden zu trennen.

Als Martha Farra und ich das Apollotheater verließen, war es zwei Uhr nachts. Wir hatten nicht einen Bissen gegessen und waren beide todmüde. Alle Lokale waren geschlossen, die Straße lag finster und leer. Nicht einmal eine Straßenbahn hatten wir zum Nachhausefahren. An einer Ecke der Mariahilferstraße stand ein einsamer Würstchenverkäufer, der gerade seinen Laden zusammenpackte. Ein einziges Würstchen hatte er noch und ein halbes Brötchen. Das teilten wir. So standen die beiden Helden eines der größten Wiener Theaterskandale um zwei Uhr des Nachts beim Wurstmaxe, jeder ein halbes Würstel in der Hand. Zum Schluß mußten wir dann beide schrecklich lachen, und lachend gingen wir den weiten Weg nach Hause.

Der Martha-Farra-Akt war ein sehr großes Geschäft für Direktor Ben Tiber. Für mich weniger, denn als ich nun endlich in Budapest für meinen Riesenkampf den Lohn in

Form eines guten Engagements einheimsen wollte, da passierte mir ein Malheur.

Meine Partnerin ging mit einem Budapester Zauberer nach Spanien durch und nahm meine sämtlichen Requisiten mit auf den Weg.

Schnell entschlossen nahm ich mir eine andere Martha Farra.

Sie war Zirkusreiterin in Budapest. Als echtes Zirkuskind kapierte Rosi in drei Tagen den ganzen Martha-Farra-Akt. Ich kleidete sie neu ein, kaufte ihr einen schönen Pelzmantel, ließ ihr die Haare schneiden, lehrte sie, wie man sich bei Tisch benimmt und ging mit ihr als Martha Farra erst nach Breslau ins Engagement, dann nach Hamburg und schließlich nach Berlin zu meinem Freund Direktor Friedländer am Zirkus Busch.

## 5 : 99

Damals war schwärzeste Inflation, und ich ließ mir meine Gage von Friedländer in österreichischen Kreditaktien bezahlen. Ich hatte zwei große Pakete davon. Der Nominalwert einer solchen Aktie war, glaube ich, fünf Dollar. Am Tage, als ich meine Aktien verkaufte, bekam ich neunundneunzig neunzehntel Dollar per Aktie. Ich verkaufte diese Aktien am allerletzten Tag der allerletzten Börsenhausse zum höchsten Kurs, den je ein Aktienpaket erlangt hat. Ich verkaufte aber meine Papiere nicht gegen bar, sondern ich tauschte sie gegen Ware ein. Die Spannung zwischen Geld und Ware machten die Aktien tatsächlich nochmals zehnmal soviel wert. Ich bekam beispielsweise für zehn Aktien bei der Schneiderfirma Goldschmidt in der Friedrichstraße folgende Werte: vierzig Anzüge nach Maß, zwei Stadtpelze, darunter einen Nutriapelz, mit Otter besetzt, und einen Seal Bisam.

Ich bekam noch ungefähr hundert Hemden, hundert Meter verschiedener Stoffe, ungefähr hundert Biberfelle, Seidenstrümpfe, Strumpfhalter und andere wunderschöne Dinge. In drei riesigen Droschken schleppte ich meine

Ware nach Hause. In einem nächsten Geschäft bekam ich dreißig Photoapparate, zehn Kinoapparate, Filmmaterial für zwanzig Jahre, in einem anderen Geschäft kaufte ich mir einen Brillantring von zehn Karat, dann kaufte ich mir ein Auto, zwei Motorräder und ein wunderschönes Segelboot. Als mein Aktienpaket aus war, ging ich zu Herrn Direktor Friedländer in die Kanzlei. Er hatte keine Ahnung von der enormen Hausse.

„Herr Direktor", sagte ich, „ich habe die Absicht, noch einen Monat bei Ihnen mich prolongieren zu lassen. Bedingung ist, daß Sie mir für den nächsten Monat die Gage wieder in österreichischen Kreditpapieren bezahlen und mir diese Papiere längstens bis morgen früh um acht Uhr liefern."

Er ging mit Freude darauf ein.

Wir schlossen einen Kontrakt. Direktor Friedländer hatte sich auf meinen Rat hin mit österreichischen Kreditpapieren eingedeckt und hatte davon ein Vermögen an Werten, ohne daß er es wußte. Am nächsten Tag um neun Uhr war ich schon bei Friedländer. Wir gingen zusammen zu seiner Bank, und ich behob die Aktienpakete. Als ich sie unter dem Arm hatte sagte ich:

„Herr Direktor, wieviel österreichische Kreditaktien haben Sie noch?"

Er machte ein weinerliches Gesicht:

„Ganze Berge davon, da schau'n Sie her."

Nun sagte ich: „Herr Direktor, würde es Sie nicht interessieren, sich zu erkundigen, was diese Aktien heute wert sind?"

„Was werden sie wert sein", meinte Friedländer, „fünf Dollar per Stück."

Als er den wirklichen Kurs erfuhr, neunundneunzig Billionen, da wurde er blaß und mußte sich niedersetzen. Er hatte durch meinen Rat in einer einzigen Stunde dem Zirkus Busch mehr an Gewinn eingebracht als die letzten zehn Jahre zusammen.

„Verkaufen Sie sofort", sagte ich. „Heute mittag um zwölf Uhr werden Sie für diese Aktien, die jetzt noch fast hundert Dollar wert sind, höchstens fünf Dollar bekommen. Verkaufen Sie die Aktien, und kaufen Sie jetzt für dieses riesige Vermögen Häuser, Autos, Brillanten, meinethalben Stecknadeln und Abwischtücher. Sie haben noch drei Stunden Zeit. Bei Schluß der Börse ist es vorbei."

Friedländer macht ein überlegenes Gesicht.

„Lassen Sie es gut sein, Herr Hanussen, jetzt warte ich erst, bis sie zweihundert Dollar Wert haben."

Und darauf wartet er heute noch, der gute Direktor Friedländer.

Ich aber zog mit meinem Aktienpaket los und kaufte ein. Ich kaufte und kaufte, Schuhe und Strümpfe, Fahnenstangen und Bierbecher, Porzellan und eiserne Öfen. Ich kaufte Zylinderhüte und Ledergamaschen. Um elf Uhr mittags bekam ich nur mehr die Hälfte, aber ich war gut dreiviertel meines Paketes los.

Als ich das letzte Aktienpaket in einem großen Grammophongeschäft der Friedrichstraße – es existiert heute noch – gegen ungefähr tausend Grammophonplatten und vierzig Grammophone umgesetzt hatte, hatte ich noch gerade soviel Zeit, dem Besitzer dieses Geschäftes zu sagen:

„Geben Sie sofort dringend telephonisch den Auftrag an die Börse, die Aktien zu verkaufen, Sie haben noch fünf Minuten Zeit."

Er tat es glücklicherweise. Punkt zwölf Uhr fiel der Kurs von neunundneunzig Billionen auf vier Dollar. Die Rentenmark war da!

Ich hatte keine Minute versäumt.


### „Kommt ein Vöglein geflogen ... "

In der großen Pause der Abendvorstellung des Zirkus Busch in Berlin kam ein Saaldiener zu mir: „Entschuldigen Sie, Herr Hanussen, draußen steht ein Bettler, der Sie durchaus zu sprechen wünscht. Wir wollten ihn hinausschmeißen, aber es geht nicht. Er hat unserem stärksten Portier bereits die Vorderzähne eingeschlagen."

Das machte mich neugierig. In diesem Moment tat sich die Tür zu meiner Garderobe auf, und im Rahmen – da muß ich ausholen – da stand ein Mann, der buchstäblich nicht einen ganzen Lappen auf dem Leibe hatte. Er trug eine Militärbluse der französischen Armee, auf dem Kopf eine Kappe, der das Schild fehlte, braune Zwillichhosen und ungleiche Schuhe, einen hellen Halbschuh und einen schwarzen Knöpfstiefel. Dieser Mann stand an der Tür und sagte nur: „Da bin ich wieder!"

Das ganze Personal des Zirkus Busch stand im nächsten Moment kopflos, denn diesem Bettler flog der Star des Programms, Hanussen, mit einem Freudenschrei entgegen, ihm um den Hals und rief immer wieder und wieder: „Maki, Maki. Daß du nur wieder da bist!"

Aber Maki hielt die Hände abwehrend vor sich und rief laut und eindringlich:

„Greif' mich nicht an, ich bin verlaust."

Ich führte Maki sofort in ein Bad und ließ ihm die Haare schneiden, zog ihm einen meiner vierzig Inflationsanzüge an, gab ihm neue Schuhe, einen eleganten Pelz und weiße Handschuhe. Kaum war er fertig, drehte er sich um und wollte weggehen.

„Ich muß in den Zirkus", sagte er, „und mich dem verdammten Portier zeigen. Gib mir rasch fünf Mark, damit ich ihm ein Trinkgeld geben kann und noch ein paar auf die Nase, weil er mich hinausgeschmissen hat."

Das war Maki, wie er leibt und lebt.

Ich nahm ihn in Gnaden auf als meinen Sekretär, und er begleitete mich, selbstverständlich erster Klasse, nach Amerika.

## Amerika

In Amerika hatten wir am Hippodromtheater durch Leo Singer, den bekannten Manager der großen Zwergentruppe Singer's Midges, Engagement bekommen.

Die Amerikaner haben einen besonderen Trick, um große Attraktionen, die die Verhältnisse nicht kennen, billig zu bekommen. Man wird „gedäftet", so lautet der Fachausdruck.

Auch wir wurden „gedäftet." Unser Probegastspiel fand in einem Theater Hobokens statt. Hoboken ist die Stadt der Bäcker. Später erst habe ich erfahren, daß dieses Theater von dem Kaiths Konzern nur zu dem Zweck gemietet ist, um große Nummern zu „däften". Man läßt sie dort probeweise auftreten, und ob sie nun Tänzer, Sänger oder sonstwas sind, und ob gut oder minderwertig, in Hoboken werden sie auf alle Fälle in der Premiere ausgepfiffen. Der verzweifelte Künstler, in Amerika fremd, läßt sich dann meistens in seiner Gage drücken. In vielen Fällen ist er überhaupt froh, daß er behalten wird.

Auch uns haben sie „gedäftet". Das Theater war gepfropft voll. Schon als wir auftraten, ging das Gekicher und das Gelächter im Zuschauerraum los und steigerte sich zu wahren Lachsalven bei allen Experimenten der Martha Farra. So etwas hatte ich noch nie erlebt und war einen Moment tatsächlich geblufft. Aber Maki, der die amerikanischen Verhältnisse kannte – er war lange Zeit in New York Barkeeper gewesen und überdies ein schlauer Galizianer – nahm mich beiseite und sagte: „Laß dich nicht dumm machen, du hast einen Bombenerfolg erzielt und bist mehr als zweitausend Dollar per Woche wert geworden. Morgen schon bist du in der Office von Kaith in der Artistenbörse mit zweitausend Dollar ausgeschrieben."

„Ich bin doch durchgefallen, Maki", sagte ich.

„Laß dich nicht auslachen. Du bist ein Star geworden für Amerika. Ich habe mit dem artistischen Direktor dieses Theaters gesprochen und Whisky mit ihm getrunken. Er meinte, daß eure Nummer so gut ist, daß er mit Gewalt immer hinter den Leuten hersein mußte, um sie dran zu erinnern, daß sie nicht zu staunen haben, sondern zu ‚däften'."

Als ich den zweiten Teil meiner Arbeit absolvierte, als Telepath und Hellseher, da war es mit „Däften" überhaupt aus. Die guten Hobokiner vergaßen ganz, wozu sie eigentlich da waren, und saßen mit weitaufgerissenen Mäulern bis zum Schluß mäuschenstill auf ihren Plätzen. Zum Schluß aber applaudierten sie mit Händen und Füßen.

Das amerikanische Publikum ist überhaupt höchst eigenartig. In Amerika geht man nicht in ein Varieté, wie das in

Europa der Fall ist, um acht Uhr abends und sitzt dort bis zehn oder elf Uhr. Dazu ist der Amerikaner viel zu zapplig. Da die Varieté-Shows per Tag mindestens drei Vorstellungen geben, geht das Programm von drei Uhr Nachmittags bis um zwölf Uhr nachts ununterbrochen fort. Die armen Artisten müssen ihre Nummern am Tage drei- oder viermal vorführen, sie haben nicht einmal Zeit, richtig zu essen. Der Amerikaner kommt ins Varieté mitten in einer Programmnummer herein und geht, wenn's ihm zu dumm wird, mitten in einer Nummer weg. Er kommt ins Varieté wie in eine Wartehalle, zwischen zwei Geschäften. Er hat eine Viertelstunde Zeit und will sich ein bißchen ausschlafen. Zu diesem Zweck nimmt er eine Karte, setzt sich bequem und geräuschvoll in seinem Fauteuil zurecht, er beschäftigt sich mit der Zeitung oder mit Rechnungen, oder er schläft und schnarcht ungeniert. Gefällt ihm eine besondere Attraktion, dann schaut er auch zu. Für ihn ist die Sache nicht so wichtig.

In Wien stürmten die Leute das Podium, um die eisernen Requisiten der Martha Farra auf ihre Reellität zu untersuchen, es kam häufig zu Kämpfen und Meinungsverschiedenheiten. In Amerika konnte ich mich auf den Kopf stellen und bekam keinen einzigen Menschen auf die Bühne herauf. Die Leute hatten gar kein Interesse, erst lang und breit zu untersuchen, ob das Eisen der Martha Farra aus Eisen oder aus Schokolade war. Das ist ihnen ganz Wurst gewesen.

„Wichtigkeit", sagte mir einer, „und wenn es schon Schwindel ist! Ich werde dennoch ruhig schlafen. Ich bin nicht gekommen, um dir auf der Bühne eine Show zu geben, sondern ich habe meinen Eintritt bezahlt, um selber zuzuschauen. Wenn du eine Überwachung für deine Requisiten haben willst oder eine Überprüfung, dann mußt du dir zehn Schlosser dafür mieten." Das taten wir später auch. Die Amerikaner wußten, daß es bezahlte Leute waren, aber jeder fand es selbstverständlich. Es gehörte eben zur Nummer mit dazu.

Es war den Amerikanern auch vollkommen gleichgültig, ob meine Experimente echt waren oder ob ich vielleicht mit bezahlten Kräften arbeitete. In Amerika genügt es vollkommen, wenn es so aussieht, als ob es echt wäre. Sie sind wie die Kinder, diese Amerikaner, und ich staune immer wieder, wenn ich hinüber komme, über ihre Naivität. Wieso diese Menschen zu dem Rufe ihrer Smartness gekommen sind und ihrer Überlegenheit uns Europäern gegenüber, ist mir einfach unerklärlich. Der Amerikaner staunt mit offenem Mund über Dinge, die in Europa keine Katze hinter dem Ofen hervorlocken könnte.

Ein Beispiel: Da hatte sich am Broadway zwischen dem Pflaster des Bürgersteiges bei einem Übergang eine große Pfütze gebildet, die, durch den Abfall des Randsteines verdeckt, nicht gleich sichtbar war. Dort standen, inmitten der tosenden Brandung des Broadwaylebens, ein paar Hundert Amerikaner und Amerikanerinnen und lauerten wie die Kinder um die Pfütze herum, bis ein ahnungsloser Passant hineinplatschte. Sie tobten vor Vergnügen, die als so vielbeschäftigt geltenden „Businessmenschen"! Ich sah einen bekannten amerikanischen Maschinenfürsten, der dort den ganzen Vormittag vor der Pfütze stand und mittlerweile bestimmt ein Vermögen an der Börse verlor.

Der Amerikaner ist viel kindlicher als der Europäer und in allen seinen Ansprüchen viel simpler. Er ist ein blendendes Medium für den Hypnotiseur. Ich erinnere mich mit Vergnügen an eine Szene, die ich mit einem amerikanischen Matrosen hatte: Er kam auf mich zu, nachts gegen zwei Uhr, am Bronx, der Eastseite New Yorks, und war besoffen.

„Kannst du boxen?" fragte er mich.

„Ich glaub' schon", antwortete ich.

„So", meinte er, „nun dann zeige, was du kannst." Dabei erhob er die Hand und wollte mir eins vor den Magen geben. In diesem Moment faßte ich seine Augen zwischen die Fänge meines Blickes so ganz von unten herauf und parierte mit meinem Willen den Schlag seiner Faust. Er blieb wie zur Bildsäule erstarrt mit erhobener Faust stehen, und so ließ ich ihn auch stehen. Ein ähnliches Kunststück machte ich mit einem Konstabler. Dieser riesige Irländer stand in der Brandung der zweiundvierzigsten Straße und regelte den Verkehr. Trotzdem fand er Zeit genug, mir eine nicht sehr liebenswürdige Liebenswürdigkeit zuzurufen, als ich mit meinem Wagen zwei Millimeter zu weit über die Stopstrecke nach vorn fuhr. Auch ihn habe ich für zwei Minuten in ein Monument verwandelt und damit den ganzen New Yorker Verkehr lahmgelegt.

Mit diesem Irländer hatte ich überhaupt viel Spaß. Ich ging Tag für Tag an ihm vorbei und dachte mir immer: „Was ist das doch für ein fabelhafter Menschenschlag, diese Schotten." Eines Tages kamen wir ins Gespräch durch eine Auskunft, die ich verlangte, und da stellte es sich heraus, daß dieser irische Schotte schnurstracks aus Radebeul bei Dresden eingewandert war. Seit der Zeit lasse ich mich nicht mehr auf die Psychologie der Rassenfrage ein.

Zu gleicher Zeit mit uns war Sigmund Breitbart im New Yorker Hippodrom Theater engagiert. Als er vom Gastspiel der Martha Farra erfuhr, da tobte er wie ein angeschossener Eber. Es kam auch zu einem Zusammenstoß zwischen uns in Gartners Lokal am Broadway. Die Direktion der Kaiths ließ uns daraufhin durch ihren Manager folgendes kategorisch mitteilen:

„Meine Herren, Sie können sich gegenseitig erschlagen, wenn Sie wollen. Sie können sich raufen, Sie können Krawall machen, genauso wie in Wien. Nur behalten wir uns, da wir Sie ja beide engagiert haben, das Recht vor, mit diesen Krawallen Geschäfte zu machen. Wir werden sie organisieren, richtig aufziehen und managen. Wir sind sogar bereit, eine Gehaltszulage zu geben und die Kosten einer eventuellen Beerdigung eines der Kontrahenten zu zahlen, falls er von seinem Gegner erschlagen wird. Keinesfalls darf aber dieser Skandal so wild und unorganisiert vor sich gehen, wie das in Wien der Fall war. Raufen Sie sich, betrinken Sie sich, aber unter unserer Regie."

Ja, ja, die Amerikaner ...


## Mein Baumwoll-Effendi

Ein Telegramm rief mich nach Wien. Es stand nichts weiter drin als: „Ich habe mit dir dringend zu sprechen. Deine Frau."

Als ich das Telegramm bekam, wußte ich alles. Nie in meinem Leben habe ich meine Hellsichtigkeit mehr verflucht als damals. Meine Gattin – man kann das ja verstehen – war es müde geworden, einen Mann zu haben, von dem sie nichts hatte. Ein sehr reicher Bierbrauer trat auf den Plan und machte ihr einen Heiratsantrag.

Ich betrat meine Wohnung um zwölf Uhr nachts und verließ sie um ein Uhr wieder, um sie nie mehr zu betreten. Ich kann es heute ruhig sagen, daß ich sehr gelitten habe, aber das gehört nicht hierher.

Ich blieb mehrere Tage in Wien. Um die Zeit kam ein Mann zu mir – seinen Namen will ich verschweigen, er ist heute wieder dort, wo er vor der Inflation war, vis-à-vis de rien.

„Herr Hanussen", fragte er mich, „wie steht der französische Franc in vier Wochen?"

Ich gab ihm Auskunft. Das Honorar, das er mir bezahlt hat, betrug nach heutigem Geld hundert Mark. Für diese hundert Mark hat er an der Börse fast eine Million Dollar gewonnen. Seit der Zeit ging er mir aus dem Wege.

So war es mir schon einmal ergangen: in Tanta, einer kleinen Stadt in Arabien. Dort kam ein reicher Araber zu mir. Es war Nacht, und wir saßen bei einer guten Flasche Wein. Er fragte mich: „Effendi, wie steht die Baumwolle im Mai nächsten Jahres?"

Ich hatte ein wenig getrunken und war sehr lustig. „Effendi", sagte ich, „so eine Auskunft kostet eine Kleinigkeit." Er zog wortlos seine Brieftasche und gab mir fünf Pfund.

„Für Geld mache ich's nicht", sagte ich. „Zahl' drei Flaschen Mumm, und ich will dir eine Nummer sagen."

Damals stand die Baumwolle – ich glaube hundert. Bei der dritten Flasche sagte ich meinem türkischen Freund:

„Effendi, wenn ich wüßte, wie die Baumwolle im Mai steht, dann würde ich deine drei Flaschen Sekt nicht brauchen, dann würden wir in Sekt baden können. Sei mir nicht böse, ich weiß aber selber nicht, wie die Baumwolle im Mai stehen wird."

Da zog der Effendi seine Brieftasche abermals heraus, legte fünfzig Pfund auf den Tisch, schöne englische Pfund, und sagte ein weises Wort, das ich mir nachher nicht oft genug ins Gedächtnis zurückrufen konnte: „Sag' nur eine Nummer, und kümm're dich nicht weiter darum. Denk' nicht daran, ob's Baumwolle ist oder ob es Bohnen sind. Sag' die Nummer einfach heraus."

„Schön", sagte ich, „Effendi, ich will dir eine Nummer sagen, aber ich mache dich aufmerksam, es ist eine Hausnummer, die mir gerade einfällt. Ich sage dir also die Nummer fünfzig."

Darauf zog der Mann sein Scheckbuch heraus und malte eine große Ziffer mit vielen Nullen auf ein Blankett, unterschrieb, ließ sich einen Briefumschlag geben und schrieb die Adresse der Orientbank darauf. Dann rief er einen Boy und ließ den Brief expreß befördern. Als das geschehen war, lehnte er sich zurück und bestellte Wein. Dann sagte er:

„Du nanntest mir die Ziffer fünfzig, und ich habe in dieser Minute mit hunderttausend Dollar Baumwolle per Mai auf fünfzig spekuliert. Der Brief ist bereits weg, es läßt sich nichts mehr daran ändern."

Ich sprang entsetzt auf. So betrunken war ich doch noch nicht, daß ich das zugelassen hätte.

„Bist du verrückt, die Baumwolle steht heute hundert. Niemals ist sie fünfzig gestanden, niemals kann sie fünfzig stehen."

„Kümm're dich nicht darum", sprach der Mann, zahlte und ging.

Im Mai bekam ich plötzlich einen Scheck auf zweihundert englische Pfund und einen Brief:

„Ich bin der Mann aus der Bar, bitte geben Sie mir die Baumwollpreise per Dezember an. Sag' eine Nummer."

Nun interessierte mich der Fall aber doch, und ich sah die Kurse an. Es war der fünfzehnte Mai, und der Baumwollpreis war von hundert Points netto auf die Hälfte gesunken, er stand fünfzig.

Da schrieb ich meinem Effendi einen saugroben Brief mit dem Erfolg, daß er selber zu mir kam. Er jammerte schrecklich. „Ach, hätte ich dir nur gefolgt, dann hätte ich eine Million Dollar verdient."

„Du hast mir doch gefolgt, du hast doch vor meinen Augen die Order weggeschickt."

„Ja, ich habe sie aber am nächsten Tage widerrufen." Ich wußte ganz genau, daß der Türke log, denn vor der Tür stand ein blanker und blitzneuer Rolls-Royce-Wagen. Ich wußte, daß dieses undankbare Biest mich bloß um mein wirklich verdientes Nachtragshonorar schädigen wollte. Wütend dachte ich mir: „Na wart', jetzt gebe ich dir wirklich eine Hausnummer."

Und ich gab ihm hundert an per Dezember.

Als er weg war, machte ich mir eine Notiz in meinem Kalender und freute mich diebisch. Jetzt wird er sein ganzes schönes Geld wieder loswerden.

Jahre darauf fiel mir der kleine Kalender wieder in die Hände, mit meiner Notiz.

Du mußt doch nachsehen, dachte ich, was deine Auskunft den Effendi gekostet hat. Ich ließ mir im Bankhaus Schellhammer & Schatterer in Wien die Baumwollkurse des damaligen Datums nachschlagen. Sie standen hundert.

An diesem Abend schmeckte mir das Nachtmahl außerordentlich gut. Einem andern hätte es schlecht geschmeckt, aber ich sagte mir, wie gut hast du's doch, Hanussen. Wenn du auch nicht spekulierst, du hast doch wenigstens das schöne Bewußtsein: Wenn du spekuliert hättest, wär's gut ausgegangen, und so ein Bewußtsein ist auch ein paar Millionen wert. Schade, daß ich gerade damals dieses Bewußtsein nicht versetzen konnte. So war ich also gezwungen, mein Abendbrot schuldig zu bleiben, denn es herrschte Ebbe in meiner Kasse.

## Verspielte Zeit

Von Wien ging ich nach Berlin, immer wieder nach Berlin, in die Stadt, die ich am meisten liebe von allen Städten der ganzen Welt. Man mag auf die Preußen schimpfen, soviel man will, mir gefallen sie großartig. Mir ist der Österreicher zu süßlich, mir ist der Franzose zu pervers, der Engländer zu langweilig und der Amerikaner zu dumm. Mir ist der Bayer zu derbe, und die Sachsen, die ich sonst sehr gut leiden konnte, haben es mit mir verdorben, weil sie ihr Leibgericht „Schlumse mit Klumse" nennen.

Ich kann mich absolut nicht mit einem Volke befreunden, das „Schlumse" zu Mittag ißt.

Beim Berliner weiß man wenigstens, woran man ist. Er ist kotzengrob und hat die größte Fresse in der ganzen Welt. Trifft er aber einen, der eine noch größere Fresse hat als er, dann wird er ganz klein und zierlich.

In Berlin ist alles da, Amerika und Nizza, Port Said und Lemberg, alles ist da, und darum liebe ich diese Stadt wie keine zweite in der Welt.

In Berlin kann man nicht untergehen. Wenn schon gar nichts mehr hilft, so bleibt immer noch das Romanische Café übrig oder das Café Reimann. Diese beiden Lokale ersetzen jedem anständig denkenden Menschen das schönste Appartement im Hotel Eden.

In der nächsten Zeit wechselte ich oft den Beruf. Ein gewisser Fritz Jung stellte sich mir als lebender Gasometer vor. Er schleppte einen Stahlbehälter mit sich herum und behauptete, daß da drinnen Leuchtgas wäre. Dann setzte er einen Schlauch an den Hals der Flasche und pumpte sich scheinbar den Magen mit Leuchtgas voll, und durch einen andern Schlauch gab er dann das Gas wieder von sich. Auf diese Weise konnte er Gasflammen brennen, einen Gaskocher in Tätigkeit setzen, mit einem Wort, er ersetzte voll und ganz die städtischen Gaswerke. Diesen jungen Mann engagierte ich mir. Ich habe tatsächlich steif und fest so lange an seine Kunst geglaubt, bis ich eines Tages eine Pulle Gasolin und einen Schwamm fand. Also das war das Geheimnis. Er steckte einen mit Gas getränkten Schwamm in den Mund und blies die sich entwickelnden Dämpfe durch den Schlauch. Nun wurde es mir auch klar, warum der gute Fritz keinen Ton reden konnte, bevor er seine Produktion begann.

Einige Zeit später beteiligte ich mich als Kapitalist an der Etablierung einer Hungerkünstlerin namens Hilda. Das war in Chemnitz. Die gute Hilda hat mich auch hintergangen. Sie hungerte nicht echt, zumindest hungerte sie nicht länger als acht Tage reell. Wie sie es gemacht hat, weiß ich nicht. Aber als sie aus dem Käfig herauskam, da wog sie um neun Pfund mehr als vor der Hungerkur. Das war sehr ärgerlich für mich, denn ich bin ein Freund reeller Sachen. So nett hatte ich es ihr gemacht im Glashaus, sogar ihren Geburtstag feierten wir und ihre Verlobung mit einem der Herren der Wach- und Schließgesellschaft, die zu ihrer Bewachung aufgestellt waren.

Das war meine verspielte Zeit. Ich konnte beim besten Willen in der Welt nichts Ordentliches beginnen. Einmal saß ich ganz ohne Geld im Kaffeehaus. Ein guter Bekannter von mir, Großindustrieller, machte sich über meinen Dalles lustig.

„Wenn Sie Hellseher sind, müssen Sie sich doch Geld verschaffen können."

„Mein lieber Herr", sagte ich zu ihm, „das kann ich ja auch ohne weiteres, wenn ich Lust dazu habe. Ich bin bloß zu faul. Wenn ich will, zeige ich Ihnen in zwei Stunden mehr Geld, als Sie mit Ihrer ganzen Fabrik in einem halben Jahr verdienen."

„Darauf wäre ich wirklich neugierig."

„Was wetten Sie?"

Wir wetteten um ein Nachtmal bei Kempinski. Schnurstracks ging ich mit ihm zu Ullstein. In zehn Minuten hatte ich Hermann Ullstein ein Feuilleton für den „Uhu" verkauft und bekam fünfhundert Mark Honorar. Um halb eins war ich hingekommen, um ein Uhr war der Handel perfekt. Gerade vor Kassenschluß mußte mir der erstaunte Kassierer die für ein Schriftstellerhonorar sehr namhafte Summe ausbezahlen.

„Wofür haben Sie denn soviel Geld bekommen?" fragte er mich. Ich antwortete ihm der Wahrheit gemäß: „Für einen Artikel von vielleicht hundert Zeilen." Das wollte er mir gar nicht glauben, daß Hermann Ullstein so gute Honorare bezahle.

Dann ging ich mit meinem Freund in ein großes Berliner Varieté und entwickelte dem Direktor eine Sketch-Idee. In einer Stunde bekam ich dreitausend Mark Vorschuß. Ich hatte nichts weiter bei mir als einen Bogen Papier mit der skizzenhaften Darstellung meiner Idee. Mein Freund, der Großindustrielle, begann Augen zu machen wie Wagenräder. Dann gab ich ein Telegramm nach Leipzig auf an das Varieté „Drei Linden":

„Schließe mit Ihnen Engagement ab, komme heute abend. Verlange sechstausend monatlich."

Prompt bekam ich die Rückantwort und zweitausend Vorschuß.

„Einverstanden."

So hatte ich ein paar Stunden später fünftausendfünfhundert Mark in der Tasche.

„Nun", sagte ich zu meinem Begleiter, „wie gefällt Ihnen mein Geschäft?"

Er schüttelte nur den Kopf und sagte:

„Herr, bei Ihren Fähigkeiten ist es wirklich eine Sünde, wenn Sie im Kaffeehaus sitzen und vor sich hinträumen, anstatt Geld zu verdienen."

„Sie irren sich, mein Herr", sagte ich zu ihm, „es ist eine wahre Sünde, daß ich Esel mich durch Sie in meiner Beschaulichkeit stören ließ. Was habe ich denn jetzt von Ihrem schäbigen Nachtmahl? Jetzt muß ich arbeiten und hatte es doch nicht nötig. Gehen Sie mir aus den Augen!"

Ich verliebte mich. Wo? Natürlich im Romanischen Café. Man soll nicht immer hingehen. Das Mädchen, das ich lieb hatte, lernte mich zufallsweise zu einem Zeitpunkt kennen, da ich im Gelde schwamm. Ich hatte zwei Autos, ein Bankkonto, mit einem Wort, es ging mir gut, denn ich hatte vorher gearbeitet.

Sehr, sehr lieb hatte ich dieses Mädchen, und deshalb tat mir ein Gedanke weh: Vielleicht mag sie dich nur, weil du Geld hast.

„Würdest du mich auch gern haben", fragte ich die Friedel, „wenn ich nichts hätte?" Sie dachte nach. Dieses Nachdenken dauerte mir zu lange. Schon sagte ich:

„Dann wollen wir's praktisch versuchen."

In dieser einen Nacht verpulverte ich mein ganzes Geld. Den größten Teil verspielte ich im Marmorhaus, den kleineren in anderen Ecarté-Klubs, und als ich am Morgen vor ihr stand, war ich außerordentlich vergnügt. „Friedel, ich habe überhaupt nichts mehr, das sind die letzten fünf Mark. – Hast du mich noch gern?"

Da fiel sie mir um den Hals und sagte „Ja".

„So", sagte ich, „dann kann ich wieder von vorn anfangen.

Mit meinen fünf Mark in der Tasche fuhren wir nach Breslau. Friedel war aus gutem bürgerlichen Hause und hatte natürlich Angst. Sie kannte mich zu wenig, um zu wissen, daß es mir absolut gleichgültig sein darf, ob ich einen Taler in der Tasche habe oder eine Million. Sie hatte ihr Elternhaus heimlich verlassen und ihre Stellung als Beamtin der Reichspost aufgegeben. Warum sie das tat?

Mein Gott, als wir uns zwei oder drei Tage kannten, meinte das arme Mädel: „Nun können wir uns zwei Tage nicht sehen, ich habe Dienst." Sie war Telephonistin des Amtes Dönhoff.

„Du hast Dienst", sagte ich, „das ist unangenehm." Wir standen gerade vor dem Amt Dönhoff.

„Weißt du was, Friedel, geh' hinauf und hole dir deine Dokumente. Wir wollen in den Harz fahren."

„So", meinte Friedel, „du hast recht."

Und sie ging schnurstracks von mir weg zu ihrem Vorgesetzten, sagte ihm endlich gründlich alles das, was sie in vier Jahren ihres Dienstes heruntergeschluckt hatte, und dann fuhren wir in den Harz. Diese Friedel ist meine Frau geworden.

Als wir in Breslau ankamen, sagte ich zu ihr:

„Friedel, du wartest jetzt auf mich im Kaffeehaus. Ich gehe mir bloß tausend Mark holen."

„Von wem willst du dir tausend Mark holen, du kennst doch hier keinen Menschen?"

„Ja, Friedel, wenn ich hier den Direktor der Anglobank kennen würde, dann wäre es ja keine Kunst, tausend Mark abzuholen, aber ich werde schon jemand kennenlernen, der sie mir gibt. In einer halben Stunde bin ich wieder da."

Meine gute Friedel muß wohl sehr ängstlich die halbe Stunde im Kaffeehaus gesessen haben, denn sie hatte nicht mal so viel, um den Kaffee zu bezahlen. Unser Gepäck stand vorläufig noch auf dem Bahnhof. Eine Weile stand ich mitten in Breslau und guckte mich nach allen Seiten um. Da fiel mir ein Plakat in die Augen. Brüder Hirschberg, Kosmos Kinobetrieb mit Varieté-Einlage. Also ging ich zu den

Brüdern Hirschberg. Mir war's ja schließlich egal, von wem ich die tausend Mark nehmen würde. Die Brüder Hirschberg ließen mich erst eine Weile warten. Als es mir zu bunt wurde, machte ich Krawall. Selbstverständlich wollte man mich hinauswerfen lassen. Da nannte ich meinen Namen und sagte:

„Meine Herren, Ihr Geschäft geht bestimmt nicht sehr gut um diese Jahreszeit. Sie werden durch mich in vier Wochen fünfzehntausend Mark verdienen."

Ich entwickelte den beiden grundgescheiten Burschen die Idee eines Gastspiels. Als ich zur Tür hinausging, hatte ich tausend Mark Vorschuß. Ich glaube, die guten Hirschbergs werden sich heute noch mit Vergnügen daran erinnern, daß meine Prophezeiung in Erfüllung gegangen ist: Sie verdienten eine Menge Geld durch mich. Und ich konnte Friedel den Tausendmarkschein vor die Nase legen.

Damals quälten mich immer wieder die Zweifel, ob das geliebte Mädel nicht doch am Ende das Opfer hypnotischer Beeinflussung sei, ob ihre Liebe zu mir aus dem Herzen komme oder nicht doch das Resultat meines unheimlichen Einflusses wäre, der nichts mit Liebe zu tun hat.

Ich versank in ein dumpfes Grübeln und konnte mich nicht zur Arbeit aufraffen. Gequält und durchrüttelt von dieser inneren Unsicherheit, gequält durch eine wahnsinnige Lust, mich zu erniedrigen, mich kleinzumachen, verlebte ich die nächsten Monate. Nichts wollte ich haben, nichts sollte da sein von mir als nur ich, ich wollte arm sein, um Friedel zu prüfen, sie sollte hungern müssen mit mir ...

Und sie tat es. Sie ging nicht von meiner Seite. Sie machte mir keinerlei Vorwürfe, sie lebte viele Monate neben mir in tiefster Armut. Nie kam ein Wort der Klage über ihre Lippen, niemals die Frage: „Warum tust du nichts? Du kannst doch Geld schaffen, wenn du willst." Die Kleider, die sie hatte, zerfielen an ihrem Leibe.

Ich selbst ging kaum mehr vor die Türe. Ich beschäftigte mich von früh bis abends mit chiromantischen Experimenten, ich beschäftigte mich mit den tiefsten Wurzeln der Graphologie. Ich las Karl May und Maeterlinck durcheinander und versank an der Seite meiner Geliebten in den Abgrund von Verlorenheit. Nichts wollte ich als sie und die Wahrheit.

So verging eine lange Zeit. Wir hatten beide nichts zu essen, und das feuchte Loch, das wir bewohnten, war uns gekündigt. Ich konnte die Miete nicht mehr bezahlen, und noch immer saß ich herum und grübelte in mich hinein ...

Da fiel mein Blick auf eine Kiste alter Zeitungen und Briefe, Kritiken von Freunden, Zuschriften des Publikums. Ich griff hinein und ließ das Papier durch meine Finger gleiten. Nach und nach blieb der Blick an einzelnen markanten Stellen der Zeitungen oder der Briefe haften – ich sah näher hin, ich begann zu lesen.

Als ob es sich um einen ganz fremden Menschen handelte, las ich da die begeisterten Zuschriften von Menschen, denen ich durch meine Kraft geholfen, über Verbrechen, die ich geklärt hatte, die Kritiken der Weltpresse. Plötzlich fiel es mir wie ein Schleier von den Augen.

„Das bist du? Derselbe, der hier sitzt und nichts im Magen hat? Was ist denn vorgegangen mit dir? Wohin soll das führen?"

Ich sah mich um, ich sah die kahlen Wände, ich sah das vergrämte Gesicht meiner Geliebten und stand auf. Ich reckte meine Arme, schüttelte alles von mir ab, was mich so lange dumpf umfangen hatte, und stürzte zur Tür hinaus.

In jenem Ort wohnte ein Buchdrucker, der lieh mir hundert Kronen. Es war sein letztes Geld. Ich setzte mich auf die Bahn und fuhr nach Bratislawa, der Hafenstadt an der Donau. Zwei Tage später kaufte ich mir einen Benzwagen und kleidete meine Fritzi in Samt und Seide.

## Der Leitmeritzer Prozeß

Die Tragik dieses Prozesses liegt nicht in der Art, wie er geführt wurde, sondern in seiner Inszenierung. Ich weiß bis heute buchstäblich nicht, mit welchem Recht man einfach darangehen konnte, drei vollständig unbescholtene Menschen zu verhaften und für Wochen in den Kerker zu schmeißen. Wir hatten nichts gestohlen, wir hatten niemanden begaunert, wir waren alle ansässig und ordungsgemäß gemeldet. Es lag nicht einmal die Anzeige eines Geschädigten vor, als man zur Verhaftung schritt. Nichts war da als der telephonische Bericht eines jungen Gendarmeriewachtmeisters namens Havlíček (sprich Hawlitschek), der, ein zweiter Sherlock Holmes, zu der Überzeugung gekommen war: „Es gibt kein Hellsehen, ergo keine Hellseher, und infolgedessen ist Hanussen ein Betrüger."

Der Akt der Verhaftung war von einem derart infernalischen Humor, daß ich heute diesen ganzen Vorgang wie einen bösen Traum in Erinnerung habe.

Wozu dieser dramatische Hokuspokus, wo doch alles soviel einfacher hätte vor sich gehen können? Vor der Tür stand mein neuer Wagen im Werte von vielen Tausend Mark, den ich mir ein paar Tage zuvor gekauft hatte. Also wirklich Sicherheit genug. Meine Wohnung war auf Jahre im voraus gemietet, die Wohnung meiner mitverhafteten Sekretäre seit langem ordnungsgemäß gemeldet. Wozu um Mitternacht vier Gendarmen mit geladenen Gewehren, wozu das gespenstische Verhör im Hinterzimmer eines Hotels, der Aufwand an Detektivkolportage? Eine einfache Vorladung, zugestellt durch den Postboten, hätte die ganze Angelegenheit genau so erledigt. Keinem von uns wäre es eingefallen, auf Grund dieser Vorladung Frau, Kind und Vermögen im Stich zu lassen.

Die ganze Stadt war rebellisch. Noch in der Nacht erschienen Extraausgaben, die Presse Europas brachte in spaltenlangen Berichten mit dicken Titeln die Nachricht von unserer Verhaftung. Ein Aufruhr sondergleichen ging los, von dessen Ausmaß sich der junge Gendarm und auch der Staatsanwalt bestimmt keinen Begriff gemacht hatten. Wir aber wurden um zwei Uhr nachts in das Bezirksgefängnis von Teplitz-Schönau eingeliefert. Beim Abschied zeigte der Gendarm Havlíček neckisch lächelnd auf einen Gummiknüppel, der an der Wand hing, und meinte schalkhaft:

„Wenn einer hier nicht pariert, gibt's Senge."

Wir saßen in Haft.

Am nächsten Tag ließ ich meinen Freund, den ehemaligen Landgerichtsrat Rudolf Wahle, in den Arrest kommen, er sollte wenigstens erkunden, weshalb wir verhaftet waren. Es war nichts zu erfahren.

Erst aus der Zeitung erfuhr mein Verteidiger, worum es sich überhaupt handelte. Es lag nicht eine einzige Anzeige vor. Nicht ein einziger Privatgeschädigter war vor der Verhaftung erschienen, sie erfolgte lediglich aus eigenem Antrieb der Gendarmerie. Am nächsten Tag ging ein Rundschreiben an sämtliche Gendarmerieposten hinaus, man begann fieberhaft nach Anzeigern zu fahnden. Der Gendarm Havliček selbst lief von früh bis abends in Teplitz-Schönau herum und suchte sich Zeugen.

Allmählich liefen dann auch Anzeigen ein. Wie sie aussahen, mag folgende Anzeige des Gendarmeriepostens Warnsdorf in Böhmen illustrieren:

Im Akt vom 8. Februar 1928, Geschäftszahl 935, wurde ungefähr berichtet:

„Die Vorstellungen, welche die in Erwägung kommenden Personen veranstalten, sind Betrügereien, und es wäre notwendig, daß ihnen ihr Vorgehen eingestellt wird. (Das Deutsch dieser und der folgenden Anzeigen ist nicht von mir!) In Warnsdorf gaben sie Vorstellungen, und obwohl die hiesige Station in der Sache arbeitet, konnte ihnen der Betrug nicht nachgewiesen werden, denn Hanussen verstand es, mit seinen Gesellschaftern auch Ämter zu täuschen."

Das ist nun wirklich eine Gemeinheit und ein Zeichen von grenzenloser Schlauheit, wenn man es fertig bringt, das Warnsdorfer Amt zu täuschen!

In einer Anzeige, die der Oberwachtmeister Adamek unter der Zahl VI vom 8. Februar 1928 vertraulich nach Teplitz machte, heißt es:

„Es wird bemerkt, daß Hanussen und Genossen auf ihren Reisen auch leicht Spionage betreiben können und wäre es angezeigt, diese auch in dieser Beziehung gründlich zu bewachen."

Von besonderer Pikanterie ist auch ein Passus in der Anzeige des Gendarmeriepostens in Teplitz-Schönau: „Sonst gingen bei der hiesigen Station keine Anzeigen aus den Reihen der Geschädigten aus Teplitz-Schönau ein, da nach der Verhaftung Hanussen und Genossen hauptsächlich aus den Reihen israelitischer Angehöriger der hiesigen Bewohnerschaft eine Bewegung zugunsten Hanussens und seiner Genossen zu erblicken ist. Die Schädigungen sind auch größtenteils aus diesen Reihen und ist deren Verhalten erklärlich."

Noch schöner ist die Anzeige der Gendarmeriestation in Lobositz:

„Bei seiner Vorstellung ersuchte er von den Anwesenden zwölf Damen, welche er bestimmte, daß sie ihn von der Nähe beobachteten und ihm bestätigten, daß hier keine Täuschung vor sich geht. Hierfür haben die betreffenden Damen dann Anspruch auf eine unentgeltliche Unterredung in Sachen Hellseherei in seiner Hotelwohnung. Diese unentgeltlichen Besuche von seiten der Damen nutzte Hanussen mit seinen Gesellschaftern zu unehrlichen und unmoralischen Akten aus."

Darauf folgt die Schilderung eines Falles, in welchem ich einer gewissen Marie Brunetzky, dreiundzwanzig Jahre alt, deutscher Nation, wohnhaft in Lobositz, folgendes angetan habe: Ich ließ mich mit ihr in ein Gespräch ein, frug sie nach ihrem Berufe und wollte sie als Sekretärin engagieren, streichelte ihr die Hand und sagte, daß dieselbe schön schlank und gut gepflegt sei. Ich küßte sogar ihre Hand.

In der Anzeige heißt es weiter:

„Die Marie Brunetzky ist in der Befürchtung, daß er sie vielleicht hypnotisieren und seine wollüstigen Begehren befriedigen will, enttäuscht fortgegangen."

Ich weiß nun wirklich nicht, es könnte ja vorgekommen sein, daß ich einem hübschen Mädchen einmal die Hand geküßt habe, aber damit muß man einem doch nicht gleich die Lust an der ganzen Sache so verekeln!

Wenn der Mensch verhaftet ist und sich nicht rühren kann, dann wird ihm jede Kleinigkeit zum Verhängnis. Wehe, wehe, wenn er irgendeinem Menschen einmal fünf Mark schuldig geblieben ist oder wenn er einmal im Spaß und in besoffener Stimmung sich gebrüstet hat, einen Mercedes zu besitzen, während er in Wirklichkeit nur ein Motorrad hat. Jede Lappalie wird in einem solchen Prozeß zum ehernen Argument gegen ihn.

So geschah es, daß beispielsweise ein Prager Advokat, den ich vierzehn Tage vor meiner Verhaftung konsultiert hatte, ein gewisser Doktor Kostecka, gegen mich die

Betrugsanzeige erstattete, weil ich ihm nicht sein Palmare bezahlt hatte.

Als schwere Verletzung der Gesetze galt es, daß ich mich im Meldebuch meines Hotels als „Privatgelehrter" bezeichnet hatte.

Ein Mann namens Karl Lihm verlangte sein Eintrittsgeld für viermaligen Besuch meiner Vorträge zurück, – er hatte sich jedesmal einen Stehplatz gelöst, – weil es ja nun heraus sei, daß ich ein Schwindler bin.

Eine Frau Rosa Exner in Trautenau erhob gegen mich die Betrugsanklage, weil ihr Gatte nicht, wie ich es vorausgesagt, gestorben wäre, trotzdem das Leberleiden, das ich aus seiner Handschrift sah, tatsächlich vorhanden sei.

Ein Müller trat gegen mich auf und behauptete, ich hätte ihm zum Getreidekauf geraten, als das Getreide gefallen sei. Ich müsse ihm nicht nur seinen Schaden ersetzen, sondern auch seinen Waggon Getreide. Eine Anfrage bei der Einkaufsstelle ergab, daß der Müller, wenn er meinen Rat befolgt hätte, ein gutes Stück Geld verdient haben würde; da er aber gegen meinen Rat das Getreide zu lange gehalten, habe er das Geld verloren.

Ein anderer beklagte sich, ich hätte ihm falsch die Zukunft gedeutet. Ich habe ihm versprochen, daß er bei einem Prozeß gegen die Steuerbehörde einen großen Nachlaß bekommen würde. Bei Gericht trat der Mann als Kläger gegen mich auf.

Ich fragte ihn: „Ja, hat Ihnen denn die Steuer keinen Nachlaß gewährt?"

„Doch", meinte der Mann, „aber nicht genug."

„Ja, wieviel hätten Sie denn zahlen sollen?"

Er dachte nach und sagte dann:

„Hunderttausend Kronen."

„Und wieviel haben Sie wirklich gezahlt? „Fünfundzwanzigtausend Kronen."

Da mußte selbst der Staatsanwalt lachen.

Und so ging es weiter. Das waren also die Zeugen der Staatsanwaltschaft.

Die Zeugen, die ich brachte, waren allerdings andere. Es traten für mich ein: Staatsanwälte, Regierungspräsidenten,

Obergerichtsräte, Ärzte, Apotheker, Universitätsprofessoren, Richter, Bankdirektoren, Großkaufleute, Beamte.

Eine Mutter aus Jägerndorf schrieb an das Gericht:

„Hoher Gerichtshof!
Dieser Mann hat meinen Sohn vom Stottern geheilt und ihm seine Existenz geschenkt. Er nahm nicht einen Pfennig dafür. Wenn es erlaubt ist, bitte ich, den Herrn Angeklagten von mir herzlich zu grüßen."

Ein Oberoffizial aus Mährisch-Ostrau stand als Zeuge vor den Schranken und sagte aus:

„Mein Kind, ein fünfzehnjähriges Mädchen, war verschwunden, meine Frau war dem Selbstmord nahe. Weder Polizei noch Gendarmerie vermochten sie zu finden. Der sie gefunden hat und der sie mir wiedergebracht und sie und uns bewahrt hat vor der Schande und der Verführung, der sitzt auf der Anklagebank."

Ein Journalist aus Sachsen sagte aus:

„Meine Frau ist mir durchgegangen mit ihrem Liebhaber. Dort sitzt der Mann, der mir die genauen Details angab, jedes Wort stimmte."

Der Direktor einer der größten Versicherungsgesellschaften der Welt:

„Der Angeklagte hat den seit Jahren gesuchten Verbrecher für uns gefunden. Hätten wir ihn früher konsultiert, dann wären auch die uns geraubten zehntausend Dollar, von denen wir jetzt nur einen Teil bekommen haben, ganz in unseren Händen."

Ein Regierungspräsident: „Mir hat Hanussen klar und deutlich einen Kriminalfall gelöst, der jahrelang im dunkeln lag."

Und so kamen noch viele, unendlich viele aus allen Teilen der Welt und legten Zeugnis ab für mich und meine Sache.

Ich danke ihnen.

Zweieinhalb Jahre dauerte dieser Prozeß; er endete mit meinem vollkommenen Freispruch.

Vom ersten Tage meiner Verhaftung an erbot ich mich dauernd, sei es wo immer, selbst im Kerker, meine Experimente unter schärfster Kontrolle vorzuführen. Ich konnte es nicht erreichen. Die Staatsanwaltschaft wußte: Wenn die Experimente gelingen, schafft sie mir die größte Reklame, die je für einen Hellseher gemacht worden ist. Endlich hatte ich es erreicht. Nicht zum mindesten danke ich dies dem Gelehrten Doktor Kronen in Berlin, der sich in der edelsten Weise für mich eingesetzt hat. Auch der Metapsychiker Professor Schröder hat mir und damit einer guten Sache geholfen.

Ich werde niemals den Augenblick vergessen, als ich in die Totenstille des überfüllten Gerichtssaales trat, um zu zeigen, was ich kann.

Das gütige Gesicht des edlen Menschenfreundes, meines Richters, sah mich ernst und feierlich an. Ihm mußte ich es beweisen, daß ich ehrlich an mich glaube, ihm, der diesen schwierigsten aller Prozesse vorbildlich und beispielhaft führte.

Er sagte zu mir mit einer gütigen und bis in die kleinsten Winkel der Seele dringenden Stimme:

„Herr Angeklagter, Sie stehen vor einer wichtigen Entscheidung. Ich kann es verstehen, daß Sie unter diesen schweren Umständen sich vor eine Aufgabe stellen, die mir fast unlösbar erscheint. Ich muß Sie aber als Richter darauf aufmerksam machen, daß das Gelingen oder Nichtgelingen dieser Prüfung für den strafrechtlichen Gang des Prozesses völlig bedeutungslos ist. Sie können also noch immer zurücktreten. Wir werden es verstehen, wenn Sie es tun."

Ich sah diesem großen Menschen in die Augen, und ich blickte um mich und sah die vornübergebeugte Gestalt des Oberlandesgerichtsdirektors Polak, seine energischen und scharfgeschnittenen Züge, ich sah sein blitzendes Auge prüfend auf mich gerichtet. Ich sah das Gesicht des Oberlandesgerichtsrates Lusk neben ihm auftauchen und mich mit strengen Augen anblicken. Einen Moment überlegte ich.

„Ist es nicht Wahnsinn, was du tust? Du bist hier verantwortlich für eine große Sache. Hunderte Drähte sind freigehalten worden, um das Resultat der nächsten Stunden in die ganze Welt zu telegraphieren. Was geschieht, wenn der Draht es in die Welt hinausposaunt: Hanussens Experimente sind mißglückt? Dann hast du die Arbeit deines Lebens zerschmettert, denn die Menschen gehen nach Äußerlichkeiten."

Ich sah das blasse Gesicht meines Verteidigers ernst mir zugewandt. Dieser Mann hatte tagelang an meiner Seite gekämpft, hatte kaum gegessen und kaum geschlafen. Aber jetzt lächelte er mich an, mit diesem seltsamen Lächeln, das uns beide verbunden hatte durch den ganzen Prozeß hindurch und durch das wir uns viel besser verständigten als durch Worte. Er lächelte, und ich sah ihm an, daß er Vertrauen zu mir hatte. Und im Saal war es totenstill. Nie habe ich eine so bedeutungsvolle Stille um mich gefühlt! Die Menschen, die eben noch, als die Saaltüren sich öffneten, wie die Wilden über Tische und Stühle gesprungen waren, um ein Plätzchen zu ergattern, sie saßen nun mit verhaltenem Atem da und warteten auf meine Antwort. Was wird er sagen, was wird geschehen?

„Ich bin bereit!"

Dann ging es Schlag auf Schlag.

Mit einer Leichtigkeit, als ob ich flöge, trieb es mich vorwärts. Die Gesichter meiner Richter hellten sich auf. Sie wurden freundlicher, und zum Schluß strahlten sie mir entgegen. Das Publikum war nicht zu halten. Als verkündet wurde, daß fast alle Experimente gelungen seien, da brach tosender Jubel los.

Unten warteten Tausende von Menschen. Es war eine Ovation, die mich vergessen ließ, was ich in zweieinhalb Jahren erlitten hatte. Die Leute trugen mich auf den Schultern in das Hotel. Ein Telegrammregen sondergleichen setzte schon in der nächsten Stunde ein.

Vergessen war all das Leid der zweieinhalb Jahre, in denen ich als Betrüger gegolten, vergessen waren die Wochen im Kerker.

Wie ein Alp löste es sich von meiner Brust.

Noch immer stehe ich mitten im Kampf, noch immer gibt es von links und rechts Püffe und Stöße.

Mag es drum sein. Vielleicht ist es manchem Menschen nicht bestimmt, in ruhiger Luft zu atmen, vielleicht würde ich mich alt und gebrechlich fühlen, wenn es ruhig um mich wäre. Ich recke die Arme, ich schaue zurück auf all die Zeiten und Dinge:

Es war oft schwer, es ging oft heiß her, es tat oft weh, aber es war und ist dennoch schön.

## Sprechstunde bei mir selbst

Heute morgen legte ich die Feder weg und beschloß, zu mir in die Sprechstunde zu gehen. Warum soll ich nicht auch mir selber eine Konsultation gewähren? Schuster haben immer die schlechtesten Schuhe, das ist eine alte Sache. Eigentlich bewundere ich ja den Mut der Leute, die zu mir kommen. Ich muß ehrlich sagen, daß ich zu feige dazu wäre; ich habe noch niemals in meine eigene Hand hineingeschaut. Und ich möchte ja so gern einmal fragen. Ist es nicht tragisch für einen Menschen, immer nur gefragt zu werden und nie selbst fragen zu können?

Ich meide heute Gesellschaft und Freundeskreis, weil ich nicht gefragt werden will. Wo immer ich auftauche, fragt man mich: Wie wird das Wetter? Wie wird die Börse? Werde ich heiraten? Was halten Sie von der Politik? Wie gefällt Ihnen die Schrift meiner Braut, zufällig habe ich sie gerade bei mir, ist sie nicht interessant? Was halten Sie von diesem Menschen? – Immer, immer höre ich nur Fragen. Ich möchte auch einmal gern fragen und Antwort bekommen Aber das darf nicht sein.

Wenn ich meine Streichhölzer in den Taschen meines Rockes suche, dann heißt es gleich: „Das müssen Sie doch wissen, Sie sind doch Hellseher."

Wenn mich ein ungetreuer Beamter belügt und mein Vertrauen schändet, dann heißt es: „Das mußten Sie doch wissen."

Alles, alles soll ich wissen, und schrecklich, das meiste weiß ich auch. Ich sehne mich danach, nichts zu wissen. Ich will nicht den Leuten bis auf den Grund ihrer Seele schauen. Ich will meine Augen zudrücken vor dem Kommenden. Ich wehre mich gegen mich selbst. Trotzdem ging ich heute zu mir in die Sprechstunde. Vorerst zählte ich mein Geld, denn ich weiß, daß Hanussen das nicht umsonst macht.

Ich trat ein. Neugierig sah ich mich um. Da wohnt also der Mann, von dem man soviel spricht. Ein kaltes Hotelzimmer, überall Schriften, Zeitungen und Briefe. Briefe mit Fragen. Zeitungen mit Grobheiten. „Komfortabel ist das alles nicht um Sie, Herr Hanussen", sagte ich, „viel haben Sie anscheinend nicht von Ihrem Leben."

„Wer sind Sie?" fragte mich Hanussen.

Ich lächelte überlegen und eisig. „Mich werden Sie nicht ausholen können, Herr Hellseher, das müssen Sie doch als Hellseher wissen, wer ich bin. Ich bezahle und Sie haben hellzusehen für mein Geld."

Das Gesicht des Hellsehers Hanussen wird starr und müde. Ein häßlicher, kalter Zug legt sich um den Mund des noch jungen Mannes, und seine Augen bohren sich fast feindselig in meinen Blick. Dann aber senkt er müde das Haupt und sagt leise: „Sie haben recht, ich muß hellsehen. Dafür bezahlen Sie mich ja."

Ich meinerseits legte mich bequem zurück, streckte die Füße aus und panzerte mich mit aller Skepsis meiner bürgerlichen Überlegenheit diesem Gaukler gegenüber. „Mir kannst du nichts erzählen, alter Freund. Ich verstehe was von dem Geschäft!"

Hanussen aber war schon weit weg. Mit müder Stimme begann der gehetzte Mann, mich zu schildern. Vor mir waren schon dreißig oder vierzig andere dagewesen, die alle dasselbe wollten: Sensation und Wunder, möglichst billig und möglichst erschöpfend. Seit vier Stunden saß er schon so da, der Gefangene. Um ihn herum ein Kerker von Neugierde, der ihn einschließt und das Licht wegnimmt.

„Sie heißen Hermann Steinschneider", begann der Hellseher, „und kommen zu mir, um sich endlich einmal Klarheit über sich selbst zu verschaffen. Sie wollen wissen, was Sie vorstellen in dieser Welt, was mit Ihnen los ist, und wozu Sie da sind."

Ich lächelte höhnisch. „Falsch geraten, Herr Hellseher. Ich weiß, wozu ich da bin. Ich bin ein anständiger Mensch und Bürger und will gut essen, gut trinken und gut schlafen, will möglichst viel Geld verdienen und möglichst wenig dafür arbeiten."

Der Hellseher schüttelte den Kopf. „Sie irren sich gewaltig, Herr Steinschneider, das stimmt nicht. Sie haben eine große Mission, die Sie beschäftigt, und für die Sie sich mit der ganzen Welt herumraufen, mit Gerichten in Leitmeritz, mit Leipziger Regierungsräten und Potsdamer Gerichtsdirektoren. Wenn es Ihnen bloß um das Geld zu tun wäre, dann hätten Sie es ja viel leichter bei Ihren Fähigkeiten. Geld zu verdienen, wäre doch auf andere Weise auch nicht schwer für Sie, als Kaufmann, als Spekulant, als Kartenspieler oder sonst etwas, und Sie verpulvern doch das, was Sie so schwer und unter so schrecklichen Kämpfen einnehmen, in den nächsten zehn Minuten für eine Laune, für ein Nichts. Lieben Sie denn das Geld?"

Ich wurde nachdenklich. „Geld ist was sehr Schönes, Herr Hanussen, für die alten Tage."

„Machen Sie sich nicht lächerlich, Herr Steinschneider. Was kümmern Sie sich um Ihre alten Tage. Das bißchen Grießbrei, das Sie im Narrenhaus fressen werden, für das werden Ihre Freunde sorgen. Sie wollen leben und schauen, solange Sie jung sind und die Augen offen haben. Wozu das Geld also?!"

„Für Geld kann man Freunde kaufen."

Hanussen nickte: „Das stimmt. Parasiten, Nutznießer Ihres Martyriums. Das sind nicht Freunde, die Sie um sich haben, das sind Gesellen. Sie werden niemals einen Freund haben, mein Herr. Kennen Sie das Märchen von Rübezahl, Herr Steinschneider?"

„Rübezahl", sagte ich, „war das nicht der Berggeist, der aus Rüben Menschen zauberte?"

„Ganz richtig, mein Herr. Er hob den Zauberstab für sein Liebchen, und siehe da, die Rüben seines Feldes verwandelten sich in Freunde und Frauen, in Pferde und Wagen, in Blumen und edle Gewänder."

„Fein", sagte ich, „das möchte ich auch können."

„Sie können es ja und tun nichts anderes Ihr ganzes Leben lang. Sie heben den Zauberstab und machen aus Rüben Menschen. – Aber wissen Sie, wie das Märchen endet? Rüben dauern nicht ewig, sie werden alt und runzlig. In wenigen Tagen schrumpfen sie zusammen, werden immer häßlicher und trockener, und eines Tages liegt die ganze Herrlichkeit vor Ihnen wieder auf dem Boden, ein Häuflein vertrockneter Rüben. Immer nur Rüben, nie Menschen. Rüben, die Ihr Zauberstab belebte."

Es wurde ganz still um uns beide. „Herr Hanussen", sagte ich, „Sie machen dem Steinschneider bange: Es gruselt einem in Ihrer Nähe. Ich werde froh sein, wenn ich wieder draußen bin. Wir zwei passen nicht zusammen. Mit Ihnen möchte ich nicht lange beisammen sein. Sie sind ja schrecklich."

„Ich kann Ihnen dieses Kompliment zurückgeben, Herr Steinschneider. Ich finde Sie genau so gräßlich und unpassend zu mir wie Sie mich. Sie haben recht, wir gehören absolut nicht zusammen und sind grundverschiedene Dinge, ich, der Hanussen, und Sie, der Steinschneider. Was aber tun?"

„Wir wollen die Konsultation beenden", sagte ich, „und uns trennen. Ich habe die Nase voll von Ihnen, Sie Ekel!"

Damit erhob ich mich und ging zur Tür.

„Noch eines", rief Hanussen, „bevor Sie gehen. Ich möchte Ihnen einen guten Rat geben."

„Das läßt sich hören, Herr Hanussen, denn alles in allem halte ich Sie für einen grundgescheiten Menschen. Was also wollen Sie mir raten? Soll ich Papiere kaufen? Soll ich ins Ausland gehen? Soll ich von Rohkost leben?"

„Etwas anderes, mein Herr Klient, was ich Ihnen auf den Weg geben will. Messen Sie die Dinge um sich nach folgendem Vergleich: Der König Tutenchamun ist nun schon dreitausend Jahre tot. Was hätt' er schon davon, wenn er noch zehn Jahre länger gelebt hätte? Im besten Falle wäre er dann nur zweitausendneunhundertneunzig Jahre tot. Ich glaube nicht, daß es eine große Rolle spielt, das, was wir erleben, gegen die lange Zeit, die wir tot sind."

Nun mußte ich lachen. „Sie sind ein Mordskerl, Herr Hanussen, und mir tut es nicht leid um das Geld, das ich Ihnen bezahlte. Aber nun habe auch ich noch eine letzte Frage."

Hanussen sah nach der Uhr: „Bitte, beeilen Sie sich, denn der Nächste wartet."

„Ich möchte wissen, ob mein Buch den Leuten gefallen wird?"

„Wieviel haben Sie Vorschuß bekommen von Ihrem Verleger, Herr Steinschneider?"

„Fünftausend Mark, Herr Hanussen."

Hanussen wiegte den Kopf und dachte lange nach. Dann sagte er bedächtig: „Wenn ein Verlag schon à fonds perdu soviel Geld ausgibt, so soll das nicht Ihre Sorge sein, mein guter Freund. Soll sich der Verlag darüber den Kopf zerbrechen. Auf Wiedersehen, Herr Steinschneider."

„Auf Wiedersehen, Herr Hanussen."

Draußen war ich.

# EUGENE FRANÇOIS VIDOCQ:
## MEMOIREN VON VIDOCQ,
### CHEF DER SICHERHEITSPOLIZEI

*Aus dem Französischen von Ludwig Rubiner.*
*357 Seiten. Taschenbuch.*
*€ 14,95. ISBN: 978-3-941245-01-3*

Eugène François Vidocq (23.7.1775–11.5.1857) ging als „Mann mit den hundert Namen" und Pionier der modernen Kriminalistik in die Geschichte ein. Sein abenteuerliches Leben inspirierte Schriftsteller wie Balzac, Hugo und Dumas, denn jede einzelne seiner Lebensstationen böte leicht Stoff für mehrere Romane: Gefürchteter Fechter und Duellant, verurteilter Krimineller, notorischer Ausbrecher, Freibeuter, Soldat, Deserteur, Gaukler, Frauenheld, Polizeispitzel, Detektiv, bahnbrechender Kriminalist, erster Chef der Sûreté Nationale und schließlich Bestsellerautor, umgab ihn schon zu Lebzeiten ein legendärer Nimbus. Seine unorthodoxen Methoden nahmen vorweg, was heute als Undercover-Einsatz, Ballistiktest und datenbankbasierte Ermittlung zu den Standards moderner Polizeiarbeit gehört.

Vidocqs Memoiren waren ein überragender Erfolg. Begeisterten sich zeitgenössische Leser vor allem für die spannenden Abenteuer in der Pariser Unterwelt, so hält der heutige Leser mit diesem Buch nicht nur das faszinierende Zeugnis eines bewegten Lebens in den Händen, sondern darüber hinaus das bunte Sittengemälde einer versunkenen Epoche, die schon nicht mehr dem adligen und noch nicht ganz dem bürgerlichen Zeitalter zugehörte.

**Besuchen Sie uns im Internet: www.wunderkammer-verlag.de**